Manfred Kammerlander

In 20 Tagen um die Welt
Eine Silberhochzeitsreise in die Südsee

Gewidmet meiner lieben Gattin und Reisebegleiterin Monika, unseren Kindern und Enkeln und allen Südsee- und Reisefans

Manfred Kammerlander

In 20 Tagen um die Welt

Eine Silberhochzeitsreise in die Südsee mit Moni und Manfred

Rediroma-Verlag

Bibliografische Information der Deutschen Nationalbibliothek:
Die Deutsche Nationalbibliothek verzeichnet diese Publikation in der Deutschen Nationalbibliografie; detaillierte bibliografische Daten sind im Internet über http://dnb.ddb.de abrufbar.

ISBN 978-3-86870-978-0

Fotografien: Monika und Manfred Kammerlander
Umschlaggestaltung: Manfred Kammerlander

www.rediroma-verlag.de
14,95 Euro (D)

Inhalt

Ab in den Backofen

Abgeschossen hat er uns zum Glück nicht. Haben wir auch nicht sehr gefürchtet, denn wir sitzen ja in einem arabischen Flugzeug. Und Saddam Hussein hat gestern nur gedroht, jedes ausländische Flugzeug in seinem Luftraum abzuschießen. Mit „Fremden" versteht er bestimmt nur echte „Wessis", die ihn seit dem Golfkrieg in seiner Entfaltung hemmen.

So ist unser Pilot der „Emirates", der Vereinigten Arabischen Emirate, nicht in großem Bogen, sondern ziemlich knapp an der Nordgrenze Iraks vorbeigeflogen.

Eine Streichung oder Verlegung des Fluges hätte uns mehr Sorgen bereitet. Darum habe ich schon gestern Abend, den 3. September 1996, und heute Mittag von unterwegs im Flughafen Frankfurt angerufen, ob unser Vogel trotz der Drohungen pünktlich fliegt. Die Sorge war berechtigt, wie ich später von einer Bekannten erfahre. Die flogen zur gleichen Zeit statt über Dubai in hohem Bogen über Moskau zurück – aber das waren vorsichtige Schweizer Piloten ...

Mit einstündiger Verspätung hebt unsere Maschine gegen sechzehn Uhr in Frankfurt ab. Wie glitzernde Stalagmiten sehen wir noch die Bankhochhäuser unter uns in der Abendsonne blitzen. Schnell fliegen wir der Nacht entgegen und über dem Balkan ist es schon finster.

Bis jetzt ist der Flug mit dem Airbus sehr ruhig und angenehm, trotz reichlich Babygequäke der vielen Araberfamilien. Einmal gingen zwei Väter mehr schüttelnd als wiegend mit ihren Babys nervös im Flur auf und ab. Überhaupt ungewohnt, die vielen weißen „Hemdglonker" *(einfaches Fasnachtskostüm im Bodenseeraum bei den nächtlichen Hemdglonkerumzügen).*

Die Mütter dagegen fast unheimlich, tief schwarz verschleiert. Eine mit vergoldeter Metallmaske. Schon etwas mittelalterlich wirkend neben den albernden, blonden, amerikanischen Stewardessen. Sie tragen einen neckischen Seitenschleier am Käppi, etwas auf orientalisch getrimmt, und sehen so eher wie lebensfrohe Haremsdamen aus. Dagegen in der Mittelreihe ein beleibter Araber, schwarzes Shirt, schwarze Hose, erst Ende dreißig, mit gleich vier verhüllten „schwarzen Raben" die ganze Mittelreihe füllend. Mit finster unnahbarem Blick fixiert er sein Minifernseherle, das alle vor sich in der Rückenlehne haben, aber spricht nie ein Wort mit seinem „Harem".

Angenehm sind wir im Vorteil, weil wir für die ganze Reise vegetarisch bestellt hatten und so als erste mit der heißen Folie bedient werden. Panierte, frittierte Tofuwürfel auf Pizzastücken(!) mit doppelter Salatportion. Ungewohnt, aber gut, und noch sauheiß.

Über dem „Wilden Kurdistan" schütteln wir über ein paar Schlaglöcher. Zu orten war das damals noch an der Leinwand, wo laufend Flugdaten, Werbung und der Fortschritt unserer Flugroute projiziert war. So ging der Flug als rote Linie über Ungarn, Bulgarien, schwarzes Meer, Türkei in leichtem Bogen am Irak vorbei über Persien, südlich von Teheran und jetzt direkt auf den persischen Golf zu. Wir sollen die Uhr drei Stunden vorstellen. Nach deutscher Zeit ist es erst neun Uhr. Moni neben mir ist schon lange über ihrem Buch eingeschlummert.

Na ja, sechs Stunden sind auch schon ermüdend, wenn man in die Nacht hineinfliegt, umso mehr, da die letzte Nacht mit Reisefieber und Grübeln auch keinen Tiefschlaf bot. Wobei dies noch eine der kürzesten Etappen unserer Weltumrundung ist.

Warum wir uns das antun?

Erstens, weil wir einmal im Leben die Südsee erleben wollen, ohne strapaziösen Direktflug und ohne die anderen spannenden Traumziele unter uns liegen zu lassen.

Außerdem haben wir schon Erfahrung in Sachen Erdumrundung.

Zwar wird es erst unsere zweite echte Weltreise, die erste war schon 1973 mit Gastager-Reisen. Dieses Kleinunternehmen aus dem noch kleineren Inzell in Bayern rühmte sich, der weltgrößte Veranstalter von Weltreisen zu sein. Also Richtige – nicht nur in den fernen Osten und zurück – nein, richtig rings rum um den Globus. Das lief damals so gut und so billig, dass Herr Gastager jährlich fünf mal eine Sondermaschine mit 180 bis 200 Leuten für 23 Tage, mit fünf Reiseleitern, rund um die Erde schicken konnte. Das bietet er heute noch, nur rund zehn mal teurer wegen reiner Linienflüge.

Dabei ging der Flug über Teheran (da regierte noch der Schah), Neu-Delhi, Burma (heute Myanmar, damals noch Militärdiktatur), Bangkok, Hongkong, Taipeh, Tokio, Hawaii („Aloha-State"), San Francisco, Niagarafälle (ja, auch noch!), New York, Frankfurt. Eine sagenhafte Tour zum auch damals schon unglaublichen Schleuderpreis von nur ... 2.500 DM!!!, inklusive Halbpension bis China ...

Das ist genial, aber klingt stressig, denkt der Leser jetzt? – Nicht wirklich. Wenn alles so vorbereitet ist, dass man nichts organisieren muss, ist es wie eine Kreuzfahrt. Alle ein bis drei Tage statt eines neuen Hafens ein neuer Flughafen und sofort neue faszinierende Eindrücke, dass man immer voll aufgekratzt ist und erst im Hotelbett merkt, wie rechtschaffen müde man ist. Aber meist merkten wir es nicht mehr, weil wir auf der Stelle weg waren. – So wie jetzt meine „Silbergattin" neben mir mit dem Buch auf dem Schoß eingenickt ist. Was uns noch fehlte war die richtige Südsee, denn Hawaii hatte unsere Vorstellungen von Hula-Romantik nicht sehr befriedigt. Vor allem ist ausgerechnet die Hula-Show, auf die ich mich so gefreut hatte, wegen Regen ausgefallen. Darum haben wir schon lange von der Südroute geträumt, d.h. aber, die schönen Länder, die am Weg liegen, auch gleich mitnehmen und nicht 28 bis 36 Stunden Nonstopflug-Folter mitzumachen. Für uns gut genug als Hochzeitsreise zur Silbernen, die wir im Sommer feierten.

„Pinggg!" – Aha, anschnallen! – Stockfinster unter uns. Wir sind im Sinkflug über dem persischen Golf, wie auf dem Monitor zu sehen ist.

Endlich, ein riesiges Lichtermeer, samtweiche Landung und schon trifft uns, trotz Vorwarnung, die nächtliche, feuchte Schwüle wie ein Dampfhammer. 32°C um Mitternacht. Im tiefgekühlten Bus, den wir besteigen, sind die Scheiben außen beschlagen – verkehrte Welt.

Tatsächlich, wir sind hier bekannt. Mit krakeligen Blockbuchstaben steht unser und ein anderer Name auf einem weißen Blatt das eine schwarzhaarige Hostess im roten Kostüm hochhält. Fast hätten wir uns von dem schwarz-weißen Personengewimmel, das in die Halle strömt, an ihr vorbeischieben lassen. Darauf war ich am meisten gespannt, ob das klappt bei unserer ersten Individual-Weltreise. Denn diesmal haben wir keinen Sonderflug mit Reiseleiter und müssen uns alleine zurechtfinden.

Da kommst du nachts um zwölf mit einer Stunde Verspätung in einem fremden, exotischen Land an. Hast vor vielen Wochen per Telefon und Fax die Reise vorbereitet und gebucht. Bei einem Spezialveranstalter (Santana-Tours) u.a. für Südseereisen, wieder in irgendeiner bayrischen Kleinstadt.

Und nun steht da tatsächlich eine Vertreterin des örtlichen Tourismusbüros und hat nichts anderes zu tun, als für zwei Paar Touristen ihren Schlaf zu opfern und auf uns zu warten, egal, wie spät es wird. Einfach toll – für uns!

Trotz ihres „arabischbraunen" Teints entpuppt sich Anita als Schweizerin aus Luzern; wohl durch einen arabischen Elterneil naturgetönt. Gerne würgen wir unsere Englischbrocken ab und bedanken uns auf Schwyzerdütsch. Zuerst sollen wir unser Gepäck holen, bis dann kümmere sie sich um ein Taxi für unseren Hoteltransfer.

Da stehen wir schon fast eine halbe Stunde in der großen Halle am Gepäckband. „Frankfurt“, prangt dort nach wiederholtem Hinblicken in Leuchtschrift. Nun hat sich das Gewusel und Geschnatter von „Black & White-Gewändern“ um uns aufgelöst. Nur noch wenige, darunter ein junges Paar Deutsche, die in unserer Maschine waren, schauen hilflos herum, weil ihre Koffer auch noch fehlen. Aber das Band rührt sich schon lange nicht mehr. Nachdem die auch nichts wissen, suche ich in der Halle nach „Offiziellen“.

Da – ein roter Fleck im Gewühle. Der rote Drillich eines Arbeiters den ich schon Koffer schieben sah.

„Unser Gepäck ist nicht hier“, stakse ich auf englisch.

„From where?“

„Frankfurt – Here, see you!“, und zeige auf die Leuchtschrift.

„No – das andere Band“, meint er und zeigt auf das nächste Förderband, wo der Name „Birmingham“ blinkt ...

„Ey? – Frankfort, Frankfurt!“, betone ich in verschiedener Aussprache.

„Yes, ok“, nickt er, zeigt wieder dorthin und geht weiter.

Ungläubig schieben wir unseren Gepäckwagen zwischen die dortigen „Nachthemden“. Eine Menge Koffer liegt kreuz und quer, teils aufgeplatzt neben dem Band.

„Da ist einer“, ruft mir Moni zwischen zwei schnatternden Araberinnen zu.

Na ja, wir sind im Orient. Etwas Abenteuer wollten wir ja erleben, denke ich. Nur dass Frankfurt und Birmingham für die das gleiche ist, setzt schon etwas viel Fantasie voraus.

Rechtschaffen müde und leicht fröstelnd hängen wir endlich im eisgekühlten Mercedes. Viele neue Straßen, viel Verkehr, wenig Häuser – wo nur die vielen Autos nachts um drei herkommen?

Ein leuchtender Turm kommt immer näher. Das Welthandelszentrum der Emirates. Gleich daneben fallen wir in unsere Hilton-Betten.

Dubai, Stadt der Kontraste

Zwölf Stunden später am Hotelpool wärmen wir uns wieder auf, bei satten 38°C im Schatten. Vorher habe ich mich ohne abzukühlen in das 28 °C „kalte“ Wasser gestürzt und mir anschließend fast die Füße auf den kochplattenheißen Steinfließen verbrannt. Immerhin windet es dauernd. Die Kühlwirkung ist allerdings die eines Haarföns auf Stufe „3“. Obwohl ich hinter einem Busch liege, läuft mir das Wasser am Körper runter wie in der Sauna und mein Herz pocht genauso schwer.

Auf der Fahrt in die Stadt tun uns die Bauarbeiter leid, die wir an den vielen Baustellen sehen, die in dieser Sauna mit 70 bis 80% Luftfeuchtigkeit schuften.

Die vor Kurzem noch kleine Hauptstadt des kleinen Emirates Dubai, explodiert seit wenigen Jahren zu einer futuristischen Großstadt vom Reißbrett. Ähnlich wie Brasilia in den Sechzigern. Hier aber meist sehr elegante, grazile „Wolkenkratzer“ mit verschieden buntem Spiegelglas.

Glas und Spiegel auch in unserem Hilton-Hotel im Überfluss. Vermutlich ist es so billig wie die Arbeitskräfte hier, denn Quarzsand ist ja neben Öl wohl das einzige, was die umliegende Wüste im Überfluss anbietet.

Gerade sind wir an den romantisch verzierten, alten Hausbooten vorbeigefahren, die am Creek – einem flussartigen Meeresarm – vertäut liegen. Aber schon lädt uns der kleine Hotel-Shuttle-Bus beim Goldsuk in der Altstadt ab.

In einer holzüberdachten Straße sind an die 100 Goldgeschäfte und Juweliere nebeneinander. Es blitzt und glitzert in jedem Fenster und überall sind fast die gleichen Halsketten und Ringe ausgestellt.

„Wie können die alle davon leben, wo man Schmuck doch nicht täglich kauft?“, sage ich zu Moni.

Aber der legendäre Ruf von Dubai als preisgünstigste Gold-Stadt in der arabischen Welt reicht wohl aus.

Später am Abend sehen wir auch, dass fast in jedem Laden Kunden sind. Auch viele dieser gesichtslosen schwarzen pinguinähnlichen Gestalten. Die schwarzen Gespenster haben oft zu mehreren ihre Köpfe zusammengesteckt und beraten aufgeregt, was sie sich von ihrem kleinen Emir an Schmuck gönnen lassen sollen. Wo sie ihn dann tragen, bleibt wohl ein orientalisches Geheimnis..

Überhaupt ein Jammer, dass sich ganze Völker über Jahrhunderte so manipulieren lassen, dass sich junge Mädchen ab der Pubertät für den Rest des Lebens, wie Nonnen als rabenschwarze „Gespenster" verpacken müssen. Nur wegen eines religiösen Fanatikers, dem die Katholiken anno 700 n.Ch. wohl noch zu wenig körperfeindlich waren. Junge Männer und Mädchen haben nie die Möglichkeit, außerhalb der Familie das andere Geschlecht vor der Hochzeit kennenzulernen, zu flirten, sich zu verlieben, den ersten Kuss, geschweige Sex zu erfahren und dabei die unterschiedlichen Charaktere und Temperamente kennenzulernen. Wie geht es da wohl oft zu, in den von den Eltern vermittelten Zwangsehen? Man mag es sich nicht vorstellen. Dabei war es doch schon so liberal, als 1973 in Teheran hübsche junge Frauen und Mädchen ohne Kopftuch oder Schleier durch die Stadt flanierten. Auch wenn sich Moni damals aufregte, weil sie im dunkeln Basar, in ihrem Minirock von Männerhänden an den Beinen gestreift wurde.

„Buh", entfährt es mir, als ich um eine Ecke fast mit zwei so schwarzen Schatten zusammenstoße, die mit einer Burka total vermummt sind, d.h. sie verzichten auf einen Sehschlitz und sehen nur die „gesiebte" Welt durch die dünnen Maschen ihres übergestülpten „Leichentuches". Und dass diese Quälerei auch noch in den heißesten Ländern der Erde durchgehalten wird? Ich krieg' mich nimmer! – Diesen Anblick muss man auch mal bei 40°C erlebt haben. Mir läuft auch schon wieder der Schweiß unter dem T-Shirt runter, sodass ich dunkle, nasse Pflarren auf der Brust habe, als ob ich eine Wassermelone geschlabbert hätte.

Das ist mir auch ziemlich peinlich, als mir ein Juwelier in seinem „eisgekühlten“ Laden verschiedene Goldkettchen anprobiert. 750er Gold kriegt man hier tatsächlich zum halben Preis. Da muss ich zuschlagen und unterschreibe mit schweißfeuchten Händen einen Travellerscheck. Das Unglaubliche für Gold-Fans ist, dass der Schmuck nur nach Gewicht verkauft wird. Die Arbeit scheint hier wertlos zu sein. Denn der Kilopreis war bei meinem Kauf noch 10% billiger als in Deutschland – und ein bisschen verdienen muss der Händler wohl auch noch!?

In einem Schuhgeschäft konnte ich meine gerissenen Sandalen durch echte Leder-Schlappen mit medizinischem Fußbett, „Made in Germany“, ersetzen. Bei uns hätten die über 50,- DM gekostet, trotzdem konnte ich sie auf 50 Dirham runter handeln, also 20 Mark. In einem Kramladen erstand ich einen Kamm. „How much?“, fragte ich den Händler.

„1 Dirham“, also 40 Pfennige. Da bei Woolworth so ein Billigkamm wenigstens eine Mark kostet – von denen ich viele verliere – wollte ich nicht handeln und sagte, „akzeptiert“. Das war ihm offenbar trotzdem zu hoch, oder ich war ihm so sympathisch, dass er zu meiner Verblüffung sich selbst runter handelte und nur einen halben Dirham, also 20 Pfennige wollte...

„Video – filmen!“, forderte er dann und zeigte auf meine Kamera. Moni glaubte es nicht und fasste nach: „Sie wollen gefilmt werden?“ Von wegen Moslem und so.

„Yes.“ – Ich ließ Moni filmen, als ich ihn bezahlte.

„Jetzt schauen!“ (Now look!), bat er.

„Ich muss die Batterie schonen“, erklärte ich ihm, als er nach drei mal wiederholen seiner Szene noch mehr zurückgespult haben wollte. Als er hörte, dass wir Deutsche sind, rief er begeistert: „Ah, German – Hitler! ... Hitler gut?“, grinste er uns provozierend an.

Dubai

Altstadt

Die schöne Jumeirah Moschee

Im Gold-Suk

Ich dachte das gibt's nicht. Das gleiche Geschwätz wie schon vor 30 Jahren, als ich das erste mal in Ägypten war. Diesen peinlichen Ruf kriegen wir bei den Arabern wohl nie mehr los und ist durch keine gute Eigenschaft mehr zu ersetzen.

Dieser orientalische Einkaufsbummel macht hungrig. Nur, ein appetitliches Lokal ist trotz langem herumirren in den lärmigen Altstadtstraßen und teils geheimnisvollen Gassen nicht so schnell zu finden. Restaurants, nach denen wir fragen, waren bis jetzt alles sehr schmuddelige Schnellimbisse für einfache Einheimische.

Moni wird schon sehr still vor Hunger. Schließlich wählen wir in einer Lärm- und mit Lichtreklame erfüllten Geschäftsstraße doch einen einigermaßen sauberen und hellen Schnellimbiss, auch weil wir uns nicht mehr wehren können, als uns der agile Wirt überredet, reinzukommen. Seine Speisen sind immerhin an einer Theke zum Auswählen ausgestellt.

Ruck-zuck, hat er uns in einer Ecke ein Tischchen freigemacht. Einfache Männer, sichtlich müde Bauarbeiter, drängen sich wortlos an den Tischen. Es ist ein stetes Aus und Ein.

Schon schwirren der Wirt und seine Boys mit Tellern und Schälchen an.

„Oh, das ist gar nicht mein Kräuterrührei mit Pommes", das für mich an der Theke am wenigsten riskant aussah, sondern ein Teller mit lila-pink leuchtenden Gemüsewürfeln. Wie Kohlräble mit Biss, aber völlig unbekannt, süß-sauer, garniert mit vielen scharfen Peperoni und zwei rohen Zwiebelhälften. Ein kleiner Teller mit einem Stapel frischer, weicher Fladenbrote, die man wohl zusammengerollt in die Tellerchen mit hellbrauner, öliger Sauce dippt. Unser irritierter Gaumen stuft es real als Erdnusssauce ein.

Aha, das lila-rote Zeug haben alle in der Tischmitte und jeder greift mit den Fingern rein. Konsequent beiße ich auch von meiner rohen Zwiebel ab.

„Da kommen unsere fetten Eieromeletts!“ Monis mit Gemüse. Die dicken Kartoffelchips hätte ich lassen können, wenn ich von der scharf-öligen Vorspeise gewusst hätte. Die Araber essen alle mit den Fingern, wir sind die einzigen mit Besteck.

An der Kasse steht: „Alle Sandwich gleicher Preis.“ Etwas unter 1 Euro.

Nur ein eingerolltes Fladenbrot mit der gewählten Gemüse- oder Fleischfüllung in der Hand, setzen sich die Männer an die Tische und grapschen mit den Fingern von der Tagesbeilage auf dem Teller in der Tischmitte mit den Peperoni und den neonlila Gemüsewürfeln.

„Ich merke, dass ich die einzige Frau hier bin“, meint Moni. Richtig! Mampfende, dunkle, aber eher müde Arabergesichter starren zu unserem Tisch. Klar, eine Muslimin dürfte sich hier nicht reinwagen. Trotz der grellen Neonwerbung, die wir gegenüber sehen, fühlen wir uns fremd. Wie auf einem anderen Planeten oder in einem anderen Zeitalter. Von der naheliegenden Moschee krächzt jetzt noch lautstark der Muezzin durch die Lärmkulisse und verstärkt die unwirkliche Stimmung.

„Schön appetitlich!“, sagt Moni mit angewiderter Miene.

„Was?“

„Die spülen sich alle den Mund hier aus. Da hinter dir an dem Waschbecken spuckt gerade wieder einer rein.“

Tatsächlich! – Bin ich froh, dass ich andersrum sitze.

„Immerhin sind sie sauber“, beruhigt sich Moni selbst, „es waschen auch alle ihre öligen Finger.“

Trotzdem genieße ich noch die leckere, kühle Bananen- oder Vanillemilch als Dessert, die uns der Wirt noch aufgedrängt hat. Eine Wohltat für unsere Peperoni- und Zwiebelgeschädigten Gaumen. Wie sich die 30 Dirham zusammensetzen, die der Wirt verlangt, interessiert uns nicht mehr. Das entspricht 12,- DM für alles und wir sind pappsatt.

In europäischer Sicherheit fühlen wir uns, als wir endlich in die Eiswürfelkühle des Hotel-Busses steigen. Moni war nach dem Essen nicht mehr für weitere Stadterkundungen zu haben. Mangels Straßenlokalen warteten wir eine Stunde auf dem Busterminal in der Schwüle der 35°C warmen Nacht. Nur dort gab es Sitzgelegenheiten. Wir empfanden es als fast „kühl" im Vergleich zu den 41°C am Spätnachmittag, bei unserer achtstündigen Shopping-Tour durch diesen Pizza-Backofen Dubai. Das Einschlafen in unserem kühlen Hilton-„Spiegelsaal" ist dagegen kein größeres Problem.

Oh, es ist kein Traum, als wir am nächsten Tag mit dem Shuttle-Bus im „Hilton-Beach-Club" aussteigen. Eine paradiesisch grüne Oase mit duftigen Palmen, Springbrunnen, Bächlein mit Bogenbrücklein eröffnet sich uns.

Außer dem Strand auf dem Hotelprospekt haben wir von dem Beach-Club nichts erwartet. Schon bekommen wir am Eingang dicke flauschige gelbe Badetücher in die Hand gedrückt und schlurfen durch das Klein-Fantasia-Land mit künstlicher Felslandschaft und Wasserfällen, an geschwungenen Pools vorbei an den Strand. Ein Bademeister will uns gleich zwei freie Liegen vorschlagen, akzeptiert aber sofort, als wir einen besseren Platz in der ersten Reihe bevorzugen. So, endlich Weitblick und genug blaues Wasser an diesem Hitzepool der Welt. Nach der Fahrt durch die endlosen, kahlen Straßen hierher hätte es uns nicht gewundert, wenn das Meer im Sand versickert wäre.

„Ich geh gleich rein", sagt Moni und steht auf. Diese Eile überrascht mich bei ihr. „An mir klebt schon wieder alles", erklärt sie. Zügig gehen wir die paar Schritte zum Wasser, weil der heiße Sand ganz schön unsere Hornhaut durchschmort.

„Au, das ist ja auch heiß." Ich hebe irritiert einen Fuß aus dem Wasser. „Das ist mehr als warm. Wie in der Badewanne. Da muss man sich ja abheißen und nicht abkühlen", sage ich und werfe mich wie ein Bündel Spaghetti in das Kochwasser. An der Temperaturtafel stellt sich später tatsächlich heraus, dass die angegebenen 36° bis 38°C max. nicht auf die Luft, sondern das

Wasser bezogen sind. Ein irres Gefühl, den persischen Golf als riesige Badewanne zu sehen. Vielleicht hat der irakische Diktator an der Küste weiter oben hier auch mal „zu heiß gebadet", dass er durchdrehte.

Jedenfalls genieße ich es als Gesundheitsbad. Hier könnte man die Kurhotels für Rheuma-und Gliederkranke hinstellen. Außerdem entschlackt und entspannt noch die heiße Luft, weil einem ständig der Schweiß irgendwo am Körper runter rieselt, wie in der Sauna oder besser, in einem milden Dampfbad. Die Luftfeuchtigkeit ist mit 60% bis 80% etwas grob angegeben. Nur die Klimaanlagen können einen ruckzuck krank machen, wenn man in einem der Läden oder Hotels die Kühle genießen will.

Vielleicht bin ich jetzt schon eine halbe oder eine Stunde im Wasser. Ich weiß es nicht, weil der Körper nicht auskühlt und das Wasser immer weich und wohlig bleibt im Gegensatz zur heimischen Badewanne. Man meint, man schwitzt im Wasser. Auch Moni will nicht raus und ist verblüfft, wie leicht das Wasser trägt. Der Salzgehalt ist hier wohl auch um einiges höher in diesem flachen Meerbusen, über den wir von Persien her eingeflogen sind. „Ups", ich schrecke auf, weil ich als „toter Mann" über fünfzig Meter auf dem Rücken treibend plötzlich an eine Gruppe planschender Badegäste gestoßen bin. Ich probiere es nochmal. Das Wasser trägt mich wie ein Ball, sodass ich es wieder genieße, wie im Weltraum zu schweben, nur Licht und blaues All über mir, leicht gewiegt wie im Schoße Allahs – und „prust-hust", bin ich doch wirklich wieder mit ausgebreiteten Armen und Beinen, auf dem Wasser liegend, eingenickt.

Aber jetzt mal an Land zum Abkühlen. Na ja, am feuchten Körper bringt die Heißluft doch etwas Erfrischung. Beim nächsten Gang teste ich meine Taucherbrille mit eingeklemmter Gasmaskenbrille. Ich hatte nie geschnorchelt, weil ich ohne Brille kaum auf einen halben Meter scharf sehe. Aber für die Südsee wollte ich mir dieses Erlebnis nicht sausen lassen.

Zum Glück habe ich das Bundeswehrerbstück 30 Jahre in meiner Kruschtschublade aufgehoben, denn es funktioniert prima. Die 300 Mark-Lösung der Sportgeschäfte könnte nur ästhetisch besser sein.

Das Wasser ist herrlich hell und türkisklar.

Einsiedlerkrebse wuseln mit ihren Schneckenhäuschen unter mir rum. Die Sicht ist weit, wie in einem Glaswürfel. Aber kein ... doch da, kaum einen Meter entfernt, ein flacher, ca. 20 cm großer Fisch, selbst durchsichtig schimmernd, glotzt mich skeptisch an und weicht etwas zurück, als ich ihn „streicheln" will. Herrlich, das kann ja noch toll werden im Laufe der Reise.

Leider müssen wir zum Packen ins Hotel, weil wir das Zimmer bis 14 Uhr spätestens räumen sollen. Wir lassen das Badezeug im Rucksack, stellen die Koffer beim Hausmeister ein und beschließen, den Rest des Tages nochmal am Meer zu verbringen, statt in der heißen Stadt rumzuhängen. Der schlaksige Schwarze mit Tropenhelm, der vor dem Hotel nur Autotüren aufreißt und Koffer abnimmt, meint, es habe zum Glück nur 41°C. Im Juli sei es schlimm gewesen mit wochenlang 48° bis 49°C, das habe er fast nicht ausgehalten.

Die Fahnen vor dem World-Trade-Tower gegenüber unserem Hotel flattern heftig. Aber was wie Kühlung aussieht, empfindet man wie „Sauna mit Heißluft". Drum hüpfe ich auch öfter in den 28°C kühlen Pool, während andere an der Pool-Bar im Wasser sitzend den Hintern kühlen. Und die kurvig-steile 50 Meter Rutsche ... „ffflatsch ... blubber, quirl ...", das erfrischt und baut auf, wenn man seinen Schweinehund besiegt hat. Als ich oben runter sehe und Kinder Schlange stehen, will ich schon 'nen Rückzieher machen. Auch wenn man es kennt, hat man wieder neu Bammel vor der ungebremsten Schussfahrt.

„Pfieeeet!" Laufend gestikuliert einer der drei Bademeister an den Pools herum und ermahnt streitende Kinder. Pfeift sogar, als ein 5-jähriger allein zögernd auf der Kinder-Rutsche steht. Auf den energischen Wink gibt er sich einen Ruck und rutscht ...

Das ist ein Punkt, der uns immer mehr auffällt, dass die Araber hier eher preußisch korrekt veranlagt sind und so ziemlich gar nichts mit dem südlichen „laissez-faire“ der Mittelmeervölker oder deren Schlitzohrigkeit zu tun haben. Von den äußerst zuvorkommenden Rezeptions- und Hotelangestellten über die Händler in der Altstadt bis zum Taxifahrer waren alle absolut ernsthaft und zuverlässig. Vor allem der Shuttle-Busfahrer fiel durch pedantische Pünktlichkeit auf. Den ganzen Tag fuhr er jede Stunde an den Strand oder in die Stadt. Er fuhr immer auf die Sekunde pünktlich ab, wie gestern Abend um 21.45 Uhr, als er von der Stadt die letzte Fahrt vor 23 Uhr hatte und von vor den Bus eilenden Hotelmitarbeitern, die auch Ausgang hatten, auf den ersten 100 Metern gleich zwei mal gestoppt wurde und so noch acht Personen zusteigen ließ.

Es war wohl auch nicht nötig, dass wir aus Angst vor südlicher Gleichgültigkeit drei verschiedene Rezeptionsmitarbeiter scharf machten, den Nachttransport zum Flughafen um 1 Uhr nachts zu sichern, um ja nicht den Flug um 3.20 Uhr morgens zu verpassen.

Als um eine Minute vor 1 Uhr ein Taxi vorfährt, juble ich, aber nichts war's: Hotelgäste steigen aus. – Aha! ... neue Lichter fahren vor und unser Boy schnappt die Koffer. Wir zerren unser Handgepäck durch die Glastüre – wieder nichts. Erhöhte Pulsfrequenz, neue Zweifel, ein unauffälliger Mann kommt seitlich die Treppe hoch, schaut auf einen Papierschnipsel und fragt unseren Boy: „Mr. und Mrs. Kamela ...?“

Ja, das sind wir, juble ich innerlich und äußerlich, „Yes, here!“

Als ich den Rucksack in den Kofferraum stopfe, schaue ich flüchtig auf meine Digitaluhr: 1:00:10, also 10 Sekunden nach eins!

Ich schäme mich, mein Vertrauen kann noch reifen. Erleichtert lehnen wir uns in dem klima-kühlen Mercedes zurück.

Wenn das in jedem Land so funktioniert, kann die Reise ja stressfrei werden. In diesem geheimnisvollsten Land wurden wir trotz einer Stunde Verspätung mit unserem Namen in der Hand von einer netten Schweiz-Araberin um Mitternacht empfangen, und jetzt wieder pünktlich abgeholt – einfach toll.

Fettaugen im indischen Ozean ...

Ohne es vorher zu wissen, durften wir kurz die Maledivenluft schnuppern, leider ohne aussteigen zu dürfen.

Dabei wollten wir ursprünglich auf den Malediven die erste Pause einlegen statt in dem städtischen, heißen Dubai. Beim Eichecken dort durch zwei „schwarze Pinguine“ stutzen wir, weil bei unserem Ausgang nur Male steht. Das bildhübsche, model-like geschminkte Gesicht mit feurigen Augen, vom pechschwarzen Nonnenschleier umrahmt, bestätigte, dass der Flug nach Singapur über einen Zwischenstopp in Male gehe.

Verblüffend ist anschließend die Begegnung im Flugzeug mit der fröhlichen Stewardess, die wir auf der ersten Etappe haben.

Ich grüße sie: „Hallo – wir kennen uns!“

„Yes?“

Beide kommen wir uns erst nur bekannt vor, als ich sie erinnere: „Vor zwei Tagen!“

„Oh, yes from Frankfort ...!? – it’s nice!“

Ich werde dann wieder unfreundlich zu ihr, als sie mich, kaum auf Flughöhe, wie alle anderen frisch in Schlafstellung gekuschelt, mit einem Esstablett anstupst: „Your special breakfast!“

„Hä, was?“ Auf meiner Uhr ist es 5 vor 4 Uhr. In dem halbleeren Flugzeug haben sich einige unruhige Geister, fast alles junge Leute, die in den Malediven tauchen wollen, gleich nach dem „Abschnall-Gong“, auf den freien Sitzen liegend eingerollt. Ein Dunkelhäutiger aus Dubai liegt quer über fünf Mittelsitzen, mit neuem Jackett, weißem Hemd und strammer Krawatte und schläft so 2 1/2 Stunden bis Male.

Schließlich wimmle ich sie mit ihrem warmen „Speschel-Breek-fest“ ab: „Später!“, denn von dem warmen Essensgeruch wird mir fast schlecht.

So ein Schwachsinn, denke ich beim Weiterdösen. Die Nacht halb durchgemacht und dann wird einem vor dem Einschlafen das umfangreiche Frühstück serviert.

Aus der Luft sind sie am schönsten, Die Malediven-Atolle. Wie „Fettaugen“ auf der Suppe liegen sie, türkis und in allen neonblau Schattierungen unter uns. Der Aufenthalt auf der Flugplatzinsel ist eher lästig. Mir ist es „kötzig“ von dem kurvigen Landeanflug auf die winzige Insel, auf der nur die Rollbahn Platz hat. Wenige Meter neben der Rollbahn plätschert schon das Meer, und wir dürfen nicht aussteigen, um die Füße zu kühlen. Immerhin erlauben mir die Stewardessen auf der Gangway frische Luft zu schnappen, während der Putztrupp in den Fluren mit den Staubsaugern herumfauchen.

Faszinierend, in zwei Kilometer Entfernung die goldene Kuppel der alten Freitags-Moschee von Male in der Sonne blitzen zu sehen. Wie ein Goldmedaillon auf tiefblauem Samt. Dann diese Stadtinsel ringsum bis an die Kanten mit Häusern bebaut. Ein Fremdkörper zwischen den leuchtenden Atollen. Wie eine schwimmende Stadt auf einem Floß.

Beim Abheben nach einer Stunde sieht man, wie die winzige Hauptstadt dieses „Korallenländleins“ fast quadratisch auf eine Koralleninsel von zwei Kilometernn Länge gequetscht wurde.

Während wir vorher vorwiegend von jungen Deutschen umgeben waren, hat sich das Richtung Singapur radikal geändert. Wir sind die einzigen „Glotzaugen“ unter den „Schlitzaugen“.

Wir fliegen an der Südspitze Indiens und Sri Lankas vorbei. Toll, dass man auf der großen Leinwand immer die Position unseres Fliegers verfolgen kann. Ein kleiner Flieger zieht im Flugtempo eine rote Linie über unsere Flugroute. (Damals gab‘s noch keine Fernseher im Jumbo).

Über Indien erinnern wir uns an unsere erste Weltreise, wo wir in New Delhi drei Tage den normalen indischen Wahnsinn erlebten. Menschengewimmel, aufdringliche Bettler und

Kinder, Lärm, Gestank, meditierende Yogis dazwischen, Reichtum, extreme Armut, tiefes Mittelalter in moderner Umgebung, exotische Bauten, wie das Taj Mahal, hübsche Frauen in bunten Saris und duftende Blüten in den luxuriösen Gärten und Hotels. Soviel Extremes durcheinander hatte uns damals schon angestrengt. Darum war es mal spannend das Land zu erleben, aber nicht entspannend. Im Vergleich zu Japan das krasse Gegenteil. Dort dann straffe Disziplin, alles supermoderne Technik. Die Taxis verblüfften uns mit automatisch aufklappenden Türen, sodass der Taxifahrer älteren Damen nicht selbst die Türe öffnen musste. Dort kaufte ich meinen ersten Taschenrechner zum halben Preis. Das gleiche Modell hatte ich vor der Reise bei Quelle für 97 Mark gesehen. Dann wieder die steife, gedrillte Höflichkeit, die so weit ging, dass man in der Hotellobby immer wieder von japanischen Hintern angestupst wurde, wenn man zu dicht an sich aufgeregt begrüßenden Gruppen vorbei ging. Diese, für uns peinliche Berührung, war dort keine Entschuldigung wert.

So ist auch öffentlich Körperkontakt nicht peinlich, wie wir es in den Aufzügen erlebten. Als wir im Hotelaufzug zögerten in die sichtlich volle Kabine zuzusteigen, rückten die Leute noch mehr zusammen, sodass wir mit Tuchfühlung noch Platz hatten. Beim nächsten Stockwerk öffnete die Tür, wo ein sehr altes, gebrechlich wirkendes Paar wartete. Da die Aufzugtüre uns schon streifte, machten wir keine Anstalten, sie reinzulassen. Aber die beiden Alterchen bewegten sich mit sturem Blick auf uns zu und drängten uns unverhohlen noch weiter in die volle Ölsardinendose, dass wir wirklich mit etwas Platzangst und Atemnot, ringsum, gepressten Körperkontakt mit den Umstehenden hatten.

Dann wieder die verblüffende Heiterkeit, als wir in einer Straße ein typisch bayrisches Bierlokal entdeckten, wo lauter japanische Büromenschen in schwarzen Anzügen lachend vor ihren Bierkrügen hockten. Auf dem Rückweg kamen uns prompt Gruppen mit stark torkelnden und singenden Büromenschen entgegen.

Manche Bekannte meinten, diese Reise bringe ihnen nichts, weil man in zwei, drei Tagen kein Land kennenlernen könne. So machten wir die Erfahrung, dass man doch schon nach wenigen Stunden spürt, ob einem Land und Leute liegen und sympathisch sind: Da möchte ich mal richtig Urlaub machen, oder „nein Danke – war interessant, aber einmal reicht!“.

Nach drei Stunden Essen, Dösen und Lesen kommt Land in Sicht: Indonesien. Sehr dunkles Grün mit vielen Nebel- und Wolkenfetzen, aber auch viele kilometerlange und -hohe Rauchsäulen. Von der Brandrodung in den Regenwäldern hat die Welt damals noch nicht viel gehört, aber heute ist uns klar, dass das keine Grillfeuerchen waren.

Die Bewölkung nimmt über der Straße von Malakka immer mehr zu, bis wir im Tiefflug vor Singapur richtig tief graue deutsche Novemberstimmung haben. Geordnete Plantagen und viele kleine Fabrikhallen verstärken den Eindruck, dass wir eher in Deutschland als direkt beim Äquator landen.

Ordnung á la Singapur

„Ihr Gepäck wurde nach Singapur eingecheckt“, bemerkt die gestrenge Singaporin mit fast grimmiger Miene am Transit-Schalter. Mit ihrer randlosen Brille wirkt sie wie eine strenge Lehrerin, die sich freut, einen Schüler beim Spicken erwischt zu haben.

Sie lässt sich auch anmerken, dass sie Kraft ihres Amtes die Souveränität hat, die Koffer weiter auf den Weg nach Bali zu bringen, während sie fast fünf Minuten den PC behämmert.

„Nein, Sie brauchen nichts zu tun. Wie ist die Farbe Ihrer Koffer?“, fragt sie gleich auf englisch weiter. Das ist wohl ein Musterbeispiel für das perfekt und streng verwaltete Singapur. Solange wir keine 500 Mark Strafe zahlen müssen, falls uns ein Stück Papier runter fällt, soll‘s uns recht sein, wenn die Disziplin für uns arbeitet.

Moni fiel es schon in Dubai nach der Gepäckaufgabe auf, dass nur ‘Singapur‘ und nicht ‘Bali‘ auf dem Abschnitt stand. Schön, wir sehen uns schon wieder die Koffer suchen, herumirren, um sie für Bali neu aufzugeben. Denn die Wege und Rollbänder auf diesem riesigen sterilen Flughafen können kilometerlang sein und ich fühle mich noch gerädert von dem 8-stündigen Flug mit durchgemachter Nacht, plus einstündiger Zwischenlandung auf Male.

So sitzen wir jetzt im Gate zum Weiterflug nach Bali mit New-Sealand-Airline, während draußen die Sonne hinter unserem Jumbo-Boeing 747 untergeht.

„Erinnerst du dich noch an unseren Beinahe-Absturz damals zwischen Bangkok und Hongkong?“, versuche ich die Langweile zu vertreiben.

„Oh, hör auf, daran möchte ich jetzt nicht gerade denken, das schlägt mir schon vom Hören wieder auf den Magen“, wehrt sich Moni.

„Es war halt nur eine gute Flugstunde von hier und ich wundere mich heute noch, wie entspannt ich die Situation empfunden habe. Wir waren so glücklich und fröhlich in Bangkok abgeflogen und hatten alle die beste Stimmung auf unserer ersten Weltreise, nachdem wir so viele reizvolle Erlebnisse hatten."

„Ja, Bangkok war damals zwar auch schon sehr in deutscher Hand, aber der Verkehr und der Rummel waren noch nicht so extrem, wie es heute viele schildern."

„Die Leute waren teilweise noch so charmant und freundlich, dass wir oft auf der Straße oder von Verkäuferinnen angegrinst wurden, als ob wir alte Bekannte wären. Und auf unsere Frage, warum, bekamen wir die strahlende Antwort, dass wir, sinngemäß, ein hübsches, charmantes Pärchen seien und woher wir kommen."

„Ja, damals waren wir noch jung und hübsch, ich erst Anfang Zwanzig. Bei den vielen Männern und älteren Paaren waren wir für die Thais noch ein ungewohnter Anblick unter den Durchschnitts-Touristen."

Ja, denke ich weiter, mit dieser beschwingten Stimmung nahm ich es gar nicht sehr Ernst, als das Flugzeug schlagartig nach unten kippte, ohne dass vorher eine Aufforderung zum Anschnallen kam. Wir hatten die erste Reihe und ich stand neben dem Sitz im Flur und filmte kurz ins Flugzeug nach hinten, dabei kippte ich mit dem Flieger um und warf mich im Fallen auf meinen Sitz, während mein linker Fuß in die Höhe ragte, denn durch den Sturzflug befanden wir uns in einer gewissen Schwerelosigkeit, dass ich mit beiden Händen auf mein Knie drücken musste, um den Fuß auf den Boden zu stellen. Ich fand das lustig und erklärte, das ist ein Luftloch, wenn auch ein sehr tiefes –aber so erleben wir das auch mal.

Aber meine Frau und die Wienerin, die neben ihr am Fenster saß, schien das nicht sehr zu beruhigen. Auch die hektische Durchsage der Stewardess, dass alle sich unbedingt anschnallen sollen, während von hinten laute Schreie zu hören waren, machten mich etwas nachdenklich, auch wenn ich aus meiner Wehrpflichtzeit bei der Luftwaffe von so manchen Flugabenteuern gehört hatte. Als ich nach hinten in den Flur schaute und eine Stewardess flach am Boden liegen sah, dachte ich, „uii, eigentlich reichts jetzt, der Pilot sollte den Flieger langsam abfangen, sonst muss ich doch mal nach der Schwimmweste tasten".

Die Wienerin sagte resigniert: „Jetzt können wir nur noch beten."

„Nein, es gibt so krasse Luftlöcher, das wird schon wieder", schwindelte ich mir selbst etwas vor, wobei ich keine Angst hatte. Ich fühlte mich in meiner guten Laune immer noch als alter Kampfflieger, der solche Situationen normal findet. Ich hatte einfach ein gutes Gefühl, obwohl die Sturzflughaltung sicher zwei bis drei Minuten anhielt – gefühlt eher wie zehn Minuten. Vielleicht war es gut, dass wir in der Nacht nicht sahen, wie tief wir sanken. Neben uns vom Mittelgang saßen die drei Reiseleiter, von denen sich der Chef ganz cool gab und sich weiter mit Akten und Taschenrechner beschäftigte. Na also, dachte ich, der hat die Reise schon fünf mal gemacht, also ist es noch normal. „Wobei, der Jüngste von den Dreien am Fenster ... oh Mann, der ist ja schneeweiß im Gesicht und starrt an die Wand", dachte ich, als wir endlich in die Sitze gedrückt wurden und die Flugstellung wieder waagerecht, wenn auch hoppelig war.

„Na, siehste", prahlte ich, selbst erleichtert, „jetzt können wir wieder unser Herz aus der Hosentasche ziehen."

Währenddessen kamen wieder drei Stewardessen von hinten zurück und setzten sich uns gegenüber auf ihre Klappsitze und wirkten sichtlich verstört.

Sie unterhielten sich aufgeregt über ihre Erlebnisse in den hinteren Reihen. Essen und Getränke seien wild durcheinander geflogen und hätten bei einigen Gästen die Kleider verkleckert. Der lauteste Schrei kam auch von einer Frau, der der ganze

Becher heißer Tee über die Brust gekippt sei. Wie gut, dachte ich, dass bei uns das Essen schon abgetragen war.

"Das waren schon schlimme Turbulenzen“, meinte die eine.

„Und immer über dem Südchinesischen Meer ...“, antwortete deren Kollegin, währen wir geschüttelt weiterflogen.

Merkwürdig war, dass weder vom Cockpit noch von den Stewardessen eine Erklärung zu dieser Extremsituation erfolgte. Die standen wohl selbst unter Schock. Auch die Reiseleiter gingen nach der Landung nicht darauf ein. Wer sie persönlich ansprach, wurde eben mit „heftigen Turbulenzen“ abgespeist.

So entstanden während der weiteren Reise allerlei Gerüchte-Diskussionen von „Hobbyexperten“ unter den Mitreisenden. Am meisten wurde der Theorie zugesprochen, dass es mit einem extremen Druckabfall zusammenhing, und der Pilot so schnell wie möglich einige tausend Meter tiefer musste. Auf den Hinweis anderer inklusive mir, die meinten, dann hätten doch die Sauerstoffmasken aus der Decke fallen müssen, konnten die andern nur vermuten, dass eben diese Technik versagt hätte – darum Sturzflug.

Naja, jedenfalls blieb es ein mulmiges Geheimnis, da nie eine offizielle Stellungnahme oder formlose Erklärung erfolgte.

Endlich, nach drei Stunden Aufenthalt rückt die Neuseeland-Crew an. Der englische Einfluss ist nicht zu verkennen. Strammer aufrechter Gang in strengen dunkelgrünen Uniformen. Besonders dienstlich die Damen mit schwarzer Melone, wie englische Banker oder Gentlemen.

Und dann das „Einschiffen“ im Singapur-drill, aber durchaus rücksichtsvoll: erst ein Behinderter mit Rollstuhl, fünf Minuten Pause, dann Aufruf durch Lautsprecher: „Jetzt Mütter und Familien mit Kindern.“

Einst 1973:
jung und hübsch
vor dem
Kaiserpalast in
Tokio

Taj Mahal, Indien

Hongkong:

nach Beinahabsturz …

… und Giftschlangenessen

überlebt

Dann alle über 60 Jahre – ich komme mir vor wie auf der Titanic. Wieder packe ich meinen Rucksack und will aufstehen. Nein! – „Jetzt die Reihen 42 bis 65!“ – also wieder sitzen! – Wir haben die 22.

Also schön von hinten nach vorne, damit kein Gedränge im Gang entsteht. In Singapur haben sich die wohl alten Preußen reinkarniert. Vor allem vor dem Transfer-Schalter. Eine zickzack-Absperrung, damit die Warteschlange auf engem Raum korrekt steht, ohne dass jemand vordrängeln kann. O.K., das kennen wir von den USA auch. Daneben eine ganz kurze Absperrung, direkt auf den Schalter zu mit leuchtend rotem Teppich und goldenen Lettern: „First Class“. Das fanden wir damals noch ganz schön abgehoben, was heute schon öfter auf Flughäfen zu sehen ist.

Bald steht auch dort ein Schmaläugiger mit Schlips und Köfferchen und wird sofort vor den anderen 15 Wartenden dran genommen.

Oder in der weitläufigen Verkaufszone beschäftigen sich fünf Mann mit der Entfernung eines Teppichbodenfleckes. Drei in Arbeitsdrillich, von denen einer am Boden kniet und einen Quadratmeter eingeschäumt hat, dann guckt noch ein Hausmeistertyp und ein Uniformierter mit ernster Miene zu und geben dem einzigen Schaffer Ratschläge. Singapur ...!

Ich will das Ganze nicht vermiesen. Andere Deutsche schwärmten von der Schönheit und Sauberkeit der Stadt, wie jetzt der etwas angeberische kleine Deutsche mit dessen Freunden in der Warteschlange auf dem Flughafen. Die Stadt sei eine Parkanlage mit viel Grün und „... echte Orchideen wachsen auf den Verkehrsinseln. Bei uns wären die doch längst geklaut“, sagt er lautstark. Kein Wunder, wenn schon für ein fallengelassenes Papier 500 Mark Strafe kassiert werden, wie er behauptet.

Götterinsel mit Disziplin

Bali, Herrliche Götterinsel mit braven, strengen Dienern.

Nach klapprigem, schüttelnden Flug mit einem alten Jumbo von Air New Zealand und einem nervösen Stuart im reifen Alter – wie ich selbst – sind wir jetzt um Mitternacht auf Bali gelandet.

Obwohl man die Zöllner laufend stempeln hört, geht es kaum vorwärts in den sechs je 30 Meter langen Warteschlangen. Eine Stunde stehen, nach 36 Stunden ohne Bett und ohne richtigen Schlaf, fordern die letzte Geduld von uns.

Kaum haben wir die Zöllner hinter uns, werden wir von Dunkelhäutigen Balinesen umschwirrt: „Hier Geldwechsel ohne Gebühr", „Brauchen Sie ein Taxi?", „Welches Hotel?"

Wir sind nur gespannt, ob bei diesem Trubel wirklich einer von der örtlichen Agentur auf uns zwei schlappe „Hansele" aus Konstanz wartet. Großes Krakele, als wir aus dem Gebäude treten. Rund 100 Balinesen stehen da, schreien, fuchteln, winken – aha – einige weiße Täfelchen oder Papiere hochhaltend. Ich will systematisch jedes entziffern, als Moni jubelt: „Hier, hier ...", und zeigt nach links.

In großen akkuraten Druckbuchstaben schaut mir unser Name aus dem Gewimmel entgegen. Moni fällt dem sympathischen, eher schüchternen Balinesen fast um den Hals. Ich denke: „Das ist ja unglaublich, wie das klappt." Vor vielen Wochen gebucht und da steht einer und hält schon zwei Stunden unseren Namen in die Höhe, wie er auf meine Frage gesteht – „Also so ist das Alleinreisen wirklich ein Klacks", denke ich zu Ende.

„Ding ding ding-dong-ding ding ding ...", höre ich in meinem Traum weit weg, wie zarte Glöcklein. „Wo bin ich?", schrecke ich im Traum auf. Träume wieder weg. Die Xylophon-Melodie geht leise weiter, Augen auf: rot-goldenes Muster über mir an der Decke. Augen rechts: Sonne, Palmen und rote Blüten vor dem Fenster. Moni „sägt" an einem „dicken Baum". Aha, toll –

ein Erwachen wie im Paradies. Die Musik kommt aus dem Hausradio im Nachttisch.

Am ersten Tag denke ich, ich hätte das Radio beim Einschlafen nicht richtig ausgemacht, aber das ist auch ein sanfter Trick des Hotels, um die Leute zeitig zum Frühstück zu bringen. Denn ob man den Schalter ausmacht oder zwei der anderen Kanäle wählt, immer um acht Uhr dreißig morgens schaltet sich die zarte Weckmusik automatisch ein. Wer erst fünf vor zehn zum Frühstück kommt, kann mit der Fastenkur beginnen. So nett und lieb alle sind, aber ab Punkt zehn wird blitzschnell das Buffet geräumt.

Aber dafür ist es ein exotischer Traum. Neben Springbrunnen und tropischem Grün im offenen Innenhof spielen zwei edel gekleidete Musiker in balinesischer Tracht mit Stirnband sanfte Melodien auf ihrem Gamelan, dem typischen Bambusxylophon.

Ein herrliches Buffet für alle Geschmäcker. Zu meiner Überraschung kann ich sogar meine Leibspeise „Rösti“ zum Frühstück essen – und sogar noch richtig mit „Roesti“ beschriftet, auch in englisch: „baked potatoes“. Auch ein Omelett aus zwei bis drei Eiern mit Pilzen, Käse, Zwiebeln oder Schinken, je nach Wunsch, kann man sich in drei Minuten frisch braten lassen.

Zufällig setzen wir uns zu einem jungen Paar aus Karlsruhe, das uns gleich die wichtigsten Dinge dieser Hotelstadt erläutert. Das erspart uns viel Englisch-Gestottere an der Rezeption. Der anschließende Spaziergang im Hotelpark lässt uns ins Paradies versetzt fühlen.

Eine fast 100 Meter lange Palmen- und Blütenallee entlang eines Kanals mit Wasserspielen. Gleißend helles Licht lassen Grün und Blüten, vor allem die roten Bougainvilleen an den Zimmerbalkonen, fast in Neonfarben erstrahlen.

Beim Pool sitzen weißgekleidete, hübsche Damen und Herren und bieten indonesische Ganzkörpermassagen an.

Durch schattige Gummibäume und Palmen leuchtet das azurblaue Meer mit weißen Wellenkämmen vom Riff her.

Unser Hotel-Portal: „Putra Bali“

Garten

Lobby >

Kecak Tanzgruppe

Wir genießen den Nachmittag auf bequemen Liegen mit ebenso kostenlosen flauschigen Badetüchern des Hotels. Der Strand blendet in hellem Gelb und ist 50 Meter breit.

Hoch im Wind das Rasseln von bunten Papierdrachen mit ihren oft Zehn Meter langen flatternden Schwänzen. Die Kinder bauen teils ratternde Windräder in diese Drachen ein.

Durch die andauernde steife, aber warme Brise vom Meer her hört man das Rasseln den ganzen Tag, das früher wohl auch noch zur Geistervertreibung gedacht war.

Aus der Nähe betrachtet sind das keine Primitivkonstruktionen wie bei uns. Statt dem einfachen Holzkreuz werden aus feineren Bambusstreifen kunstvolle Hohlkörper eines Vogels nachgebildet, mit Papier überzogen und bemalt.

„Schnell, Kamera!“, schreckt mich eine Stimme auf. Nach dem Tagebuch schreiben war ich auf der Liege eingedöst.

Die Sonne steht auch schon sehr tief. Erst 17.00 Uhr vorbei, aber ab 18.00 Uhr wird es ja schon dunkel. Den Äquator hatten wir schon zwischen Singapur und Bali überflogen.

„Kamera, Kamera – schnell, da vorne!“

„Was ist los?“, frage ich verschlafen im Aufstehen, als ich merke, dass der fuchtelnde Mann mich meint.

Ach, das war der Deutsche, der mit seiner Frau bei uns am Strand lag. Weil er auch mit einer Video-Kamera rumspielte, hatte ich ihm mal meine Kamera in die Hand gedrückt, damit wir mal zusammen auf's Bild kommen.

„Sehen Sie die Balinesen dort am Strand?“

Richtig, in etwa 200 Metern Entfernung sieht man eine größere Gruppe dunkler Menschen im Kreis am Boden sitzen.

Während ich mit der Kamera hin laufe, höre ich jetzt auch die Trommeln zu ihren wiegenden Körpern.

Schade, jetzt wo ich fast dort bin, stehen sie auf und tragen einen geschmückten Korb zu einem Ausleger-Kanu. Teilweise lachend und scherzend verabschieden sich die Ruderer von den anderen, lassen sich ins Wasser schieben und paddeln los.

Die Balinesen winken ihnen nach, als ob sie auf eine lange Reise gingen, während wir Bleichgesichter in Badehosen unpassend dazwischen stehen.

Da entdecke ich einen Bootsvermieter und quatsche ihn an, was da ablaufe.

„Eine Frau im Dorf ist gestorben und ihre Asche wird, nach hinduistischem Brauch, den vier Elementen übergeben. Hier dem Wasser."

Einige Deutsche, die neugierig mitgelauscht haben, übersetzen mir den Rest, den ich durch den Bali-Akzent nicht verstanden habe.

Inzwischen schaukelt das Boot als kleiner Punkt zwischen den Wellenkämmen schon außerhalb der Riffbrandung.

Die machen das gründlich. „Nicht nur ins Wasser, gleich weit weg, könnte sich sonst zu schnell wieder inkarnieren", denke ich etwas taktlos.

Wie im Himmel fühlen wir uns beim Abendessen. Schon am Eingang wurden wir vom Personal mit gefalteten Händen und strahlendem Lächeln begrüßt. Die zierlichen Damen elegant in engen, langen Seidengewändern mit glitzernden Goldstickereien. Zur Begrüßung ein kühler Orangen-Cocktail und feuchte Tücher wie im Flugzeug. Herrlich, die Stimmung mit dezenter Gamelan-Musik, in der 28°C-milden Abendluft. Die Götter haben uns hierher geführt, denn eigentlich hatten wir uns verlaufen. Vielleicht war es die sechsarmige Göttin der Weisheit, „Saraswati", nach der das Lokal benannt ist.

„Essen kann man günstig im Dorf", hatte uns eine Pfälzerin am Strand verraten. „Einfach entlang der Hauptstraße auf dem geteerten Rad- und Fußweg, so 500 Meter links, dann rechts, schon sind Sie im Dorf."

Ha ha, bei Tageslicht kein Problem, aber als wir in der Dämmerung losgingen, war es nach zehn Minuten „kuhdunkel". Da wir an der Straße zum Dorf Lichter und Leute erwartet hatten, ließen wir weiter geradeaus, bis wir auf einige Holzhäuser stießen. Eines mit Lichterketten sah nach einem Lokal aus .

Eine hübsche Balinesin stellte gerade das „Götterfutter“ auf.

Ein Tellerchen mit Blüten und Räucherstäbchen, über die man an fast jedem Haus- oder Ladeneingang stolpert. Da die mittleren Gerichte auf der Karte nur um die 15 Mark lagen, also zwei bis drei mal billiger als in unserem Luxushotel, folgten wir ihr ohne Hypnose in ihr offenes Haus.

Offen im wörtlichen Sinne, denn es hatte wie alle typisch balinesischen Häuser zwar ein massives, geschwungenes Dach auf Holzbalken und einen soliden, erhöhten Holzfußboden, aber bis auf Küche und Lager alles offen, ohne Wände. So sind wir auch dankbar, für jeden zarten Windhauch, der unsere feuchte Stirn kühlt.

Noch toller zischt das kühle Bier durch unsere schon fast zugewachsenen Kehlen und macht den Weg frei für die frische Frühlingsrolle, die wie auf einer zierlichen Statue anschwebt. Schmeckt schon besser als bei McDonald‘s.

Nach jedem zweiten Schluck Bier schwebt die lächelnde Fee an und füllt das Glas auf. Was wir als leichten Druck empfinden, ist asiatische Höflichkeit. Die Fürsorge geht schon beim Platz nehmen soweit, das uns nicht nur der Stuhl unter‘n Po geschoben wird, sondern Kellner und Bedienung unter der Tischdecke über unsern Schenkeln herumfummelten, um uns die Servietten korrekt auf dem Schoß auszubreiten,

„Echtes Bali-Bier“, sage ich zu Moni, als wir auf meinen exotischen Fisch und Monis „Bami Goreng“ (indo. Nudelgericht) warten. Mit der Video-Kamera versuche ich das Bieretikett in ganz nah zu filmen.

Schwupp, sehe ich noch Finger im Sucher und die Flasche ist weg.

„So war das nicht gemeint“, sage ich auf deutsch zur lächelnden Fee, die mir schon wieder Bier nachschenkt.

„Ja“, erwidert sie unbeirrt, lächelnd mit ihrem einzigen deutschen Wort, als ob sie mich verstanden hätte.

„Sie sagen nur ja, aber verstehen gar nicht, was ich sage", teste ich sie frech auf deutsch.

„Ja", tappt sie voll in die Falle und lächelt weiter.

„Die ist so süß", sage ich zu Moni, „aber sie tut mir leid. Die bemühen sich so hier und ich verstehe nicht, dass wir die einzigen Gäste sind."

Denn der zarte Fisch mit den Sojasprossen und den delikaten Soßen schmeckt genauso lecker wie Monis „Bami-Goreng", von dem ich gerade probiere. Dazu ein Schluck von dem Herrlichen Australischen Rotwein – mmh.

Ich öffne meinen Gürtel um eine weitere Raste, als das Finale, „Gebackenes Eis", anschwebt. Obwohl der unersättliche Gaumen „mehr!" schreit, sind wir froh, dass wir uns ein Dessert teilen, denn unsere Bäuche sind prall wie bei Max und Moritz.

Und das alles für schlappe 51000,- Rupien, das sind nur 35,- DM.

Wir bedanken uns herzlich beim ganzen Personal, das mit „betenden Händen" laufend Verbeugungen vor uns macht.

„Auf Wiedersehen in Deutschland", sagen wir zu unserem Dolmetscher, einem jungen Mann, der während des Essens kam. Nach einigen Worten mit dem Chef näherte er sich schüchtern unserem Tisch und fragte auf deutsch: „Ist alles in Ordnung?"

„Danke, sind Sie der Chef?"

„Ich bin Oberkellner hier, habe heute frei".

„Dann hat man ihn gar nur zu unserer Unterhaltung hergeholt", brumme ich zu Moni hin und frage ihn laut: „Wo haben Sie Ihr gutes Deutsch gelernt?"

„Ich habe schon drei Jahre in Deutschland gearbeitet."

„Wo, welche Stadt?"

„Kleine Stadt – Radolfzell."

„Nein, das gibt's nicht! – wir kommen aus Konstanz, das kennen Sie sicher auch", juble ich.

Er kennt es und würde gern wieder in Deutschland arbeiten, bekommt aber zur Zeit keine Aufenthaltsgenehmigung.

So haben wir uns noch gut unterhalten.

„Aber so ein Zufall, das ist ja fast unmöglich – verlaufen wir uns, um königlich zu speisen und treffen dabei einen Bali-Radolfzeller", sage ich zu Moni auf dem dunklen Heimweg.

„Das muss höhere Führung gewesen sein, wir wissen ja, dass es keine Zufälle gibt."

„Schon, ich sehe nur noch keinen Sinn dabei", füge ich nachdenklich zu.

Nach 300 Metern stoßen wir auf die dunklen Schatten einer fünf Meter hohen Steinskulptur.

„Das muss es sein. Die Deutsche hatte doch etwas von einem gespaltenen Tor geredet, wo es zum Dorf abgeht", sage ich zu Moni.

„Gucken wir mal kurz rein?"

„Eigentlich bin ich zu müde und man sieht noch keine Häuser."

„Nur schnell, wenn wir nach 200 Meter nichts sehen, drehen wir um."

Tatsächlich, nach einer Kuppe stehen wir im Licht und Lärm der Dorfstraße. Lokale und ärmliche Souvenirläden mit herumlungernden Jugendlichen und schwatzenden Frauen säumen die schmuddelige Straße.

„Da sind wir aber in jeder Beziehung echt günstiger gefahren", freue ich mich, als ich eine Speisekarte vor einem netten Lokal mit lauter Musik studiere.

„Wollen Sie essen?", fragt auch schon eine Bedienung auf Englisch, die gleich angeflitzt kam.

„Danke, nur, schauen", sage ich auch noch bei anderen Läden und Lokalen, wo wir gleich angesprochen werden.

Ein gut besetztes, größeres, aber stilvoll dekoriertes Lokal gefällt uns, trotz der aufdringlichen Schlepper davor. Dem quirligen Großen in Balitracht versprechen wir, dass wir vielleicht morgen kommen. Der Typ ist mir sympathisch, weil er auf so ulkige Art versucht deutsch zu sprechen und auf meine Flaxereien clever eingeht.

Im Hotelzimmer sinkt Moni ins Bett und ist schon fast weg, als ich sie erinnere, dass wir den Kindern zu Hause noch ein Fax schicken wollten. Nach Dubai erst das zweite.

Aber, obwohl sie tagsüber noch einen teuren Anruf erzwingen wollte, ist ihr jetzt (0.30 Uhr) alles egal und sie stöhnt nur über ihren Sonnenbrand.

So wandere ich allein die 100 Meter zur Rezeption. Naja, ihre Stimmung ist auch auf Null, weil sie auf dem Rückweg feststellte, dass sie die Fotohülle verloren hatte. Und den Fotoapparat hatte sie von unserem Sohn Udo ausgeliehen.

Obwohl wir noch gesucht hatten und nach dem Dorf noch 100 Meter zurück gelaufen sind, war in der dunklen Tropennacht nichts zu finden.

Ketu zeigt uns sein Bali

„Rrring- rring“, rattert das Zimmertelefon.

„Fünf vor neun, gehst du ran?“, frage ich Moni.

„Nee, geh nur du.“

„Immer ich, obwohl du besser Englisch kannst“, meckere ich und nehme ab, während sie ihr Spiegelbild weiterbearbeitet.

„Haallooo ...“, meldet sich eine krächzende Sing-Sang-Stimme aus dem Hörer.

„Ja, wer ist da?“, bohre ich weiter und erkenne an dem Kauderwelsch langsam die Stimme von unserem Reiseleiter.

„Mensch, hat der eine Angst, dass wir verschlafen“, denke ich und frage: „Kettu, bist du es? Es ist noch nicht neun, wir sind gleich vorne, pünktlich!“

„Meine Güte, die sind ja schlimmer als die Japaner“, brumme ich kopfschüttelnd und schnappe die Kameras, während Moni sich den Rucksack angelt.

Stolz grinsend, in Landestracht, kommt er uns in der riesigen, offenen Hotelhalle entgegen.

Bodenlanger grüner Rock mit gleichfarbiger, gefalteter „Serviette“ auf dem Kopf und passendes, gemustertes Hemd dazwischen.

An einem Couchtisch erläutert er uns die halbtägige Pauschal-Tour, die wir zum Hotel-Transfer „gratis“ mitbuchen mussten.

Eine große Insel-Tour für den nächsten Tag will er uns aufreden.

Nee, wir einigen uns, dass er uns heute das zusätzlich zeigt, was wir wollen. So handeln wir seinen Zuschlag von rd. 25$ auf 20$ runter, während er mit schmerzlicher Miene in unseren Handschlag einwilligt. So werden wir wieder langsam Südländer und probieren aus, was geht mit handeln.

Auch beim Frühstück vorher ließen wir uns nicht von den 12 Mark für das „American-Breakfast“ schocken und erfuhren, dass ein einfaches „Continental-Breakfast“ fast die Hälfte kostet. „Die drei Fleischgerichte mit den üppigen Beilagen am warmen Buffet nutzen wir ja doch nicht. Mir reicht mein „Eile“, und das nehme ich mir, ob‘s beim „Conti“ dabei ist oder nicht“, sage ich zu Moni.

Statt Marmelade gab‘s ja nur frische Früchte als Süßes, was ich nicht so passend fand.

Erst als ich auf die Idee kam, die verschiedenen exotischen Früchte in dünnen Scheiben auf‘s Butterbrot zu legen, hatte ich wieder mein Marmeladenbrot und der Kaffee schmeckte auch wieder dazu.

Während wir nun mit eigenem Reiseleiter und eigenem Fahrer im Kleinbus durch grüne Landschaften und saubere Dörfer fahren, freuen wir uns nochmals über das Fax, das unsere Tochter Nicole heute Nacht schon geschickt hatte.

„Das ist schon toll, dass das so schnell geklappt hat. Jetzt kann ich wenigstens wieder beruhigt sein, dass bei den Jungen und Alten zu Hause alles in Ordnung ist“, meint Moni.

„Ich bin auch platt, kritzle um Mitternacht ein Fax nach Deutschland. Einer der Nachtportiers legt es noch etwas gleichgültig zur Seite, dass ich ihm mit aufgerissenen Augen und erhobenen Zeigefinger ermahne, bitte sofort faxen!, worauf er nur müde nickt.“

In keinem meiner anschließenden Träume hätte ich geglaubt, dass ich sechs Stunden später, beim Gang ins Bad, fast auf das Antwort-Fax trete.

Von den „Bali-Heinzelmännchen“ frühmorgens lautlos unter der Tür reingeschoben, dazu noch in seidenpapiergefüttertem Briefumschlag mit goldenem Hotelemblem.

„Ich glaube, ich muss meine romantische Dschungelhüttenvorstellung von der dritten Welt ganz schnell fallen lassen. Unsere Schulweisheit ist halt doch schon vierzig Jahre alt“, stelle ich resigniert fest.

Überall ordentliche Felder, Häuser, Straßen, Kindergruppen in blau-weißer Schuluniform. Außer moderne Details, wie in

Europa.

„Was ist das für eine Dekoration?“, frage ich Ketu, als von weitem wieder so ein Bambusmast, so hoch wie eine Straßenlaterne, mit herabhängendem Flechtwerk auftaucht.

„Das ist für die Vulkan-Götter, damit das Dorf vor Ausbrüchen verschont bleibt.“

So klappern wir ein Dorf nach dem anderen ab.

Im ersten bewundern wir die Herstellung und kunstvolle Bemalung der Batikstoffe. Im nächsten Dorf sehen wir Steinmetzen bei der Herstellung der vielfältigen Götter- und Dämonengestalten zu.

Als ob es weicher Gips wäre, klopfen sie wieselflink und sicher die filigranen Konturen aus dem angefeuchteten Sandstein.

„Was, wenn an einer dieser großen Figuren durch einen Ausrutscher, die Nase oder ne Ecke ausbricht?“, frage ich Ketu.

Der Meister, an den er die Frage weiter gegeben hate, antwortet grinsend in näselndem Englisch: „Schlechte Figuren kommen in ganz große Kiste, dann auf Schiff nach Europa und werden dort teuer verkauft.“

Wir lachen laut, aber doch leicht betroffen.

„Der passt zu uns“, sage ich zu Moni, „der hat den gleichen ironischen Humor wie wir See-Alemannen.“

Bald sind wir im Dorf der Holzschnitzer. Neben den detailreichen Dämonenskulpturen beeindrucken uns die bunt bemalten Früchtekopien. Alles, was sonst der Markt bietet, von der Banane bis zum Blumenkohl, gibt es am „Gemüsestand“ aus Holz geschnitzt und täuschend echt unter geschnitzten Palmen. Sogar Orchideen mit hauchdünnen Blütenblätter, durch die das Licht schimmert, sind Holzkopien.

Im Garten ist noch ein Freilichtmuseum mit alten geschnitzten Häusern. Ein Aussteuerhaus für das Brautpaar mit prächtigem verschleierten Himmelbett. Bis auf die Haus-Rückwand wieder alles offen.

Die Kampfhähne dagegen, die uns nun im Hof der Gold- und Silberschmiede die Ohren vollkrähen, sind in enge Bastkäfige gesperrt

Umso ruhiger die jungen Männer an ihren kleinen Löttischen. Während sie ihren Fußblasebalg treten, fummeln sie unter der Stichflamme Armbänder und Schmuckstücke zusammen. Immer wieder müssen sie ihren Rücken aufrichten und in die Ferne blicken. Jetzt um die Mittagszeit sehen sie schon müde und erschöpft aus.

Bevor wir zu nachdenklich werden, lockt man uns mit sanftem Druck in die Ausstellungs- und (natürlich!) Verkaufsräume, wie schon bei den anderen „Schauwerkstätten" zuvor. Mit zwei Silber-Ohrsteckern für unsere Mädchen müssen sie sich begnügen.

Fahrer und Führer hängen auch schon müde am Auto. Kein Wunder, am frühen Morgen hatte er nur eine kleine Schale Reis zum Frühstück, erzählt uns Ketu, und geschlafen habe er wegen seinem 20-Tage jungen Baby letzte Nacht auch nicht gut. Außer Reis und abends etwas Gemüse dazu könnten sie sich selten mehr leisten.

Also schauen wir mal, wo der Reis wächst. Einige Kilometer die kurvige Straße bergan stehen wir auch schon vor den malerischen Reisterrassen, von Palmen gesäumt, wie im Reiseführer gezeigt.

Letzterer ist wohl schuld, dass wir sofort von recht aufdringlichen Souvenirverkäuferinnen umringt sind. Die haben offenbar kein Verständnis für unsere Interessen und schubsen und stoßen uns beim Fotografieren, dass ich Ketu um Hilfe rufe, damit er die keifenden Weiber mal wegjage. Das tut er nur zaghaft, naja, Arme halten zusammen.

Geselliger wird er, als wir ein Bild mit seiner Tracht im Vordergrund wollen.

„Kannst du mir schicken, isch habe noch kein Foto von mich", bittet er in seinem gebrochenen deutsch.

Göttinnen-Schnitzer

Offenes, vornehmes Wohnhaus

Kein Problem. Später haben wir ihm auch die Bilder geschickt. Leider ohne Echo.

Dafür erfüllt er meinen Wunsch, Reisbauern bei der Arbeit zu filmen, als wir später direkt an einem „Wasserfeld" vorbeifahren. Dauernd gebückt, mit gespreizten Beinen im brühwarmen Wasser stehend, stupfen die Bauern im Zeitraffertempo die Setzlinge in den warmen Sumpf.

„Schau, Moni, die machen Akkordarbeit – zack, zack, zack – das sind drei bis vier Setzlinge pro Sekunde, die der hier stupft."

„Ja, und das in der Mittagshitze um 1 Uhr."

„Wer weiß, wie viele Stunden die schon buckeln. Wir wären ja schon nach ein paar Tagen berufsunfähig", sage ich, während der Mann die neben sich schwimmende Holzschale mit Hunderten von Reisgräsern weiter schubst.

Wir lassen uns weiterschaukeln zu einem alten „Königstempel", wie es Ketu übersetzt. Mit seinen vielen gestaffelten Holztürmchen erinnert er mehr an tibetanische Tempel. Wir laufen nur um die Tempelmauern rum, weil Ketu mir schon vor der Abfahrt etwas missbilligend andeutete, dass ich mit meinen kurzen Shorts nicht in einen Tempel kann. Auch egal, ich steh eh mehr auf Natur als Kultur. Bin auch ein bisschen stolz, dass meine krummen, haarigen Beine für einen Tempel zu sexy sind ...

Die Affen stört das weniger, die wir danach im Affenwald füttern. Aber als ich einen am Rücken stupse, damit er sich zur Kamera dreht, fährt er wie gestochen herum und hätte mich mit seinen gefletschten Zähnen fast geschnappt.

Mehr Spannendes war nicht zu erleben.

„Da ist ja unser Affenfreigehege am Bodensee noch attraktiver als dieser Touristen-Nepp hier", sage ich zu Moni, als uns die hübsche junge Führerin schon nach zehn Minuten zu den Verkaufsständen drängt.

Langsam kapiere ich das Konzept. Als wir ankamen, dachten wir, das sei ein Markt mit den über hundert, dicht gereihten Verkaufsständen.

Ketu mit Moni vor den Reisterrassen

Reispflanzen im Akkord (der arme Rücken!)

„Ja, sag mal, ist das ein Sklavenmarkt oder ein Freudenviertel", entfuhr es mir, als ich das große Baumbusgerüst erblickte, auf dessen Podest dutzende junger Mädchen, hübsch gekleidet, aber total griesgrämig und gelangweilt herumsaßen oder -lagen. Eine von ihnen stand auf, als Ketu auf sie zuging, teilte sie uns zu und erklärte, dass sie uns durch den Affenwald führe. Während er und der Fahrer hier am Eingang auf uns warten würden.

Sichtlich drängt uns das Mädchen, wenn wir stehen bleiben oder filmen. So folgen wir ihr endlich zu den Marktständen.

Aber auch hier sollen wir uns nicht aufhalten, denn sie strebt uns zwanzig Schritte voraus durch die endlos langen Standreihen.

„Komm, wir verlieren sie", ruft Moni, als sie um eine Ecke verschwindet .

„Ist mir egal, ich lass mich nicht hetzen", trotze ich.

Da steht sie mit einer älteren Frau und einem kleinen Kind an einem Stand und grinst uns an, während die Mutter, wie sich herausstellt, übereifrig bemüht ist, uns was aufzuschwatzen.

„So ist das also: zu viele Souvenirhändler und zu wenige Touristen. Damit trotzdem jeder eine Chance hat, stellt jede Familie eine Tochter ab, die warten muss, bis ihr zwei bis vier Touristen zugeteilt werden, die sie dann zu den Affen und anschließend zu ihrem Stand führen darf.

„Kein Wunder, dass die so einen Druck machen bei diesem Lotteriespiel."

Fast hätte ich noch einen Negativ-Film gekauft, halte mich jedoch schnell zurück, als ich merke, wie vergilbt die Verpackung ist. Leider hatte ich mein Interesse schon zu offen gezeigt, sodass ich einen anderen Kram kaufen musste, um die Alte wieder zu beruhigen.

In unserem „Sonderbus" rumpeln wir nun wieder der Küste zu und steigen dort die hundert Stufen zum Tanahlot-Tempel hinab.

Ein populäres Postkartenmotiv auf Bali. Meist als Schattenriss mit seinen geschwungenen Türmchen auf einer Felsklippe vor rotem Sonnenuntergang über golden glänzendem Wasser.

Aus der Nähe sind die verwitterten Holzgebäude gar nicht fotogen. Auf verwaschenem Felsen laufen wir um sie herum.

Ketu bleibt immer wieder stehen, hebt den Kopf wie ein Hahn und macht „... ch, chr, chrr".

Nur bei Höchstflut steht die Felsinsel voll im Wasser. Wir gehen zurück.

„Chr, chrr – das ist so schwer", klagt Ketu, während sein Adamsapfel auf und ab geht.

„Nein, du musst es mehr hinten im Hals versuchen, wie wenn du Wasser im Mund hast", erkläre ich ihm zum x-ten Mal.

„Chr-chr, chrch ..."

„Nein, Ketu, schau, so: rrrrr ..."

„Ch-chr-chrrr ..."

„Naja, übe es mal mit Wasser beim Zähneputzen. Das „err" bleibt für euch Asiaten wohl ein unlösbares Problem", versuche ich seine deutschen Sprachübungen abzubrechen.

Nachdem wir ihm und dem Fahrer eine Fanta spendiert haben, geht es durch den lang gezogenen Touristenort Kufa und dessen Slums stockend zurück. Massen von Mopedfahrern verstopfen im Feierabendverkehr die Straße.

„Ketu, bist du Hindu?", stoße ich ein zeitfüllendes Thema an.

"Ja."

„Wer ist bei euch Gott?"

„Vishnu."

„Ist das so etwas wie Buddha oder Jesus?"

„Er ist kein Mensch. Es ist so etwas wie der große Vater, der Geist Gottes in allem, in jedem Lebewesen."

„Das ist ja interessant, wir glauben auch an den universellen Gottesgeist in allem Leben und an Jesus Christus als größte menschliche Inkarnation eines göttlichen Wesens."

„Das ist aber nicht mehr der offizielle christliche Glaube, wie ihn die Kirchen lehren, wir zwei halten uns an die urchristliche Lehre", erläutert Moni auf seine Fragen.

Als sie ihm erklärt, dass wir keine fertigen Gebete leiern und auch meditieren, ist er hell begeistert und meint zu Moni, das sei der Grund, warum sie so klare Augen habe.

So vergeht die zähe Rückfahrt doch noch im Fluge, und wir schenken ihm noch eine urchristliche Meditations-Kassette in englisch und wünschen eine ruhige Nacht mit dem Baby.

Übermorgen hat er Spätdienst, wenn er uns wieder pünktlich zum Nachtflug nach Neuseeland abholen muss.

„Ding–dingelding." Wieder holen uns zarte Glöcklein aus dem Traumland.

„Ah – endlich ein freier Tag und da müssen die uns um 8.30 Uhr wieder wecken", brummelt mein Murmeltier in mir.

Da riskiert mein neugieriges linkes Auge einen kleinen Sehschlitz – schon passiert: Glänzende Palmwedel und feuerrote Bougainvilleen winken im Sonnenlicht zum Fenster rein. Beide Augen schreien: „unscharf – Brille!" Ok, das Murmeltier hat verloren.

Bei Moni noch nicht, darum verhalte ich mich noch ruhig und überlege, warum die Morgensonne hier so ne gedämpfte Nachmittags-Stimmung ausstrahlt.

„Wir haben doch das Zimmer nach Norden und trotzdem strahlt die Sonne von Nordost auf unseren Balkon?", überlege ich. „Aber im Osten kann sie ja nicht untergehen, also müsste sie gegen Mittag über unser Dach steigen", grüble ich weiter. „Nein, vorgestern schien sie auch mittags, auf den Balkon. Verwechsle ich doch die Richtung und wir schauen mehr nach Süden. Nee, dann stünde die Sonne jetzt auf Südwest und ginge unter ... ach, jetzt hab ich's: Wir sind ja schon südlich des Äquators und die Sonne ist noch auf dem nördlichen Wendekreis, darum scheint sie mittags von Norden. Das ist der Grund für die diffusen Lichtverhältnisse, dass uns Europäer der Morgen wie abends vorkommt oder ich immer wieder die Himmelsrichtungen verwechsle.

Wie die Fürsten fühlen wir uns beim Frühstück, lassen uns endlos Zeit, filmen und fotografieren dazwischen, holen Nachschlag am üppigen Buffet und probieren unbekannte exotische Früchte, z.B. Passionsfrucht, oder eine dunkelhäutige Runde mit festem Fruchtfleisch und hartem Kern, etwas avocadoähnlich. Von der Salakpalme ist die Frucht, erfahre ich aus dem Pflanzenführer.

Wir genießen den Hotelpark mit seiner eindrucksvollen Königspalmen-Allee, deren zarte Wedel vor tiefblauem Himmel in der Sonne glitzern. Schnuppern und filmen exotische Blüten. Auch zwei noch blasse japanische Teenager sind von dem strahlenden Paradies entzückt und hüpfen kichernd wie berauschte Schmetterlinge über den Rasen und fotografieren sich laufend gegenseitig.

Während uns die Sonne die ersten Schweißtropfen abringt, schlendern wir gemütlich zum Pool, unterhalten uns mit einer hübschen Balinesin, die Handarbeiten verkauft. Dann mit einem Künstler, der T-Shirts kunstvoll bemalt und für ca. 25 Mark verkauft.

Schließlich lassen wir uns vom Pool-Service kostenlos zwei dicke, flauschige Badetücher geben und flacken uns endlich im Rasen unter eine schattige Palme vor dem gleißend hellen Sandstrand.

„Mein Sonnenbrand muss bis zur Südsee wieder kuriert sein.

Allein schon deshalb könnte ich jetzt keine Massage aushalten“, meint Moni.

Eben hatten wir einen weiß gekleideten jungen Mann abgewimmelt, der uns eine balinesische Ganzkörpermassage anbot. Verlockend ist es schon. Bildhübsche Balinesinnen streichen mit zarter Hand, die teils aufgeschwemmten deutschen Wohlstandsleiber unter einem schattigen Pavillon am Pool. 25 Mark für eine Stunde sind auch nicht teuer. Aber zum Ausprobieren wäre uns eine halbe Stunde zum halben Preis sympathischer gewesen.

„Die gehören zum Hotel und lassen nicht mit sich handeln“, haben uns schon andere Touristen versichert. Früher sollen das Einheimische schon für 5 Mark am Strand gemacht haben, bis die Hotels das Geschäft zum $-Kurs an sich zogen.

Genial und für unsere Verhältnisse unbezahlbar sind dagegen die Obstschnitzer, die ich gerade filme. Nur einige Schritte vor unserer Liege haben sich Neugierige um einen Stand versammelt. Jetzt sind wir auch fasziniert, wie Hotelköche aus Früchten die grandiosesten Kunstwerke für's vergängliche Mittags-Buffet schnitzen.

Ausgehöhlte Melonen und Kürbisse mit Mustern reich verziert. Eben hält der Obstschnitzer einen orangerot leuchtenden Karpfen in die Höhne und peilt ihm, über seine verrutschte Brille, scharf in die Augen. Der lebendig wirkende Fisch hält still – er ist aus dem Fruchtfleisch eines Kürbis.

So verfliegt der Tag mit schauen, baden, Karten- und Tagebuch schreiben.

„Obwohl ich im Flieger schon viele Stunden geschrieben habe, hänge ich immer noch in Dubai", stöhne ich zu Moni.

„Du bist auch zu ausführlich. – Wann sollen wir uns für die Galeria umziehen?"

„Geh du nur voraus, wenn du noch duschen willst."

Die 'Galeria' ist eine moderne Fußgängerzone in der Nähe, nur für die Touristen aus den umliegenden Hotels geschaffen.

„Also, ich fühl mich hier wie in Europa, also eher in einem spanischen Touristenort als auf einer indonesischen Insel im Fernen Osten", sage ich, als wir in der Dämmerung durch die Promenade schlendern.

„Guck, fast an jedem Lokal 4-sprachige Speisekarten: indonesisch, englisch, deutsch und oft noch in japanischen Schriftzeichen."

„Hörst du die Trommeln? – Komm mit!", drängle ich und eile schon mit entsicherter Kamera dem Gebummer entgegen.

Da kommt auch schon eine feierliche Prozession in glänzenden Seidengewändern gemessenen Schrittes aus einer Seitenstraße. Nachdem sie an verschiedenen Stellen der Promenade eine kurze Kostprobe ihrer Tänze gezeigt haben, sammeln sie sich an einem kleinen Platz um brennende Fackeln im Mittelpunkt.

„Du, Moni, wenn die sowieso gerade vor dem Lokal auftreten, wo wir essen wollen, müssen wir uns schnell den winzigen Bistrotisch sichern, der dort noch frei ist."

Das klappt gerade noch, nachdem andere Zuschauer die gleiche Idee hatten. Wir müssen die Bedienung anschreien, so lautstark ist die „Musik" der wilden jungen Männer. Rund 80 Leute zähle ich, die halbnackt im Kreis am Boden sitzen und gutturale Laute schreiend, die Oberkörper hin- und herwiegen. Alle tragen einen Lendenschurz mit dem hier typischen schwarz-weißen Schachbrettmuster, das gut und böse symbolisieren soll.

„Das ist die typische Folklore auf Bali, der Kecak-Tanz", schreie ich, „... toll ist, dass wir dieses touristische Muss hier gratis mitkriegen."

„Taka-taka-taka ...", ist der endlos, laute Refrain, mit dem die Männer dem winselnden Vorsänger antworten. Sie sollen schließlich Affen darstellen.

Auch als hübsche Tempeltänzerinnen mit gezierter Finger- und Augenmimik ein Liebesdrama vortanzen, ändert sich die lärmige Begleitung nicht.

Da fanden wir die Thai-Tänze in Bangkok vor Jahren doch anspruchsvoller – edler, feinfühliger. Leider ist die Zeit zu kurz, um noch andere Erfahrungen zu machen. Dies hier war ja nur eine von vielen Folkloregruppen aus den umliegenden Dörfern, die sich täglich zu „Ehren" der Touristen mit ihren Auftritten abwechseln.

Jedenfalls sind wir nach dem halbstündigen Auftritt von den wilden Urlauten mehr gesättigt als von dem Essen, mit dem wir auch gerade fertig sind.

„Da war's sogar gestern Abend im Dorfrestaurant noch um Längen besser", stelle ich fest, während ich den Mund abwische und das Besteck schön parallel auf den Teller lege.

„Die sind hier halt voll auf Touristen eingestellt."

„Eben, die Bedienung ist zwar locker, freundlich, aber mit T-Shirt und kurzem Hosenrock hat sie keinen Hauch indonesischen Charme."

Am Vorabend waren wir ja in dem großen Lokal bei unserm „Freund", der uns schon vorgestern abschleppen wollte. Er hatte uns auch schnell ein „kadaverfreies" Menü zusammengestellt.

Die Bedienungen hatten zwar nicht das strahlende Dauerlächeln wie in unserem Traumlokal und mit betenden Händen wurden wir auch nicht begrüßt. Jedoch mit ihren brokatseidenen Gewändern und dem exotischen Lokalkolorit war es nicht mit Spanien oder Mexiko verwechselbar. Trotzdem zogen drei Musiker im Stil der 60er-Jahre von Tisch zu Tisch und sangen inbrünstig, „Guantanamera – guajira – Guantanamera ...", dass es uns ganz anders wurde bei diesem brutalen Kontrastprogramm.

„Das war wie Sauerkraut mit Frühlingsrolle" , brumme ich und winke der Bedienung.

Trotzdem, das Essen und der Rotwein waren nicht schlecht, die Eindrücke vielseitig, und ich fühle mich spitze, während Moni klagt, sie sei hundemüde und wolle gleich ins Bett.

Offenbar wirkt sich bei ihr Zeit- und Klimaumstellung verzögert aus, während mich der Ruhetag voll aufgebaut hat. „Vielleicht ist das der berühmte dritte Tag bei dir, wo erst die Erholung einsetzt?"

„Vielleicht, jedenfalls will ich nicht mehr spazieren."

„Aber die Geschäfte, die am Weg liegen, können wir doch noch in Ruhe anschauen, es ist ja noch nicht mal zehn Uhr", versuche ich einen Kompromiss, der widerwillig geduldet wird.

Am Ende der Promenade ist Arbeitslärm und Steineklopfen zu hören. Im Schummerlicht der Straßenbeleuchtung, verlegen an die zwanzig Arbeiter Pflastersteine. Vielleicht weil's tags zu heiß ist, oder wegen Termindruck.

Das muss ich filmen und im Hintergrund die bunt beleuchteten Tropenpflanzen. Moni drängt. Ich folge, bleibe an einer Säule hängen, wo ein Künstler ein modernes Mosaik einlegt. Ich unterhalte mich mit Händen und drei Englischbrocken.

In 50 Metern Entfernung winkt Moni ungeduldig. Ich reiße mich los und verabschiede mich mit viel „Hallo" von den Arbeitern und eile, bleibe jedoch an einem netten Lokal hängen.

„Nur schnell die Speisekarte", rufe ich, aber schon naht die Verführerin in Form der bildhübschen Wirtin, die mich strahlend in ihr fast leeres Lokal locken will.

„Ich geh jetzt allein weiter", tönt es weit hinter mir, sodass ich den netten Flirt abrupt abbrechen muss, sonst verläuft sie sich noch in den dunklen Palmenhainen von Nusa Dua. Aber genau das muss passieren. Nachdem wir, einander anmeckernd, durch die Nacht gezogen sind, stehen wir statt vor der Hoteleinfahrt plötzlich vor einer fremden Kreuzung.

„Das haben wir nun von der Streiterei", fahre ich jetzt hoch, „... so, wie das aussieht, geht die Straße landeinwärts, dann sind wir fast entgegengesetzt gelaufen und haben jetzt wohl einen Kilometer zurück zum Hotel ..."

So war es denn auch. Nur den Restdialog vergessen wir lieber, auch wenn dadurch der Rückweg „kurzweiliger" wirkte.

Dafür sind wir im Hotel dann abreagiert, versöhnen uns auf unserem Balkon mit einem Fläschchen Rotwein, das wir aus dem Emirates-Airbus gerettet hatten.

„Hier draußen ist es wie beheizt", meint Moni, als sie mit einem Mineralwasser aus dem 22°-kühlen Zimmer kommt. „Genießen wir es, es ist unser letzter Abend auf Bali. Wer weiß, wie kühl das Frühjahr in Neuseeland sein wird", erwidere ich, während wir in die Tropennacht träumen.

Nach dem Aufstehen das gleiche in „grün". Diesen Blick über die leuchtenden Balkonblüten über die in der Sonne glitzernden Palmwedel, muss ich nochmal aufsaugen und abspeichern.

Mit Ausschlafen ist es heute nichts, trotz des Schildes, „Bitte nicht stören“, das wir rausgehängt hatten. Fast zum Trotz – oder kann er nicht englisch – bummerte der „Zimmermann“ (weibliche Bettenbauer gibt es hier nur ganz wenige) an die Tür, bis ich im Schlafhöschen öffne und ihm erkläre, dass wir noch ne Stunde ratzen wollen, wobei ich ihn auf das Schild am Türknopf aufmerksam machen will – „weg ...?“, muss ich verdutzt feststellen.

Jedenfalls stört es ihn nicht, dass er uns gestört hatte, und er zeigt keine Spur von Peinlichkeit oder Entschuldigung, sondern strahlt mich frech herausfordernd an:

„You heute fly?“, fragt er mit der typisch startenden Handbewegung.

„Ja ja, aber erst heute Nacht“, versuche ich ihm beizubringen und dass wir erst um neun zum Frühstück wollen.

„Fine“, grinst er mit seinem lustigen Kopfputz ungläubig und schiebt endlich schnatternd seinen Putzwagen weiter, mit dem Erfolg, dass er uns eine Stunde später schon wieder aus dem Bad holt.

„Der hat ja tierisch Angst, dass wir ihm ohne Trinkgeld entwischen“, sage ich zu Moni, während ich ihn wieder fortschicke. „Zuerst wird gemütlich gefrühstückt und gepackt, vorher gibt’s nichts.“

„Aber irgendwie scheint es eine typische Marotte der Asiaten zu sein, dass man keinesfalls verschläft. Weißt du noch damals in dem Hotel in Tokio? Die hatten ja einen Wecker an der Wand festgeschraubt, und den noch einen Meter vom Fußende des Bettes entfernt, sodass man keine Schlummertaste drücken konnte, sondern aufstehen musste, um den Plagegeist auszuschalten. Richtig gemein!“

„Ja, aber noch krasser war ja das Hotel in Hongkong, wo wir um halb acht senkrecht im Bett standen, weil wir durch einen laut krächzenden Lautsprecher an der Zimmerdecke chinesisch geweckt wurden, wie in einer Kaserne“, füge ich kopfschüttelnd hinzu.

„Wie im Paradies", schwärmt Moni, als ich Fruchtsaft und Omelett bei ihr am Tisch abstelle.

„So schön werden wir es nicht mal in der Südsee haben. Das hier ist wie der Garten eines Traumschlosses oder eines Sultanpalastes. Schade, dass wir nicht früher darauf gekommen sind, dass man auch im Freien frühstücken kann, direkt am Beginn dieser majestätischen Allee aus riesigen Königspalmen", erwidere ich, während uns ein freundlicher Ober Tee und Kaffee serviert. Herzlich lächelt er auch in die Kamera, als ich ihn mit Moni fotografiere.

„Schöne Arbeit hier – bist du glücklich?", frage ich ihn.

„Yes, jetzt sehr schön ...", stakst er englischähnlich wie ich.

„... zuvor vier Jahre Room-Service, war nicht so gut."

„Aha, so kann man als Putzmann auf Bali Karriere machen", stelle ich fest.

Lautes Geschnatter und Gekreische lenkt uns ab. Einige Gartenarbeiter hüpfen wild im und um die künstlichen Teiche und versuchen dicke Karpfen mit bloßen Händen und Keschern zu fangen. Die meisten schwimmen schon in großen Eimern.

„Eh, die werden doch nicht die eigenen Zierfische auf den Tisch bringen?"

„Nein, die Betonbecken müssen nur mal vom Schlamm gesäubert werden", erklärt uns ein Boy.

Das scheint nötig, denn das Ungetüm, das immer wieder klatschend und unheimlich schnaubend den klatschnassen Häschern entwischt, ist in der aufgewirbelten, grauen Dreckbrühe nicht mehr zu erkennen.

Nach zehn Minuten ist auch dieses Schauspiel langweilig, als sie den König des Teiches immer noch jagen, trotz wadentiefen Wassers.

„Wir müssen ja noch packen und Souvenirs kaufen", erinnert Moni.

Es widerstrebt uns etwas, in der Hitze alle Sommersachen in die Koffer zu pressen und die Rucksäcke mit warmen Pullis und Jacken zu stopfen.

Eigentlich hätten wir ja direkt in die Südsee durchfliegen können. Das geht jedoch von Bali mit unserer günstigen New-Zeeland-Airline eben nur mit Umweg und Zwischenlandung über Auckland.

Dann wollten wir nie länger als acht bis zehn Stunden in der fliegenden Kiste unser altes Kreuz quälen und zum anderen die Möglichkeit nutzen, wenigstens einen kurzen Eindruck von Neuseeland zu erhalten, wenn man schon mal da ist.

Fünf Zwischenstopps sind sowieso schon ohne Aufpreis mit drin, bei diesem pauschalen Weltreise-Ticket für nur 2.900 Mark anno 1996.

„Hoffentlich krachen die Scharniere nicht“, bange ich, während wir zu zweit auf dem großen Koffer knien. „Jetzt!“ – es hat geklackt und Schlüssel rum.

„Der wäre geschafft – und jetzt der Winter-Koffer, der ist zum Glück noch nicht so prall.“

Alles was wir in Auckland nicht brauchen, vor allem Badetücher und die langsam quellende Schmutzwäsche in Plastikbeuteln, bleibt zwei Tage unberührt im Sommer-Koffer bis in die Südsee.

„Bye-bye – auf Wiedersehen“, rufen wir unserem Putzmann zu, den wir erst wieder treffen, als wir mit unseren Koffern laut durch die gefliesten Flure rattern. Lachend winkt er zurück. Seine begehrten Rupien-Scheine wird er noch im verlassenen Zimmer finden.

„Naja, die sind ja alle ehrlich hier“, beruhige ich mich, als wir unsere Koffer und Rucksäcke in der großen luftigen Halle zu einigen anderen Koffern stellen sollen.

„... und die guten Geister werden sie schon bewachen, wenn die Gamelan-Spieler am Eingang weiter so ausdauernd für die Götter klimpern“, füge ich scherzend hinzu.

Einen geschlossenen Kofferraum bis zum Abflug, wie in Dubai, bieten die hier nicht an. Das Zimmer hätten sie uns gerne für den halben Tag verlängert. Aber achtzig Mark nur für Koffer einstellen und mal frisch machen ist uns das Geld nicht wert.

So bummeln wir durch die Galeria und kaufen kleine Souvenirs und indonesischen Tee in geflochtenen Bambuskörbchen für Lilly in Bensheim, die für uns wieder Flughafen-Taxi macht, wenn wir heimkommen. Ein kleines Warenhaus gibt es auch. Voll westlich oder japanisch wirkend, wegen der vielen kleinen schwarzhaarigen Verkäuferinnen, in schicken Mini-Rock-Kostümen.

Trotzdem berührt mich ein beklemmendes Gefühl. Nichts von der freundlichen Heiterkeit in den kleinen Geschäften. Mit stupiden Gesichtern stehen sie lustlos an ihren Kassen rum und brechen nicht mal ihre Unterhaltung ab, wenn ich um Beratung bitte; erst wenn ich lautstark nachfasse.

„Schade drum, wie unser System die Natürlichkeit dieser Menschen so schnell kaputtmacht“, denke ich, während ich nun auch respektlos vor einem Regal am Boden sitze und leuchtend bunte Korallenfische aus Holz immer wieder neu kombiniere. Sensibel, wie ich in Geschmacksfragen bin, brauche ich fast zwanzig Minuten, bis ich die fünf Fische gefunden habe, die als Gruppe harmonieren, während sich Moni irgendwo in der Textilabteilung vergessen hat.

„Du, lass uns mal da reinschauen was die Kodak-Filme kosten, denn die fünf Negativ-Filme reichen wohl nicht um die ganze Welt“, stoppe ich, als wir später an einem Fotogeschäft vorbeikommen.

Gott sei Dank, Bali ist wieder in Ordnung. Die junge Verkäuferin strahlt uns mit leuchtenden Augen an und lacht gackernd über jeden Flaps, den ich rede.

„Ist das Bali-VW?“, frage ich sie und zeige ihr ein Jux-Foto aus dem Kartenkarussell, auf dem ein alter Mann mit Strohhut und gekreuzten Beinen auf einer Kuh durch ein Reisfeld reitet.

Erst lacht sie kurz, schaut dann das Bild ganz genau an und platzt schallend heraus: „Dies ist ein Opa – ja, sicher, das ist mein Opa! – Hier unten steht, das Foto ist bei meinem Dorf gemacht“, biegt sie sich vor lachen und ich filme sie dabei heimlich aus der Hüfte.

Wir lachen mit, ohne zu wissen, ob es Witz oder Wahrheit ist.

„Ich schenke dir“, sagt sie spontan und hält mir die Karte hin.

„Soll ich sie auf meine Toilette hängen?“, flachse ich, um ihr dieses unnötige Opfer zu ersparen. Da sie zweimal mit „ja“ antwortet, darf ich die gut gemeinte Geste nicht ablehnen.

„Eine süße Maus, hoffentlich wird sie von uns Touris nicht auch noch verdorben“, sage ich beim Weitergehen. „Ja, es ist eigentlich schade um das Volk, wie sie durch uns Westler ihren Charme und ihre Ursprünglichkeit verlieren. Ohne darauf einzugehen, fragt Moni: „Sag mal, hast du nicht langsam Hunger? Außerdem bin ich im Moment ganz schön schlapp und will mal sitzen.“

„Ach, du hast recht, die Sonne sticht und das viele Schauen. Obwohl, mich hat die nette Unterhaltung wieder fit gemacht. Aber du hast recht, es ist ja schon halb drei. Witzig, trotz der Zeitverschiebung ist das auch hier unsere Mittagszeit, wie zu Hause am Wochenende, wenn wir spät frühstücken“, antworte ich.

Es muss nichts Großes sein, so landen wir im plastikkühlen SB-Imbiss eines Supermarktes. Moni stelle ich die gewünschte Cola und einen erfrischenden Avocado-Salat mit French-Dressing hin und hole mir was Süßes an der Kuchentheke.

„Wahnsinn – eine deutsche Konditorei hatte ich zuletzt auf Bali, am anderen Ende der Welt, erwartet“, denke ich, als ich die tolle Auswahl an Kuchen und Torten sehe.

Sogar eine perfekte dreistöckige Schwarzwälder-Kirsch schaut mich lockend mit ihren knackigen Schokoflocken an.

Aufgeregt versuche ich zwei jungen Japanerinnen, die sich nicht entscheiden können, diese „German-Spezialität“ aufzureden.

„Taggescheen“, antworten sie grinsend und nehmen zu meiner Enttäuschung doch etwas anderes.

So fühle ich mich auch nicht verpflichtet, Vorbild zu spielen, und wähle eine deftige Moccatorte. Diese Kalorienbombe sieht jedenfalls aus, als ob sie weitere Appetitgelüste bis zum Abend blockiert.

„Aha, jetzt hast du wenigstens wieder Farbe im Gesicht“, sage ich zu Moni, als ich mich, den Kaffee verschwabbend, wieder zu ihr setze und sehe, wie sie reinhaut.

„Mmh, der schmeckt auch herrlich, dieser Avocadosalat. Komm, probier mal“, hält sie mir schon die Gabel entgegen.

„Wirklich lecker, das muss man sich für zu Hause merken, ist ja einfach – krieg ich noch ne Gabel?“

„Nein, nein jetzt reicht's, das schaff ich selber – ist ja eh nicht viel mit den drei kleinen Brotscheiben“, blockt sie meine Bettelei ab.

So spazieren wir wieder gestärkt zum Hotel zurück.

„Du, wir haben ja noch den Gutschein für einen Begrüßungs-Cocktail in der Hotelbar – oder sollen wir den verfallen lassen?“, fragt Moni.

„Nee, natürlich nicht. Da machen wir einen Abschiedscocktail draus – und zwar gleich“, antworte ich.

Die Sache hat sich dann schnell erledigt. Ein kalter Drink in kalter Bar ist ungemütlich. So flüchten wir bald mit Gänsehaut wieder raus ins Warme und suchen im Untergeschoss die Fitnessräume, wo wir uns frisch machen und umziehen wollen.

Eine halbnackte Japanerin, nur mit Badetuch umwickelt, begegnet uns im 35°-warmen Flur und verschwindet doch glatt im Sauna-Raum.

„Also mir ist die ganze Insel Sauna genug“, wundert sich Moni.

„Vielleicht war sie zu lange in der Bar?“, feixe ich.

Im großen, neonerleuchteten Trimmsaal albert ein arabisch aussehender Vater mit seinem kleinen Sohn an den Geräten herum. Richtige Umkleidekabinen finden wir nicht und die Toilettenkabinen machen einen etwas vernachlässigten Eindruck.

Mengwi Tempel

Himmlisches Wesen im Hotel

Unser Lieblingslokal „Saraswati“

„Das scheint wohl die Schattenseite dieses Luxustempels zu sein?“, sind wir uns einig.

So steige ich vorsichtig auf einer Sandale balancierend von der kurzen in die lange Hose um mit Füßen und Socken, um nicht den schmierigen Boden zu berühren. Schnell flüchten wir wieder an's Tageslicht und verzichten auf weitere Gymnastik.

Nochmals spazieren wir durch den Hotelpark zum Strand und nehmen Abschied von diesem paradiesischen Flecken, wo wir gerne länger geblieben wären.

„Hier kann man gut einen Dreiwochen-Urlaub aushalten“, sind wir uns wieder einig, als wir im Sand stehend zuschauen, wie zwei Fischerboote mit Schwung auf das Ufer rauschen und ihre blau karierten Segel heftig im Wind flattern, während die Fischer die Boote an Land zerren. Der Strand leert sich, denn nach 17 Uhr sinkt die Sonne rasch und es ist an diesem Ostufer schon alles schattig.

Das ist der Nachteil in den Tropen, man muss früh aufstehen, wenn man was vom Tag haben will. Hoch in der Luft knattern noch zwei Papierdrachen im Wind, während wir durch das gespaltene Tor vom ehemaligen Tempel dieser Hotelanlage zurück schreiten und eifrige Bedienstete gedeckte Tische mit Blumen schmücken für ein tolles Bankett im Freien. Dazu hätten wir uns auch gern einladen lassen.

Aber wir haben ja unser „Saraswati“, wo wir am ersten Abend so verwöhnt wurden und wir nachher Punkt 18 Uhr sein wollen, weil wir ja um 20.30 Uhr schon von Ketu zum Flughafen abgeholt werden.

Im Lokal werden wir auch wieder wie die Götter empfangen, mit strahlendem Lächeln, gefalteten Händen und tiefen Verbeugungen. Die engelsgleichen, zarten weiblichen Wesen wieder in geschmackvollen Brokatgewändern und perfekt geschminkt wie Tempeltänzerinnen.

Moni wählt diesmal Bakmi Goreng und ich Nasi Goreng, das klassische indonesische Reisgericht. Beides schmeckt lecker.

Vom Ober erfahren wir, dass das Lokal an eine Hotelfachschule angeschlossen ist – darum stimmt hier alles!

Wir freuen uns für's Personal, als noch einige andere Gäste eintrudeln, darunter ein Alleinreisender deutscher Rentner, der sich lautstark mit dem Personal und später mit uns unterhält, Sein Mitteilungsbedürfnis wird vom Oberkellner durch einen unsichtbaren Hilferuf schnell in Bahnen gelenkt, denn wie bei uns vor drei Tagen taucht zufällig wieder der junge „Kellner" auf, der gerade frei hat, aber fließend deutsch kann und sich höflich seinem Tisch nähert. Dankbar nimmt der fröhliche Witwer den Unterhalter an, fordert ihn zum Sitzen auf und schon ist der Rest des Lokals wieder entlastet.

Schließlich müssen wir den letzten Schluck Roten auf der Zunge zergehen lassen, zahlen und nehmen Abschied.

Ein wirklich großer Abschied, denn das ganze Personal begleitet uns auf die Außentreppe und verabschiedet uns so herzlich als ob wir Verwandte wären, was uns fast zu Tränen rührt, Vielleicht machen wir in Jahren doch mal reine Bali-Ferien, beraten wir auf dem dunklen Rückweg zum Hotel.

Überpünktlich wie gewohnt ist Ketu mit dem Bus und Fahrer wieder da. Rucksäcke aufgeschnallt und Koffer geschnappt und schon rumpeln wir die zwanzig Minuten zum Flughafen. In der Hektik vor dem Hauptportal, wo alle Taxis und Busse ihre Gäste noch direkt abladen, gerät der Abschied entsprechend kurz. Trinkgeld für jeden und „Wir schreiben dir bestimmt ...", schon werden wir vom Sog nervöser Touristen in die Halle gezogen und stehen auch schon vor der Passkontrolle. Kein Problem. Doch die 50.300 Rupien Flughafengebühr, gleich 35 Mark für beide, finden wir für dieses Billigland keine gute Werbung.

Kühle „Kiwis“

Hektik, Hektik, so geht’s weiter im Air-Neuseeland-Jumbo, der sogar schon 20 Min. früher startet. War also kein Einzelfall auf der Etappe Singapur – Bali. Die Crew wirkt nervös, als ob sie selbst das erste Mal fliegt. Das wirkt auf uns umso krasser, da wir noch von der friedlichen Gelassenheit unseres balinesischen Paradieses geprägt sind. Dazu diese unsinnige Filmberieselung. Noch bevor die Maschine losrollt und die Leute ihre Platze einnehmen, wirbeln hektische Werbe-Video-Clips über zollfreie Waren und die Spielfilme des vor uns liegenden achtstündigen Fluges über die Großleinwand, von der wir nur drei Reihen entfernt sitzen. Wegschauen geht nicht und beim Lesen oder Augenschließen kriegt man trotzdem die Lichtblitze der schrillen TV-Trailer mit. Nur während des Startes kurz unterbrochen, werden wir fast eine Stunde mit Bildern beschossen. Nicht nur Zigaretten und Parfüms wiederholen sich, auch Mr. Beans schwarze Warze und seine besten Gags, die wir im Laufe der Nacht noch ausführlich sehen dürfen, sind bei mir schon fest einprogrammiert. Selbst den Neuseeland-Werbefilm müssen wir im Zeitraffer konsumieren. Naturschönheiten im Sekundentakt überblendet bei wild tanzender Kamera.

„Ob das mit Ton leichter verdaulich ist, wage ich zu bezweifeln“, brumme ich zu Moni, „bei der hektischen Musik und dem englischen Geschnatter, das ich aus den Kopfhörern um mich herum höre. Entweder bin ich zu sensibel oder die zu stupide und abgestumpft.“

“Our special-meal, please!“, werden wir erschreckt.

„Ach du liebe Zeit, das Abendessen gibt es hier ja noch mal und ich bin ja noch so satt von unserem Abschiedsessen auf Bali“, stöhne ich, während ich die heiße Alufolie von dem Gedeck schäle.

„Oh, ich auch“, stöhnt Moni, „aber die anderen würden sich schön beschweren ohne warme Grundlage die ganze Nacht durchzufliegen.“

„Klar, nur ne halbe Stunde vor Mitternacht hätte ich eher mit einem kalten Imbiss gerechnet.“

„Red Wine, White Wine?“, fragt uns plötzlich ein Steward und hält mir gleich zwei Flaschen vor die Nase.

Roten natürlich, entscheide ich mich, nachdem ich mich versichert habe, dass die edlen neuseeländischen Qualitätsweine tatsächlich kostenfrei sind.

„Das ist natürlich ein Service und schau mal, wie der eingeschenkt hat – den Plastikbecher fast randvoll!“

„Die scheinen ganz schöne Schluckspechte zu sein, die Neuseeländer; das sah man vorher schon, als der Steward u.a. allein schon sechs verschiedene Sorten Whiskey als Aperitif anbot.“

„Stimmt, ich hab mir das Völkchen auch irgendwie naturbelassener vorgestellt. Aber der britische oder der irische Einfluss der Ureinwanderer scheint gut erhalten zu sein. Es sind doch vorwiegend massive, kernige Gestalten, vielleicht Farmertypen um uns rum, die ziemlich gierig und lautlos ihr Futter rein-spachteln.“

Endlich mal wieder die Flugroute auf der Leinwand. Wir sind schon dicht vor dem australischen Kontinent, den wir die Nacht über in südöstlicher Richtung überqueren.

„Red Wine, White Wine!“, tönt es schon wieder an meine Ohren. Obwohl die Stewardessen schon die Tabletts abräumen, geht der Steward fast flehend, seine Weinflaschen hochhaltend, durch die Reihen.

„Yes, here!“, stoppe ich ihn mit hoch gestrecktem Zeigefinger wie in der Schule und lasse mir den herrlich, vollmundig duftenden „Antipoden-Wein“ einschenken.

„Also, wenn die einen schier nötigen, damit sie die edlen Tropfen loskriegen, erbarme ich mich halt ...“, grinse ich Moni an, „... und wenn ich von dem schweren Roten, trotz Filmgeflimmer über meinem Tagebuch einnicke, bin ich auch nicht böse."

„Jedenfalls wird es deinem Kopf besser tun, als wenn du die fünf verschiedenen Whiskys durchprobierst – schau, die kommen schon wieder mit dem Getränkewagen."

„Und schau mal, wie die einschenken, fast drei Finger hoch in dem Plastikbecher", stelle ich mit gebanntem Blick fest, als sich der „Kiwi" *(Spitzname für Neuseeländer nach dem nur dort lebenden Laufvogel und den unrasierten Früchten)* in der Reihe neben uns auffüllen lässt. Sein Schlaf müsste gesichert sein.

Zwei Stunden später bin ich auch soweit. Mr. Beans makabre Späße sind hinter uns und die Maschine abgedunkelt. Ich zwinge mich immer noch, ein paar Zeilen an diesem Bericht weiter zu krakeln, aber mir fallen die Augen zu – und wieder auf, weil ich nicht weiß, wie ich mich im Sitz winden soll, damit mein Kreuz nicht so weh tut.

Tief in den Sitz gerutscht, Knie hoch am Vordersitz abgestemmt, ist ganz passabel zum Einschlafen, aber ohne festes Kissen unter'm Kamelrücken nur ein kurzer Schlummer. Dazu das aufgeblasene Nackenkissen, an das ich klugerweise vor der Reise gedacht habe. Leider ist es auch nicht perfekt, zu weit ausgeschnitten und der Kopf fällt eben nicht brav auf die stützende Seite, sondern kippt bei Vollschlaf wie ein Stein nach vorne. Also drehe ich das Kissen quer, fällt der Kopf wieder raus, Öffnung nach hinten, Kinn vorne zu hoch, ist auch nichts. Dann der kleine Verdrängungswettbewerb auf der Armlehne mit den Ellbogen. Ans Fenster lehnen erübrigt sich, weil nach kurzer Zeit doch etwas von den eisigen Außentemperaturen durchdringt.

Ich drücke den Kopf an die Scheibe, ob ich dort unten nicht doch ein Licht sehe. Aber keine Chance, alles pechschwarz, nur mein eigenes Spiegelbild im Glas.

So wie man sonst stundenlang über dunkle Meere fliegt, sind es jetzt Stunden nur über unbewohnter Wüste. Nur zehn Kilometer unter uns hüpfen vielleicht Kängurus durch die Nacht.

Bei Tag könnte man vielleicht Ayers Rock, den roten magischen Felsen im Herzen Australiens, sehen. Schade, da fliegt man wohl das einzige Mal im Leben über diesen Kontinent und sieht nur schwarz – nicht mal ein Buschfeuerchen der Aborigines.

Ich döse. Vor meinen geschlossenen Augen flackert ein Buschfeuer, das plötzlich grell blendet, und eine unsichtbare Feuergöttin ruft aus dem Licht mit schriller Stimme: „Good morning, Ladies and Gentleman, wir servieren Ihnen jetzt das Frühstück. In zwei Stunden landen wir in Auckland."

Was – hab ich doch geschlafen und das flackernde Neonlicht hat mich geweckt?

„Aber es ist doch erst kurz nach 4 Uhr?"

„Denk an die Zeitverschiebung", erinnert mich Moni,

„Neuseeland hat schon 6 Uhr!"

„Auch recht, aber etwas mehr Schlummer hatte ich schon erwartet. Ich fühle mich wie gerädert. Hell müsste es aber auch schon sein?"

Während ich den Rollladen an meiner Luke hochschiebe, scheint gerade auf der Leinwand wieder mal die Flugroute.

„Mensch, nach der Grafik haben wir gerade Sydney überflogen – schade, nur Wolken und Wasser unter uns in der Morgendämmerung. Hätten die uns fünf Minuten früher geweckt, wäre uns wenigstens noch ein kurzer Blick auf Australien möglich gewesen, oder sogar auf einen weißen Punkt, denn mehr ist wohl von dem Opernhaus in Sydney nicht zu sehen."

Nach dem Breakfast ist noch weniger zu sehen. Mein Blick fällt auf eine geschlossene Wolkendecke aus millionen Wattebäuschchen.

„Das sieht aus wie eine riesige Schafherde – vielleicht sind wir schon über Neuseeland. Die leben ja fast nur von Schafzucht?"

Der verschlafene Witz macht uns auch nicht fröhlicher, wo wir nun durch die Wolkenfetzen in ein milchiges Grau absinken. Etwas tiefer, die Wellenkämme kann man jetzt schon klar erkennen und es sieht nicht mehr so trüb aus. Bedeckter Himmel, aber die Sonne hat Chancen, da und dort durchzuschimmern.

„Oh, jetzt schau. Land in Sicht!“

Plastisch, zum greifen nah, sehe ich im hochformatigen „Bildschirm“ des Flugzeugfensters eine dunkle zerklüftete Felsküste, bedeckt mit hügeligen, saftig grünen Matten.

„Mensch, wir sind ja schon sehr tief. Der Bauernhof da drüben ist ja schon zum Greifen nah.“

Bis ich ihn im Kamerasucher habe, ist der Hof auch schon weg, und wir fliegen wieder über Wasser, aber nur wenig über die zwanzig Meter hohe Felsküste, die neben uns vorbeihuscht.

„Also, das ist ganz anders, als ich mir das vorgestellt habe. Keine subtropische Landschaft, wie die Reiseführer die Nord-Insel beschreiben. Da fehlt nur noch ein graues Schloss und man fühlt sich wie in Schottland – oder Norwegen, denn jetzt fliegen wir schon eine Weile durch einen Fjord, an dessen Ende unbedingt ne Rollbahn sein muss, sonst sollten wir mal unsere Schwimmwesten suchen“, scherze ich.

Auf der Karte ist Neuseeland ja das umgeklappte Spiegelbild des italienischen Stiefels, in Knöchelhöhe jedoch in zwei Inseln geteilt.

Verblüffend ist auch die geografische Lage, denn so wie durch Italien der nördliche Breitengrad lauft. wird Neuseeland vom 42. südlichen Breitengrad durchschnitten, so dass vom subtropischem Klima an der Fußspitze im Norden bis zu den alpinen Gletscherbergen im kühlen Süden eben auch klimatisch ähnliche Voraussetzungen sind.

„Rumms-bumms“, poltert das Fahrwerk – die Erde hat uns wieder und die Maschine rollt aus, an langweiligen Flughallen vorbei.

Zuletzt hatte sich der Fjord plötzlich in einen weiten See geöffnet auf dem wir fast die Wellen streiften, sodass wir auch gleich aufsetzten, nachdem grüne Wiesen ins Bild kamen.

Erst auf der regionalen Karte kann man erkennen, dass Auckland auf der Ostseite der Nordinsel liegt, obwohl auf allen

Weltkarten der Ortsname links auf den dünnen „Fußrücken" deutet. Wie ein Schuhriemchen mit Schnalle sieht Fjord, See und Stadt auf der Karte aus.

„Als Drehscheibe für Südseereisen und Sprungbrett über den riesigen Pazifik hatte ich mir doch alles größer vorgestellt. Der Flughafen hier ist ja noch kleiner als in Stuttgart, trotz gleicher Einwohnerzahl (700.000) – richtig kleinstädtisch", stelle ich fest, als wir am Kofferfließband stehen.

Ein Blick auf die Uhr bestätigt, dass wir um 9.30 Uhr gelandet sind.

„Jetzt müssen wir erst mal sehen, wie wir in unser Hotel kommen und wo diese Shuttle-Busse stehen, die man uns empfohlen hat", macht sich Moni Sorgen.

„Richtig, hier und in Auckland ist kein Hotel-Transfer inklusive und über 30 Kilometer mit dem Taxi sind ein Vermögen für uns Billigst-Globetrotter. – Aber schau, da vorne steht ja schon so ne Heilsarmee-Dame."

Die alte Dame im dunkelblauen Kostüm mit Melonenhut sieht sogar aus wie die im Info-Film, den wir vor der Landung sahen. Tatsächlich, die gleiche Oma mit Brille wie im Bord-Film macht heute Dienst als Info-Dame am Flughafen. Als sie uns erst zum Zoll weiterschickt, sehen wir noch zwei weitere lebende Wegweiser mit rotem Band an der schwarzen Melone.

„Schau, auch Männer machen das, aber die sehen alle über sechzig aus. Scheint hier ein Rentner-Job zu sein. Vielleicht machen sie es auch ehrenamtlich. – Hauptsache, man steht im Leben, das würde mir als Opa auch noch gefallen."

„Musst halt hierhin auswandern, als Rentner", spöttelt Moni.

„Ei, dort scheint ja noch ein Informationsschalter zu sein. Die sind ja echt fürsorglich. Fragen wir doch den jungen Mann. – Das gibt's ja nicht", fahre ich fort, als ich auf seiner Brust meinem eigenen Vornamen entgegenblicke, „... der erste Kontakt am Ende der Welt ist ein Namensvetter von mir! Hallo Manfred", spreche ich ihn kumpelhaft an, „you have a german name, I'm also Manfred, sprechen Sie auch deutsch?"

„Ja, Sie haben Glück, dass ich gerade Dienst habe, ich bin Deutscher, sonst spricht hier niemand deutsch“, antwortet er in vertrautem Tonfall.

„Was müssen wir brav gewesen sein, dass uns der Schutzengel so verwöhnt“, lache ich.

Hundert Meter links finden wir auch wie beschrieben den kleinen „Air-Bus“-Bahnhof, nachdem wir an einem der Wechselschalter am Ausgang noch schnell einen 100-$-Traveller-Scheck in Neuseeland-Dollar gewechselt haben. Der Kurs war 1:1 mit der DM und das müsste bis morgen Abend reichen.

In die kleinen grünen Busse gehen nur so 15 Leute rein. Nur mit viel Gepäck rechnen die wohl nicht, denn unser Fahrer verstaut gerade unsere Koffer auf der hinteren Sitzbank, weil sein kleiner Stauraum hinten auch schon voll ist, von den etwa acht Fahrgästen.

„Die haben echt Frühling“, deute ich auf eine frisch mit Frühlingsprimeln bepflanzte Verkehrsinsel, als wir aus dem Flughafenbereich fahren.

Es geht ein kühler Wind, bei ca. 18°C und alles sieht nüchtern, kahl und nordisch aus.

„Na ja, jetzt im September haben die auch erst Frühlingsanfang, wie wir im März, aber für süditalienische Verhältnisse habe ich mir das alles etwas mediterraner vorgestellt – nicht mal Palmen sehe ich.“

„Gedulde dich, davon wirst du übermorgen in der Südsee noch genug sehen“, beruhigt mich meine Partnerin.

Durch endlose Vororte mit vielen weißen Holzhäuschen fahren wir. Jeder hat sein Häuschen, und in der Stadt wird nur gearbeitet. Kein Wunder, dass wir über 30 Kilometer bis in die City fahren werden.

„Trotz der grünen Landschaft fehlt ihnen wohl der grüne Daumen“, brumme ich vor mich hin. Kein Blumenschmuck oder Gemüsebeet, nur ordentlich gemähte Rasenflächen um die Häuser. Gerade drei verblühende Magnolienbäume sehe ich als Farbtupfer auf der langen Fahrt und sogar noch zwei Palmen, der Beweis, dass südliches Flair möglich wäre. Aber nicht mal bunte Tulpen oder Osterglocken leisten sich unsere Antipoden, wundern wir uns.

„Ach, das wird schuld sein an meinem Unwohlsein: Uns läuft das Blut in den Kopf, weil wir auf dem Globus jetzt nach unten hängen."

Mit dieser Kindheitsvorstellung versuche ich mich selbst aufzuheitern. Aber die roten Ampeln häufen sich, dazu die dicke Luft und der ruckartige Fahrstil lassen weitere Selbstmotivierungsversuche absterben. So döse ich, den Kopf an die vibrierende Scheibe gelehnt, vor mich hin.

Jetzt steht der Bus völlig schräg vor einer Ampel. Endlich biegt er ab, steil abwärts, in eine von Hochhäusern gesäumte Hauptstraße, an deren Ende das Meer in der Sonne glitzert.

„Aha, gleich haben wie diese Shuttle-, oder besser Schüttel-Tortur geschafft. Diese steilen Straßen haben ja starke Ähnlichkeit mit San Francisco", stelle ich fest und richte gleichzeitig die Video-Kamera auf eine Turmuhr, deren Zeiger gerade auf Punkt zwölf springt. Dazu brummle ich mit müder Stimme, dass es jetzt in Deutschland genau 24 Uhr ist.

„Wir haben jetzt die halbe Welt umrundet", versuche ich uns einzureden, weil die Stadt auch in Deutschland sein könnte.

Nur der futuristisch elegante Fernsehturm mitten in der Stadt kann für aufmerksame Globetrotter ein typisches Merkmal sein. Bis Weihnachten sei er fertiggestellt, dann hat Auckland auch sein Wahrzeichen.

„Das ist preiswert, nur 10 NS $ pro Nase für den über einstündigen Transfermit dem kleinen grünen Bus", stelle ich fest, als wir unsere Koffer über die Straße zum Hotel Travellodge rollen.

Ein schöner, aber trister Panoramablick bietet sich uns, als wir unser Zimmer im obersten, dem 10. Stock, beziehen und uns die Nasen an den großen Scheiben platt drücken.

Der ganze Hafen liegt unter uns, der sich in einer weitläufigen Bucht ausbreitet und keinen Blick auf das offene Meer ermöglicht. Nur die bunten Katamaran-Fähren, die da unten am Kai liegen, sind der einzige Farbtupfer in diesem grauen Einerlei, wo tiefhängende Regenwolken den letzten Sonnenstrahl killen.

„Das könnte doch genauso der Hamburger Hafen sein. Schau, da rechts vorne das alte Hafengebäude mit dem Gründerzeit-Uhrturm aus verschmutztem Backstein. Deprimierend, ich fühl mich an der Waterkant, aber nicht am Tor zur Südsee."

„Es ist wirklich ernüchternd", antwortet Moni, „gestern noch im leuchtend bunten Blütenparadies und jetzt diese graue Welt."

„Und der Blick da in die Tiefe, kein Fenstersims, keine Mauer, nur eine dünne Metallplatte unterm Fenster scheint uns von draußen zu trennen."

„Hör auf, mir ist es eh schon schlecht und schwindlig."

„Mir auch", bestätige ich, während ich mich auf das Bett fallen lasse. „Kein Wunder nach der fast schlaflosen Nacht und dem Gezeitensprung."

Unruhig dösen und wälzen wir uns auf dem Doppelbett, während Petrus nervt. Wechselnd mit tief schwarzen Weltuntergangswolken, dann wieder mit grellem Sonnenstrahl, der durch die geschlossenen Lider blendet.

„Manfred, wach auf! – Weißt du, wie spät es ist?"

Tatsächlich, von wegen eine halbe Stunde dösen. Halb vier zeigt gnadenlos die Armbanduhr. Mit eisernem Willen, von der Stadt noch was zu sehen, kämpfen wir total benommen gegen unseren Jetlag.

Schließlich vergeht nochmals eine Stunde, bis wir uns frisch gemacht und uns an Infos und Stadtplan einigermaßen orientiert haben.

Auckland Pfeil: Unser Zimmer

der Sky Tower
noch in Bau

In Kelly Tarlton´s
Antarctic-Show

Zuerst wollen wir unseren Jungen zuhause ein Lebenszeichen geben und steuern einen Post-Shop in einem Einkaufscenter an.

Wir erkundigen uns nach dem Preis für ein Fax nach Germany.

„Das ist fast nicht möglich“, erwidert die Schalterdame mit gerunzelter Stirn, „denn wir wollen gleich schließen.“

Entgeistert schaue ich auf meine Uhr die, gleich wie die Schalteruhr, fünf vor fünf zeigt. Unglaublich, aber wahr: Mitten im Zentrum, an der Queens Street schließt die Post um 17 Uhr.

Schnell überzeuge ich die Angestellte, dass wir nur drei Sätze schreiben und wir das schaffen, während ich ihr das zögernd hervorgezogene Faxformular schon aus den Fingern ziehe und der Uhrzeiger auf vier vor fünf hüpft.

Schnell suche ich die Anschrift und Moni wirft in fünf Zeilen drauf, dass wir noch leben und gut am Ende der Welt gelandet sind, mit der Beruhigung an die Jungen, dass wir ab morgen eigentlich nur noch auf dem Heimweg sind – so ca. zwei Wochen halt ...

Erleichtert verlassen wir drei nach fünf die Post und sind jetzt geistig fit für neue Eindrücke.

„Da, endlich, der Frühling“, deute ich auf einen gelb leuchtenden Blumenstand. „Die haben also doch Osterglocken, aber wenige Tulpen.“

„Dafür Kamelien, wie im Tessin“, ergänzt Moni.

„Mir wird ganz österlich, während zuhause die Blätter fallen.“

Kaum in zwei Geschäften geschnuppert, werden wir rausgewimmelt und auf die Öffnungszeiten an der Tür verwiesen.

„Tatsächlich, es ist keine Ausnahme“, muss ich zugeben, als der nächste Laden fünf nach halb sechs seine Ständer rein nimmt. 17:30 Uhr werden in dieser Großstadt die Bürgersteige hochgeklappt.

Immerhin gibt es Ausnahmen, stellen wir beim weiteren Suchen in den plötzlich fast menschenleeren Häuserschluchten fest.

Die emsigen Japaner halten die Stellung. Überall, wo noch einsam eine Neonwerbung leuchtet, landet man in einem Souvenirladen mit mandeläugigem Personal.

Aber auch im vierten Laden finden wir nur den gleichen Kitsch wie überall auf der Welt. Nur diese blau schillernden geschliffenen Muscheln als Ohrhänger oder Aschenbecher fallen aus der Reihe. Auch Pinguine in allen Materialien, die schon gar nicht in unser Reisebild passen. Dann eher diese Lanolin-Lotion und Hautpflegecremes.

„Hab gar nicht gewusst, dass Lanolin von Schafen gewonnen wird", wundere ich mich, während ich den englischen Text auf der Plastikflasche mit Schafskopf zu übersetzen versuche. Danach ist Lanolin ein naturbelassenes Schafwollöl gegen trockene und raue Haut am ganzen Körper.

Mit dieser kleinen, aber nützlichen Neuseeland-Erinnerung schließen wir unseren etwas missglückten Shopping-Bummel ab und lassen unsere Mägen endlich zu Wort kommen, die sich schon regelrecht böse brummend unterhalten, denn seit den Happen früh morgens im Flieger haben wir nichts mehr gegessen und getrunken, außer einem Mineralwasser auf dem Zimmer.

Die Sklaverei nimmt jedoch kein Ende. Jetzt irren wir schon fast eine weitere Stunde mit zitternden Knien in den leeren Straßen umher, wo nur alle hundert Meter die Leuchtreklame auf ein Lokal hinweist. Aber außer Schnellimbisse fanden wir nur indonesische, chinesische, japanische und, sogar ganz vertraut, türkische Restaurants.

„Nein, wenn ich schon nur einen Tag im Leben hier bin, will ich neuseeländisch essen", trotze ich, als Moni beim Türken schwach werden will.

Aber auch ein junges Paar, das einsam daherschlendert, kann uns nicht weiterhelfen. Auf dem Rückweg in die Hafengegend geben wir endlich auf und landen in einem Pub-ähnlichen Lokal mit abgenutztem Bretterboden.

Immerhin eine warme Stube, nachdem das Thermometer bei kaltem Wind nur noch 12°C angezeigt hatte.

„Vielleicht ist das neuseeländisch, oder es gibt gar nichts typisches“, lasse ich mich müde auf den wackligen Holzstuhl fallen und stelle resigniert fest, dass es beim Chinesen oder Türken vielleicht doch besser gewesen wäre, als ich die Karte dreimal gewendet habe.

Moni bestellt sich einen vegetarischen Burger mit Pommes und Salat, während ich eine vegetarische Lasagne versuche, die kurioserweise auch mit Pommes und Salat serviert wird. Egal, Hauptsache satt und mit zehn Mark pro Nase sehr günstig. Nachdem Moni ihr New-Zeeland-Bier und ich meinen Rotwein intus habe, ist für uns das Ende der Welt wieder in Ordnung. Da Moni immer noch durchgefroren ist, gönnt sie sich noch einen heißen Irish-Coffee für 8NS$, während an der Bar zwei Männer platz nehmen, von denen der eine nicht nur die Glatze, sondern auch sein Gesicht über und über mit Ornamenten tätowiert hat. Wie durch eine gruslige Maske bewegen sich seine weißen Augen .

Er hat die gleichen filigranen Muster, wie sie von Südsee-Insulanern traditionell tätowiert werden. Vor allem die Maoris von Fitschi und Tonga, die ja auch Neuseeland besiedelt haben, praktizieren das heute noch, jedoch eher an Armen und Beinen, nicht so extrem wie dieser Weiße.

„Irgendwann im Leben wird er diese Heldentat bereuen“, füge ich bedauernd hinzu. „Ich verstehe auch die vielen jungen Leute nicht, die das bei uns auch schon stark kopieren. Jedes Jahr will man vielleicht neue modische Kleidung, nur die Körperbemalung bleibt gleich. Was, wenn im Alter die Falten runterhängen – ein zerknittertes Gemälde?“

Ein eisiger Wind treibt uns schnell ins Hotel, wo sich Moni gleich in ein heißes Bad wirft und ich vom Bett aus in dem kleinen Fernseher rumzappe.

Rrrring, holt uns der Reisewecker aus dem Tiefschlaf.

„Typisch", stöhne ich, „jetzt könnte ich endlich schlafen."

„Ich auch ..." brummt es aus dem Kissen nebenan, war das eine Nacht: Zuerst kaum eingeschlafen, dann nach schwerem Traum um vier Uhr früh plötzlich hellwach, habe ich gelesen. Dann das unwirkliche Bild des grell beleuchteten, aber völlig tot daliegenden Hafens betrachtet und gefilmt. Schließlich erwachte Moni aus unruhigem Schlaf. Dann haben wir beide eine Stunde im Tagebuch geschrieben, bis uns endlich die Augen zufielen.

„Na ja, Hauptsache jetzt scheint die Sonne und unser nächstes Bett wartet schon in der Südsee", stimmen wir uns munter, als wir zu einer Art Bistro-Bäckerei rüber gehen, weil in unserem Hotel gerade der Speisesaal renoviert wird und wir deshalb auswärts essen müssen.

Mit meinem Brett vor'm Kopf vom schlechten Schlaf stelle ich die jungen Aushilfsbedienungen, von deren Aussprache ich kein Wort verstehe, was auf Gegenseitigkeit beruht, vor eine harte Geduldsprobe. Viele unbekannte Spezialitäten stehen auf der großen Preisliste hinter der Theke, von denen ich wissen will, was es ist. Bei dem Lärm und der Hektik geht das voll daneben und Moni ärgert sich über mich. Das sei, will ich dem Mädchen schließlich nur zu verstehen geben, dass ich unbedingt ein Ei, aber keinen Schinken dazu will und wie dann der Preis sei.

Wie gereizte Hühner gackern wir aneinander vorbei. Nachdem sie zur Strafe einige Kunden vorzieht, krieg ich Dickschädel nach zehn Minuten doch noch, was ich wollte.

Kaum gefuttert und das Koffein im Kreislauf, ist für mich das Ende der Welt wieder in Ordnung. Satt und zufrieden fragen wir dann im Hotel, wann wir räumen müssen, denn unser Airport-Bus geht ja erst um 16.10 Uhr zum Flughafen. Die sind sehr großzügig hier, so spartanisch die Einrichtung ist, denn wir dürften bis 13:00 Uhr das Zimmer behalten, erklärt uns die freundliche Rezeption-Dame mit ihrer unglaublich hohen Stimme. Sie klingt wirklich wie Daisy in den Trickfilmen, muss ich mich amüsieren.

Da wir frei sein wollen, räumen wir doch gleich unser Zimmer und stellen die Koffer in den angebotenen Raum.

Zwanzig Minuten später steigen wir bei „Kelly's Tarlton-Under-water-World" aus dem Taxi. Dieses Seeaquarium haben wir als einzige echte Attraktion für unseren kurzen Stop-over ausgewählt.

Äußerlich sieht man fast gar nichts. Ein Parkplatz an der Uferstraße und ein kleines Restaurant. Das ganze See-Aquarium ist voll unterirdisch, teilweise sogar unter Wasser gebaut.

„Nur drei Autos auf dem Parkplatz", wundere ich mich, „sind alle Neuseeländer so fleißig oder traut sich am Freitag, dem 13., keiner raus?"

„Elf Dollar!", ist die Antwort von unserem Taxifahrer, den mein deutsches Gefasel nicht berührt, obwohl sein Opa mütterlicherseits den deutschen Namen Schmidt führte, wie er uns auf der Fahrt erzählt hat.

Er selbst sei von Samoa ausgewandert und sein Großvater entstammte noch einer Mischehe mit einem Deutschen aus der Kolonialzeit, vor hundert Jahren.

In dem unterirdischen Antarktis-Museum, das dem Aquarium angeschlossen ist, werden wir gleich wieder in die Vergangenheit entführt. Die Eroberung des Südpols von einst bis jetzt ist recht realistisch dargestellt.

Fellvermummte Polarforscher stehen als Puppen neben modern ausgerüsteten von heute. Die Holzhütte von dem englischen Südpolbezwinger Scott um 1912 ist genau nach einem vergilbten Originalfoto nachgebaut, mit Bullerofen und Konservenvorräten. Selbst das Tagebuch von Scott liegt aufgeschlagen auf dem Bett. Ein elektrisches Klavier klimpert, während durch die zugefrorenen Fensterchen unheimlich ein Polarsturm pfeift. Natürlich vom Band. Im krassen Gegensatz werden auch klobige Holzschlitten und primitive Holzskier neben den bunt hochglanzlackierten Motorschlitten von heute gezeigt.

Staksende Männlein in einem flimmernden Originalstummfilm, die sich durch die Eiswüste quälen, machen die Strapazen eher lächerlich als bewundernswert.

Eine Luftaufnahme zeigt die weitläufige, moderne Antarktisstation Neuseelands von heute, mit den aktuellen Wetterdaten daneben.

„Schau, Moni, dort haben die jetzt im Augenblick -34°C, heute am 13.9. – ich verstehe solche Leute nicht, die es in diese Kälte zieht. Keine zehn Schlittenhunde könnten mich dorthin schleppen."

Kaum gesagt, werden wir schon dazu genötigt. Zum Glück nur in realitätsnaher Illusion. Auf Schienen gleiten wir in einer polarfahrzeugähnlichen Kabine, nicht nur durch einen künstlichen Schneesturm, sondern sogar unter Wasser, wo plötzlich echte Pinguine an uns vorbeitauchen. Aufgetaucht stehen Scharen dieser ulkigen Frackträger im Schummerlicht der Polarnacht, in nachgebauter Fels- und Schneelandschaft, während wir über unseren Bordlautsprecher laufend Erklärungen dazu bekommen. Sogar auf Deutsch. Beim Einstieg hatte ein Mitarbeiter einfach nach unserer Nationalität gefragt.

An verblüffend echten Themenlandschaften gleiten wir vorbei und erschrecken ganz schön, als neben uns ein Killerwal aus dem Wasser schießt und eine junge Robbe von der Eisscholle reißt und in ihrem Maul hochhält. Ohne den hellen Spot, der die Szene jetzt ausleuchtet, hätten wir die Tiere für echt gehalten.

Wirklich echt sind nur die unzähligen Fische aller Art und Größe, die nun an uns heran schwimmen, nachdem die Polarshow hinter uns ist und wir uns auf einem Rollband durch die Unterwasserwelt bewegen. Zwei Meter lange Haifische schwimmen desinteressiert nur einen halben Meter an uns vorbei, während über uns ein riesiger Manta, ein Stachelrochen, wie ein leise flatternder, gefleckter Sonnenschirm hinweggleitet. Kein Taucher kommt näher an die Tiere ran, als wir hier trockenen Fußes erleben. Für die Fische sind eigentlich wir im Aquarium in einem Acrylglastunnel, der durch das Schwimmbadgroße Becken führt.

Wir sind so fasziniert, dass wir die Runde noch zweimal machen und viel zu viele, immer noch bessere Video- und Fotoszenen schießen. Durch die wenigen Gäste fühlen wir uns so frei, dass wir uns fast vergessen.

Noch an Seeschlangen, Zitteraalen und Seepferdchen vorbei gehen wir wieder nach oben und sind dankbar an dem kleinen Panorama-Restaurant mit Blick übers Wasser auf die Skyline von Auckland angekommen. Auch hier kann ich meinen kleinen Hunger mit einer fetten Torte und einem Kaffee befriedigen. Dass dazu ein wehmütiger Syrtaki-Schlager dudelt, verstärkt wieder das europäische Lebensgefühl und ich muss mir wieder einreden: „Nein, wir sind entgegengesetzt, zwanzigtausend Kilometer weiter und hängen theoretisch mit dem Kopf nach unten ..."

Abends gegen sechs hängen wir dagegen schon wieder am Flughafen rum.

„Ach, Sie kommen gerade von Rarotonga, dort fliegen wir jetzt gleich hin. Wie hat es Ihnen dort gefallen?", frage ich das junge deutsche Paar, mit dem wir vor dem Flughafen gerade ins Gespräch kommen.

„Doch, Rarotonga war auch sehr schön, aber echt Spitze war Aitutaki. Das ist Südsee pur, auch wärmer war es dort, knapp eine Flugstunde nördlich von Rarotonga. Es soll nach Bora-

Bora die zweitschönste Insel der Südsee sein mit einer herrlichen Lagune", antwortet der etwa Dreißigjährige.

„Zwei, drei Tage sollten Sie aber mindestens dort verbringen", fügt seine Begleiterin hinzu, als ich erwähne, dass wir einen Tagesausflug dorthin schon mitgebucht haben.

„Noch ganz schön frisch hier. Zum Glück sind wir nur zum Umsteigen in Neuseeland, morgen geht's wieder weiter nach Fidschi", sagt er noch, bevor wir uns verabschieden und einander schöne Südsee-Erlebnisse wünschen.

Noch haben wir viel Zeit. Der Flug geht erst in zwei Stunden. Die Fahrten mit Taxi und Shuttle-Bus liefen glatt und die Koffer haben wir schon aufgegeben, sodass wir lieber noch etwas auf dem relativ kleinen Parkplatz vor dem Flughafen spazieren, statt in der muffigen Abfertigungshalle zu warten.

In den Büschen am Rand sehe ich kolbenförmige rötliche Blüten leuchten: „Schau, das ist so ein Christmas-Tree, der Nationalbaum der Neuseeländer, wie er auf der Speisekarte im Flugzeug abgebildet war."

Mit einem Weihnachtsbaum unserer Art hat er gar nichts gemeinsam und er heißt nur so, weil er hier im Winter blüht; wächst eher buschig und hat viele kleine oleanderähnliche Blätter. Gelegentlich wird er in deutschen Garten-Centern als Topfpflanze unter der abfälligen Bezeichnung „Flaschenputzerblume" angeboten, wegen der so ähnlich angeordneten zarten Blütenfäden.

Der mannshohe Kiwi auf dem Spielplatz gegenüber muss zum Abschied natürlich auch noch in die Kamera. Diesen Schwanz- und flügellosen Nationalvogel konnten wir nirgends lebend sehen. Und jetzt, als leuchtenden Höhepunkt – es ist genau sechs Uhr abends – nehme ich noch die Konturen einer Chile-Tanne ins Visier, die sich vor dem neon-orange strahlenden Abendhimmel wie der Schattenriss einer abstrakten Tanne abhebt.

Gegenwind in der Südsee

„Nur vier Stunden Flug bis Raro, das ist für uns Profis ein Klacks“, sage ich zuversichtlich, während ich meinen Gurt einklicke. Diesmal haben sie uns in die Mittelreihe des Jumbos gesetzt. Ob der Sitz neben mir wohl frei bleibt, oder ob doch noch ein Einzelreisender kommt?

Tatsächlich, obwohl die Triebwerke schon zum Wegrollen aufheulen, wird noch ein Fluggast von der Stewardess zu unserer Reihe geleitet.

Jedoch nicht wie erwartet ein blasser Neuseeländer, von denen wir zuhauf umgeben sind, sondern ein sehr junges, dunkelhäutiges Gesicht mit schwarzem Kraushaar grinst mich mit weißen Augen an.

„Achtzehn, maximal zwanzig Jahre“, denke ich, „mehr gebe ich ihm nicht.“

Informationshungrig, wie ich bin, kann ich mich nicht lange zurückhalten und fange ihn gleich an zu löchern, als die Zeichen „Fasten seatbelt“ erloschen sind und die Gurte überall aufklicken.

Er sei Maori, also Eingeborener, von den Cook-Islands, gehe in Neuseeland auf das College und fliege mal wieder heim zur Family für eine Woche und erst fünfzehn Jahre sei er alt, erzählt er bereitwillig. Schon daneben, denke ich und staune über sein reifes Aussehen und die Selbstständigkeit, mit der er schon so weit von zuhause lebt und allein in der Welt rumjetet.

Die Cook-Insulaner sind seit alters her mit Neuseeland verbunden. Schon vor der Entdeckung durch James Cook sollen im 14. Jahrhundert die ersten sieben Kanus die unglaubliche Strecke von 3000 Kilometern unter die Paddel genommen haben, um nach Neuseeland auszuwandern, als die Inseln zu eng wurden. Trotz eigener Verwaltung mit einem Premierminister sind sie auch heute noch stark vom ehemaligen Kolonialverwalter abhängig. Mangelnde Arbeitsplätze und fehlende eigene Ressourcen zwingen noch heute an die 20.000 Maoris, als Gastarbeiter in Neuseeland zu leben. Ohne deren Unterstützung wäre der hochverschuldete Inselstaat gar nicht lebensfähig.

Währung ist der Cook-Island-Dollar, der sich jedoch vom NZ $ nur durch eigene Prägemotive, wie beim Euro, unterscheidet. So ist auch der NZ $ gleichwertiges Zahlungsmittel.

Da jedoch der Wechselkurs für unsere US $-Travellerschecks in NZ $ besser sein soll, hatten wir uns auf dem Flughafen heute Abend noch mit dem nötigen Taschengeld für die fünf-Tage-Rarotonga eingedeckt.

Geografisch überbrücken die „Cookis“ die dünn „be-inselte“ Weite zwischen Samoa, Tonga und dem populären französisch Polynesien. Dazwischen liegen weit verstreut auf einer Wasserfläche so groß wie die USA die 18 kleinen Inselchen und Atolle mit der nur runden, zehn Kilometer dicken Hauptinsel Rarotonga.

Touristisch sichtlich zwischen die Stühle gefallen und vorwiegend von anspruchslosen Australiern und Neuseeländern bereist, sind sie ein echter Geheimtipp für den gutbürgerlichen, preiswerten Südseetraum.

Als ich vor drei Monaten kurzfristig diese Super-Reise zu unserer silbernen Hochzeit plante, waren die Cookis für mich noch ziemlich unbekannt und ich visierte den Hauptaufenthalt in das sündhaft teure französisch Polynesien, weil ich dort die klassische Südsee auf Bildern und Filmen vermutete, mit den schönsten Inseln, den schönsten Menschen, Musik und Tanzen.

Dagegen erinnert mich diese Insel nur an einen schmalzigen Schlager aus den fünfziger Jahren: „Der weiße Mond von Rarotonga“.

(Bei der Recherche nach der Sängerin, es war Lolita, stelle ich fest, dass sie „Maratonga“ sang. Da es eine solche Insel aber nicht gibt, der Text jedoch zu einer Südseeinsel passt, muss der Name aus reim- oder gesangsgründen geändert worden sein.)

Erst ein Bekannter, der berufliche Südseeerfahrung hat, überzeugte mich, dass die Cookis fast das gleiche, aber wesentlich billiger bieten. Da hier ebenso einer von den fünf kostenlosen Zwischenstopps möglich ist, habe ich erst skeptisch umgeplant, aber rund 20 % des ohnehin günstigen Gesamtpreises gespart.

So sind wir gespannt, was uns erwartet. Der Junge neben mir offenbar auch. Seit einer Stunde wird er immer kribbeliger, spielt dauernd mit den Fingern und kaut an den Nägeln. Hoffentlich ist es nur Müdigkeit oder Vorfreude und kein schlechtes Zeugnis, denke ich.

Jedenfalls landet unser dicker Jumbo pünktlich Freitag früh um 1:30 Uhr auf der kleinen dunklen Insel.

Beim Nachstellen der Uhren machen wir uns bewusst: Freitag , den 13.09. um 20.00 Uhr in Auckland ab und Freitag den 13.09. um 1:30 Uhr früh in Rarotonga an. Durch das Überfliegen der Datumsgrenze haben wir einen vollen Tag gewonnen und erleben ausgerechnet Freitag den 13. zweimal. Ein komisches Gefühl: Auf dem Kalender reisen wir 20 Tage, erleben aber 21 Tage. Allerdings zahlen wir den „gewonnen" Tag bei unserem Flug gegen die Zeit nach Osten mit jeder Stunde Zeitverschiebung wieder ab. Trotzdem es ist so, in Auckland beginnt jetzt Samstag, der 14.9., während wir gerade den 13.9. zum zweiten mal beginnen ...

Windige, aber warme Nachtluft schlägt uns auf der Gangway entgegen. Kein Flughafenbus erwartet uns. Die knapp hundert Meter stolpern die Ausgestiegenen über die dunkle Betonpiste zu den kleinen flachen Gebäuden, die an unseren Sportflugplatz zuhause erinnern.

Grau und schummrig beleuchtet wirkt das Flughäfele auch im Innern eher wie ein Dorfbahnhof.

Aber nein, welch heiter klimpernde Töne dringen an unser Ohr? So wird man in Europa nicht mal auf einem Top-Flughafen empfangen. Wenn auch „nur" ein Rentner, aber da steht ein gut gelaunter alter Mann auf einer kleinen Bühne, sogar mit Mikro, und singt fröhliche Südseeweisen zu seiner kleinen Ukulele, dieser typisch, winzigen Südseegitarre, während wir uns am Zollschalter anstellen.

„Das lob ich mir, wenn man schon müde ankommt und nichts an Südsee erinnert – aber diese Klänge lassen alle Unzulänglichkeiten und Reisestress vergessen."

„Ja, das kribbelt schon richtig in der Magengegend", bestätigt Moni.

Die nächtliche Gastfreundschaft steigert sich. Bunt gekleidete Mädchen und Frauen mit Blumen im Haar und Blumenkränzen über den Armen schauen uns erwartungsvoll entgegen.

In Erinnerung an die Begrüßung auf Hawaii vor über zwanzig Jahren steuere ich erwartungsvoll eine Hulaschönheit mit Blumenkränzen über'm Arm an. Die ältere Dame daneben, mit Brille, eine Liste prüfend, schüttelt abweisend den Kopf, nachdem sie uns nach unserem Hotel gefragt hat, und deutet auf ein Büro im Hintergrund. Dort unterhalten sich zwei sehr gewichtige, d.h. vollschlanke Damen. Je umfangreicher desto wohlhabender war früher das Schönheitsideal der Südseeinsulaner.

Also abgewendet vom europäischen Schlankheitswahn, hin zur Fülle! – Tatsächlich, trotz Billighotelbuchung sind wir da richtig und bekommen von ihnen strahlend exotisch duftende Blumenkränze umgehängt.

Als ich den nicht unbedingt gewollten, aber heldenhaft erwarteten Wangenkuss reklamiere, kichern sie nur verlegen.

Na ja, entweder haben hier die Missionare ganze Arbeit geleistet oder der eher hagere Dreiundfünfziger vor ihnen entspricht nicht ihren stammestypischen Bedürfnissen, denn auch die durchweg weiblichen Maori-Zollbeamtinnen zeigten diese Überfülle.

So rumpeln wir bald in einem Kleinbus durch die schwarze Inselnacht. Krampfhaft versuche ich Palmen oder Wasserglitzern zu erhaschen, da die einzige Straße einfach rund um die

Insel führt. Aber nur normale Bäume, Sträucher und Hecken sind im fahlgelben Schummerlicht der Straßenlaternen zu erkennen.

Alle dösen vor sich hin. Ein altes Rentnerehepaar und eine Familie mit drei Jungs, alle aus Neuseeland.

„Waren Sie schon mal hier in Ferien?", versuche ich die alten Leutchen aufzulockern.

„Yes, dies ist das fünfte mal."

„Und, ist es immer noch schön und interessant hier?"

„Yes, wir machen hier am liebsten Ferien."

Um mehr Details zu erfahren, ist mein englisch zu dürftig, und ich gebe auf. Ich muss mich die paar Stunden gedulden, dann werde ich selbst mehr sehen.

„Little Polynesien!", ruft der Fahrer, während die Bremsen quietschen.

„Das sind wir", sagen wir aus einem Mund und raffen die Kameras zusammen, der Fahrer stellt die Koffer neben uns: „Good night", die Türe knallt und schon entfernen sich die Rücklichter im Dunkel und wir stehen in pechschwarzer Nacht am Straßenrand, auf einer kleinen Insel mitten im Pazifik.

Ein Hotel ist es nicht, nur eine Bungalow-Anlage mit Palmwedel-gedeckten „Eingeborenen-Hütten" unter Kokospalmen, romantisch im Farbprospekt anzusehen.

Aber im Moment sehen wir nur schwarz und hören die Palmen rauschen, in dem recht frischen Wind, der uns frösteln lässt. Niemand, der uns erwartet. Nur eine schwache Lampe an einem kleinen weißen „Ein-Zimmer-Häuschen".

Wir schleppen unsere Koffer durch den Sand. Erkennen aus der Nähe Toilettentüren, gehen um das Haus, Licht hinterm Fenster, klopfen. – Aha, eine Eingeborene, aber eher vom Typ der attraktiven Zigeunerin mit schwarzer Lockenpracht und viel Goldschmuck, öffnet uns.

„Ganz schön frisch und stürmisch ist es hier", versuche ich ihren etwas überheblichen Charme zu lockern, während sie unsere Daten notiert.

„Wir haben schon drei Tage Sturm", ist ihre lakonische Antwort. Sie zuckt unbeteiligt mit den Schultern, als ich wissen will, wie die Prognose für die nächsten Tage ist.

Man muss ihr verzeihen, denke ich, wenn sie für uns bis nachts gegen drei Aufbleiben oder wieder aufstehen musste.

Dieses Mitgefühl macht sie gleich wieder zunichte, indem sie uns müden Weltenbummlern schon Stress macht wegen der Abreise in vier Tagen. Erst nach einer Weile kapiere ich, dass sie uns noch einen zusätzlichen halben oder ganzen Tag verkaufen will, weil wir bis zehn Uhr den Bungalow räumen müssten, aber unser Flug erst abends nach 22 Uhr sei.

Wo wollten wir unsere Koffer unterstellen und uns bis zehn aufhalten, wenn es Abends um sieben schon stockdunkel sei und kein Dorf oder Lokal in der Nähe, will sie wissen.

Von meinem Vorschlag, dass ich mir vorgestellt habe, wir könnten die Koffer in ihrem Büro unterstellen, per Bus in die halbstündig entfernte Hauptstadt Avarua und abends zurück, ist sie nicht begeistert. Sie könne nicht auf die Koffer aufpassen und das Büro sei nur bis 17 Uhr geöffnet.

Wenn sie meint, meine Müdigkeit und Gereiztheit auszunutzen um gleich eine zusätzliche Miete zu kassieren, wie sie es mit weiteren Einwänden versucht, hat sie bei mir das Gegenteil erreicht und ich weigere mich, jetzt entscheiden zu müssen. Den Zimmerschlüssel in der Hand, quält sie uns weiter: Um 9:30 Uhr würden wir zu der inklusiv-gebuchten Inselrundfahrt abgeholt und sollten uns pünktlich bereithalten.

So stellen wir ganz schön frustriert über unseren ersten Südsee-Eindruck unseren Wecker auf sieben, als wir endlich waagerecht liegen, nachdem die strenge Schöne keine Möglichkeit sehen wollte, die Inselrundfahrt an einem anderen Tag nachzuholen. Um drei löschen wir das Licht, aber ohne gleich einzuschlafen, denn so, wie diese Wiederholung vom Freitag dem 13. (B) begonnen hat, scheint er nicht ein Gewinn zu sein.

Entsprechend gerädert quälen wir uns wieder in der Frühe aus dem Bett, mit dem Gefühl, erst eine Stunde gedöst zu haben. Der Sturm fetzt so durch die Kokos-Palmen, dass wir fast den Wecker nicht hörten. Schnell richten wir uns provisorisch ein, lassen aber beide Koffer aufgeklappt am Boden liegen. Nur empfindliche Sachen werden in den Schrank gehängt, den Rest „leben" wir aus dem Koffer.

Nach einem Spaziergang von 200 Metern stehen wir in dem winzigen Frühstücksraum des „Moana Sands Hotels", weil unsere Anlage über keinerlei Bewirtung oder Kiosk verfügt. Unser „Dorf" im Südosten der Insel hat zwar auf der Karte den interessanten Namen „Titikaveka", besteht aber nur aus einigen von Hecken verdeckten Villen und Ferienhäusern entlang des Ufers und der Straße, zwei Kirchen und diesen zwei Pensionen.

Etwas ratlos stehen wir vor dem Tisch mit allerlei Obst und Südfrüchten, der das Frühstücksbuffet repräsentiert. Natürlich gibt's auch frische Fruchtsäfte und nach Kaffee oder Tee wird man gefragt. Aber nur Marmelade und Obst ist mir doch zu wenig sättigend für einen langen Tag und die fettgebackenen Teigkringel, Donuts, die als einzige feste Alternative von den Gästen eifrig verschlungen wird, verweigert mein Magen mit drohenden Würgesignalen. English-Breakfest wird zum doppelten Preis natürlich auch geboten.

Dass sechs Fleisch- und Käsesorten auf dem Pazifik-Inseln Luxus sind, hatte ich gehört. Aber eierlegende Hühner sind doch überall möglich, denke ich und frage eine von den zwei gewaltigen Servierdamen in ihren Lagoon-blauen Pareos:

„Sie wollen, dass ich ihnen ein Ei koche?", fragt sie zurück mit Ton und Mimik, als ob ich einen Kopfstand von ihr verlangt hätte.

„Yes, wenn es möglich ist", antworte ich kleinlaut und frustriert, da hier wohl nicht die Ecke ist, wo die in vielen Berichten gelobte Gastfreundschaft der Südsee-Insulaner erfunden wurde.

Als ich sie aus der Küche höre, wie sie die Story von dem komischen Europäer erzählt, der ein gekochtes Ei will, gebe ich meine anmaßenden Wünsche auf und bestücke meinen Teller mit Ananas, Orangen und Papayastücken zu den Weißbrotschnitten. Bis Kaffee und Tee kommt noch ein Glas Orangensaft als Abwechslung. Mein Magen lässt die Bauchfalten runzeln, ob so viel Fruchtsäure auf leeren Magen, aber ich flüstere ihm zu: „Bursche, wir sind jetzt in der Südsee und da wird gegessen, was die Natur im Überfluss bietet und den Eingeborenen offenbar auch nicht schadet – im Gegenteil, denk allein an die vielen Vitamine und die wenigen Cholesterine!“

Währenddessen hat Moni Kontakt bei einer deutschen Familie am Nebentisch gefunden, wo die Mutter eifrig umherschwirrt um ihre zwei Vorschulkinder zu versorgen. Sie machen etwas auf Alternativ und wollen gleich mehrere Wochen Inselhüpfen machen und haben über günstige Privatquartiere schon einige unbekannte Inseln abgeklappert.

Oh Wende des Schicksals, was sehe ich: Meine gewichtige Maori-Freundin schlurft in ihren flach getretenen Badelatschen auf mich zu und stellt mit der Bemerkung, „it's o.k.?“, ein Ei im Eierbecher vor mich hin. Ich bin platt – irgendwie werden wir uns noch verstehen lernen, die mächtigen Maori-Frauen und ich.

Rarotonga im Uhrzeigersinn

So sind wir immerhin schon besserer Laune, als uns der Bus zur Inselrundfahrt abholt.

Henry, ein Sohn des ehemaligen Häuptlings, zeigt uns persönlich seine Insel. Er ist Chef eines eigenen Touristikunternehmens und lässt es sich nicht nehmen, die neuen Touris selbst im Bus um die Insel zu kutschieren.

Er sieht zwar als Mittdreißiger nicht so übertrieben „wohlhabend“ aus wie einige Zwei- bis Dreizentner-Damen, die uns schon beeindruckten, aber eine gewisse Juniorhäuptlingsfülle kann er schon vorweisen.

Ein schlankes Mädchen durfte früher gar nicht Häuptlingsfrau werden. Der „Molligkeitskult“ ging gar soweit, dass jede Häuptlingsbraut ein Vierteljahr vor der Hochzeit mit ihren Dienerinnen auf eine kleine Insel verbannt und regelrecht gemästet wurde, bis sie ihr standesgemäßes Höchstgewicht erreicht hatte.

Da Henry arbeiten muss, kann er es wohl nicht erreichen und wir würdigen es, vom Südsee-Adel geführt zu werden. So sehen wir nicht nur die älteste Kirche von 1851 und die Häuptlingsvilla mit bieder geteilten Küchengardinen an allen Fenstern, sondern lernen auch einen Teil der im Süden erhaltenen, aber asphaltierten alten Inselstraße kennen, an deren Auslauf sogar noch ein Inselgefängnis idyllisch im Busch liegt. Die allseitige Verwunderung legt sich, als er erklärt, dass dessen Insassen fast nur noch Drogensünder sind. Zaun und Wachturm fehlen, weil kaum einer die Insel unkontrolliert verlassen kann.

Diese Dinge konnten wir noch übersetzen. Aber die Geschichten von Mama und Papa, vor allem an „Tabu-Stellen“, ehemalige heidnische Heiligtümer, konnten wir nicht verstehen. Charly hatte zwar versprochen für uns zwei langsam zu sprechen, was er über das Busmikrofon auch schön tut, aber sein maori-englischer Akzent klingt trotzdem so ungewohnt, dass wir fast kein Wort verstehen.

Wir fühlen uns auch als echte Exoten in dieser kleinen Gruppe. Alles Ehepaare im gehobenen mittleren Alter, die jetzt auf der Holzveranda von Henrys Büro in der Runde stehen. Je ein Paar Neuseeländer, Australier, Kanadier, Amerikaner gleich doppelt und wir als einzige Europäer, vertreten gleich die ganze Rückseite der Erdkugel, quasi den Rest der Welt.

So fühlen wir uns etwa wie ein Japaner in Europa, während Henry nun einen dicken Stock nimmt und auf die Kokosnuss in seiner Linken schlägt. Zuvor hatte er sie auf einen zugespitzten Holzstab drückend, mühsam von der dicken Faserschicht befreit. Als er zweimal dabei abrutschte, gestand er scherzend, dass er vom Weltrekord weit entfernt sei. Den hält sein Landsmann auf der Insel, der Kokosnuss-König Piri Purutu, der seine eigenen Kokosnuss-Shows veranstaltet und dabei den Rekord als schnellster Kokosnuss-Killer in sagenhaften sieben Sekunden hält. Während bei ihm nun nach gut einer Minute endlich die weiße Milch durch die Finger rinnt.

Verblüffend, als er uns die wie sauber durchgesägten Hälften der steinharten Nussschalen entgegen hält. Der Schlag mit dem Knüppel muss genau zwischen den „Augen", den drei dunklen Punkten an jeder Kokosnuss, auf die Längsseite erfolgen. Bei richtiger Dosierung bricht sie dann entgegen der Faserrichtung in zwei schöne Schalen auseinander, wie sie auch als harte „Öko-BHs" von Hula-Tänzerinnen getragen werden.

Nachdem die Amis von der süßen Kokosmilch genippt haben, reichen sie die Schale weiter. Die Neuseeländer geben sie gleich kopfschüttelnd an die Australier weiter. Der Mann hält sie seiner Frau hin, die angewidert ablehnt und sie uns weiterreicht. „Aha, das sind mir die richtigen Abenteurer", grinse ich zu Moni hin, „träumen von Südseeromantik, aber sobald aus einem Napf getrunken werden soll, sind wohl alle Völker gleich zimperlich in ihrer überzüchteten Hochkultur", während sie schon brav trinkt.

Auch ich finde es nicht gerade appetitlich, aber um Henry nicht zu enttäuschen, nehme auch ich mit teutonischem Heldenmut einen Schluck von dem wirklich lecker-süßen Saft, der eigentlich jedem schmecken muss.

Währenddessen hat er mit seinem Taschenmesser aus der leeren Hälfte schon einige mundgerechte, weiße Kokosfleischstücke herausgeschnitten, die prompt besser verkostet werden. Sogar ein Hund kaut fletschend an einem größeren Stück, das ihm Henry hingeworfen hat. „Schau mal an", sage ich, „auf diesen kleinen Inseln, auf denen Fleisch und Knochen schon Luxus sind, werden selbst Hunde Vegetarier."

Durst plagt uns dagegen, als wir nach einigen holprigen Kilometern in Avarua, der Hauptstadt der Cook-Inseln, einrollen. Sie liegt im Nordwesten der Insel, also genau gegenüber von unserem Ort im Südosten, wo die kalten Ostwinde peitschen. Offensichtlich ist durch die Berge in der Inselmitte die Westküste windgeschützt, denn keine Palme neigt sich vor uns im Wind, als wir aussteigen, während die Sonne uns im Bus zum Schwitzen gebracht hat.

Aber zuerst sollen wir eine Parfümfabrik besichtigen. Das ist also der Grund warum die Insel-Tour obligatorisch ist: „Das ist eine Werbefahrt", geht uns ein Licht auf. Aber es geht schnell. Fabrik ist übertrieben. Ein Empfangsraum, in dem die Waren ausgestellt sind, und ein Büro. Der kleine, weiße Flachbau ist jedoch geschickt auf hübsche Villa getrimmt, durch Vordach mit Säulen und breiter Eingangstreppe. Dazu die exotisch ausgesägten Fenstergitter aus Holz, umrahmt von rot blühenden Kletterpflanzen. So macht der schlichte Grundriss einen sympathisch repräsentativen Eindruck. Verstärkt noch durch einen hübschen Springbrunnen mit ungewöhnlich violett leuchtenden Seerosen.

Markante Stimmung am tapfer erwanderten Muri Beach

Unser Schokofinger-fan

Ein Riesen Tiki in Avarua

Die fleißigen Mamis und ihre strenge Chefin (hi) beim Altar dekorieren

„Oh, das ist ein Kontrast – außen hui und hinten nicht gerade pfui, aber hübsch hässlich, würde Pater Brown sagen“, lache ich, als wir aus dem netten Empfang in die „Fabrik“ treten.

Eine schlichte Wellblechhalle ohne Fenster. Nur durch die offenen Schiebetore blendet die grüne Landschaft herein. Plastikfässer aller Art stehen bunt verteilt, zum Teil offen, im Raum. Auf zwei langen Tischen stehen teils volle, teils leere Plastikfläschchen, die im Vorraum unter anderem als Kokossonnenmilch oder Hautlotion verkauft werden.

„Schau dir das an. Die rühren doch tatsächlich ihre kosmetischen Kokosprodukte einfach in Eimern und Fässern an und füllen sie geduldig mit Suppenkelle und Trichter in die kleinen Fläschchen ab – fertig ist die Fabrik!“, stelle ich mit heiterer Bewunderung fest.

Natürlich kaufen wir solch ein „handgemolkenes“ Kokosmilch-After-Sun, ein garantiert echtes Südseeprodukt.

Schnell steigen wir ein, als Henry ankündigt, dass als Nächstes eine Brauereibesichtigung folgt. Von wegen dem alten Schlager: „Es gibt kein Bier auf Hawaii ...“ Schon in den 60er Jahren gab es dort drei Brauereien. So ist es zwar nicht typisch, aber ziemlich naheliegend, dass sich eine ehemals britisch geprägte Kolonie von teurem Übersee-Bier unabhängig machte.

„Cook‘s Lager“ steht stolz über der Hüttenbrauerei mit dem gestrengen Konterfei von Captain Cook, der einst diese Inseln entdeckte – außer dieser Hauptinsel.

Die Anlagen sind nicht die modernsten, aber doch recht beachtlich und das Bier muss nicht von Hand abgefüllt werden. “Sprich schneller, ich will zur Bierprobe!“ denke ich nur, als der junge, dunkelhäutige Braumeister mit seinem Pidginenglisch alles gründlich und bedächtig erklärt.

Aber welch bittere Enttäuschung. Eine großzügige Kostprobe, wie in deutschen Brauereien, scheint hier nicht üblich zu sein. Selbst auf meine Anspielung in diese Richtung, werden wir auf den örtlichen Supermarkt und die Lokale verwiesen.

Da schlabbern wir doch lieber einen kühlen Fruchtsaft unter einem schattigen Baum, als uns Henry nur eine halbe Stunde Mittagspause gönnt. Im Supermarkt fand sich nichts Außergewöhnliches und die 300 Meter Hauptstraße entlang der Uferpromenade haben wir auch in den restlichen zehn Minuten abgelaufen.

Nur ein moderner dreistöckiger Büroblock überragt artfremd die kleine, bunte Ladenreihe. Als „Außenministerium" ist es beschildert und möglicherweise hat der recht junge Regierungschef in diesem Haus auch sein Büro. Auf einem Prospekt begrüßt dieser uns Touristen sympathisch, durch seine flotte Brille lachend, im bunten Hawaii-Hemd, mit prächtigem Blumenkranz um den Hals. Über einem der unscheinbar aufgemalten Parkplätze neben dem Haus steht auf schlichtem Schild: „Premier-Minister".

Nicht weit davon kann man noch Sir Albert Henry, den ersten Premierminister (1965 – 1978) bewundern. Natürlich nur als Grabbüste auf dem Friedhof der Cook-Islands-Christian-Church. Statt mit Blumen ist er reich mit wetterfesten Muschelketten behangen.

Gegenüber zeigt uns Henry das Cultural-Village im Vorbeifahren. Ein Freilichtmuseum mit acht großen Hütten, in denen Geschichte und Kultur der Insulaner dargestellt wird, unterhaltsam ergänzt mit Tanzeinlagen und Lunch aus dem Erdofen (Umukai). Schade, dass unser Aufenthalt zu kurz ist, um dieses Erlebnis mitzunehmen.

Dafür rumpeln wir auf einer Nebenstraße weiter durch die hellgrün strahlende Landschaft unter blau-weißem Himmel. Henry stoppt und erklärt die Landwirtschaft und einige Pflanzen, während uns aus einem Palmenhain fröhliche Kinder und Eingeborene zuwinken.

Dann geht es wieder der Hauptstraße entlang der Ostküste flott nach Süden mit einem kurzen Fotohalt am Muri Beach. Mit seinen vier vorgelagerten Motus (Koralleninseln) ist er der malerischste Strand von Raro, leider etwas schmal, um ein perfekter Badestrand zu sein. Das stört jedoch die wohlhabenden, jungen Brautpaare weniger, die vor dieser Traumkulisse im nahen Beachcomber-Hotel eine original Südseetrauung mit viel Show und Tam-Tam ausrichten lassen können.

Nur wie jetzt, im Südseewinter ist das nicht zu empfehlen, denn die süßen Inselchen liegen voll an der windigen Ostseite. Wir kommen kaum zum Fotografieren, weil schnell ziehende Wolken gerade dann die grün-türkis leuchtende Lagune in graublaue Nordseestimmung verdunkeln, wenn man abdrücken will.

„Dramatisch, wie ein künstliches Bühnenbild mit diesem violettschwarzen Himmel im Hintergrund und den rasenden grellen Lichtkegeln, die über die Szene huschen, als ob ein ausgeflippter Beleuchter die Sonne steuert", bemerke ich, während ich geduldig durch den Sucher starre, bis einmal die ganze Szene zwei Sekunden lang beleuchtet ist. „Mensch, Petrus, hast du nen Schwips? Jetzt hab ich bei deinem Diskogeflacker schon zweimal falsch abgedrückt", meckere ich weiter.

„Also so frisch habe ich mir den Winter, der eigentlich schon Frühjahr ist, hier nicht vorgestellt", meint Moni fröstelnd, als wir wieder zum Bus flüchten, „vor allem nach dem warmen Bali."

Naja, Bali liegt auch fast am Äquator, während wir hier auf einer der südlichsten, das heißt kühleren Inseln des riesigen Pazifik sind. Zuvor sah ich einen Thermometer mit 24° C, aber je stärker der Wind, desto kühler empfindet das unsere zarte, unbehaarte Haut, vor allem in unseren dünnen T-Shirts.

„Eben, es heißt ja fünf bis sieben Grad kühler soll der Mensch die Temperatur durch starken Wind empfinden", ergänzt Moni. Erst zu Hause sehe ich auf der großen Weltkarte, dass Rarotonga etwa auf dem gleichen Breitengrad südlich liegt wie die kanarischen Inseln auf der Nordhalbkugel.

„Hey, Manfred, schau mal das an!“, schreit Moni laut auf, als wir wenig später unsere Bungalowhütte betreten. In schlimmer Erwartung schaue ich auf, während ich mich von der Last der Kamerataschen befreie. „Blumen, lauter Blumen!“, jubelt sie weiter, während mir ein Stein vom Herzen fällt. Tatsächlich, nicht nur auf den Kopfkissen, auch auf den Nachttischen, den Wandleuchten, auf den Tischen, auf jeder Ablage leuchten knallrote Hibiskusblüten, ja sogar auf dem Spültisch!

„Hier auch, schau mal im Bad!“, überschlägt sich die Stimme von meinem Schatz. „Und da vor dem Spiegel, auf dem Waschbecken, und schau mal hier, der Clou“, lacht sie schallend und deutet auf den Klodeckel.

„Ja, sogar auf dem Spülkasten und auf der Klopapierrolle“, ergänze ich, „die spinnen, die Insulaner, würde Obelix sagen.“ Selbst vom Boden der Duschwanne lachen uns noch zwei rote Blüten entgegen.

„Das ist Südsee, wie man sie sich nur im Traum vorstellt - jetzt bin ich wieder mit unserer Wirtin versöhnt“, juble ich und mache einen Hechtsprung auf die Doppelbetten und aale mich auf den großzügig türkis-weißen Südseemustern der Tagesdecke. Passend zu den bodenlangen Vorhängen – echt chic!

Aber gleich springe ich wieder hoch. Müdigkeit gilt nicht. Jetzt ist erst der knurrende Magen ruhigzustellen. Aber sofort, auch wenn er sich mit dem Obst und den Keksen, die wir in Avarua gekauft hatten, begnügen muss.

Während Moni einen Kaffee dazu braut, baue ich Tisch und Stühle an der windgeschützten Rückseite unseres Bungalows auf.

„Oh, schade, kein Meerblick?“

„Ja, leider“, antworte ich als sie das Tablett abstellt, „dafür Blick auf grüne Berge und die kaum befahrene Uferstraße. – Außerdem ist es hier sicherer. Schau mal, was für schwere Kokosnüsse über unserer Terrasse schaukeln. Nicht mal mein Dickschädel bietet denen Widerstand.“

„Da wär ich nicht so sicher“, setzt sie meiner Selbstironie noch einen drauf, während sie die Kekspackung aufreißt.

Ein rothaariger, schlanker Gast hat sich bei uns niedergelassen und himmelt uns aus treu-unterwürfigen Augen an.

„Du, wir haben nichts für dich!“ Und zu Moni: „So mager, wie der arme Hund ist, muss er ein Landstreicher sein und hat schon ewig keinen Knochen mehr gefunden.“

Wie zur Bestätigung stupst er mich mit seiner feuchten Schnauze an. Ich halte ihm den Früchteteller hin und dann die leeren Hände, damit er kapiert, dass wir kein Hundefutter unterschlagen.

„Oh schau mal, der ist ja wirklich am verhungern – wie der meine Finger abschlabbert. Ich hab doch keinen Handschweiß?“

„Vielleicht riecht er deine Schokokekse?“

„Richtig, die spärlichen Schokoflecken an meiner Hand machen dich schon richtig an?“

„Ist halt auch ein Vegetarier“, meint Moni, während er begeistert den ganzen Keks verschlingt, den ich hinhalte.

„Also für mich ist das keine Vollwertmahlzeit, trotz Banane und Kaffee. Heut Abend wird groß gegessen.“

„Weißt du auch wo? Hier an der Straße gibt’s ja nichts weit und breit?“

„Ja, aber wir haben doch so ein Gutscheinheft bei der Ankunft bekommen. Da ist auch ein Rabatt-Gutschein drin für das Restaurant „Flame-Trees“. Laut Reiseführer soll es das populärste Speiselokal auf Raratonga sein und es liegt nur drei bis vier Kilometer von hier.“

„Das erleichtert die Entscheidung, denn weit fahren will ich heute nicht mehr“, gibt sich Moni einverstanden.

„Ach komm, die drei Kilometer läuft man auch in einer halben Stunde zu Fuß“, brumme ich resigniert, als wir gegen 19 Uhr an unserer Bushaltestelle in der frühen Dunkelheit den vergilbten Fahrplan nicht entziffern können.

Der Bus soll zwar stündlich die 30 Kilometer um die Insel fahren. „Clockwise" meistens, also im Uhrzeigersinn. Dazwischen aber gelegentlich „anti-clockwise". Das wäre für uns die falsche Richtung. Also laufen wir mal los, bevor wir auf den falschen Bus warten.

Die ersten zehn Minuten tut das gut, nach dem vielen Sitzen heute. Aber es wird langsam doch sehr trostlos, so in die unbekannte Dunkelheit hineinzulaufen. Die Abstände zwischen den Straßenlaternen sind groß und ihre Sparflammen beleuchten gerade den eigenen Pfahl. Überhaupt sehr ungewohnt, diese extreme Dunkelheit für uns Europäer, die wir in bewohnten Gebieten gut ausgeleuchtete Straßen gewohnt sind. Landstraßen sind zwar bei uns auch nicht beleuchtet, aber man kann sich immer irgendwo an fernen Lichtern von Häusern und Dörfern orientieren, die immer irgendwo in Sichtweite sind. Aber heute hilft uns nicht mal der „Weiße Mond von Raratonga ...", wie er einst in einem Schlager der 50-er-Jahre besungen wurde.

Mein Bauch fühlt sich wie ein leerer Rucksack an. Schlapp und wortlos trotten wir weiter, als sich hinter uns ein Motorgeräusch nähert. Wir schauen wiederholt nach den zwei Lichtpunkten im Dunkel, die uns jetzt einholen. Bremsen quietschen, die Falttür eines alten Busses öffnet sich. Aus dem dunklen Innern schauen zwei große weiße Augen schweigend, aber herausfordernd auf uns runter, als ob es klar ist, dass wir einsteigen.

Also gehorchen wir fast magisch, während er unser Wechselgeld rausgibt und der Bus schon wieder laut klappernd losrüttelt.

Nach fünf Minuten biegt der Fahrer plötzlich von der Straße ab in die Finsternis. Im schaukelnden Scheinwerferkegel sieht man nur zwei Fahrspuren im Gras. Bei einer Linkskurve blitzt kurz ein weißes Fußballtor im Licht auf. Nach Umrundung des Fußballfeldes hält er vor einem drei Meter hohen Schilf- oder

Bambusdschungel an. Dunkle Schatten kommen auf unseren Bus zu. Wir steigen zögernd mit den anderen aus, als uns der Fahrer zunickt: „Yes, Flamtrees."

„Pu-ah, das hätten wir nie gefunden, keine Leuchtreklame und mitten in der Pampa", gebe ich klein bei, als wir über eine kleine Holzbrücke einem Lichtschein entgegen stolpern. Wie in einem Film sehen wir aus dem Dunkel durch die „fensterlosen Fenster" in den freundlich strahlenden Gastraum, wo sich an den Tischen kultiviert und sommerlich gekleidete Menschen aller Hautfarben essen und gesellig unterhalten, ohne sich von den Blicken draußen beobachtet zu fühlen. Nach der langen Dunkelheit kommt es uns wirklich vor, als ob wir aus dem Zuschauerraum auf die hell erleuchtete Leinwand mit bunten, gestochen scharfen Filmszenen blicken.

Ein flüchtiger Blick auf die Speisekarte am Eingang: „Eigentlich normale mittlere Preise."

„Nur mit den Plätzen sieht's mau aus", meint Moni.

„Stimmt, jetzt muss ich dir gestehen, dass im Reiseführer stand, man solle hier zwei Tage vorher reservieren – was ich aber wegen zwei Personen nicht so ernst nahm."

„Du bist gemein, wo ich doch vor Hunger kaum stehen kann!"

Währenddessen erhebt sich hinter uns, auf der Holzterrasse eine junge Familie mit drei quirligen Kindern vom Tisch.

„Da könnten wir doch auch sitzen. So kalt ist es ja doch nicht wie gestern Abend in Neuseeland?"

Es saß zwar sonst niemand mehr im Freien, aber geschützt vom Wind sind die 17 oder 18°C schon auszuhalten. Es ist auch die einzige Chance, heute noch was zu essen, denn bei aller Zuvorkommenheit der freundlichen Chefkellnerin könne sie uns beim besten Willen keine Hoffnung machen, dass in absehbarer Zeit drinnen was frei wird.

„Endlich wieder zu Hause im Warmen", atme ich entspannt auf, als wir gut zwei Stunden später wieder in unserem Bungalow sind und ich auf dem Bettrand sitzend die Socken von den Füßen ziehe.

„Ich bin auch froh, dass wir endlich schlafen dürfen, obwohl das Essen prima war, das uns die Bedienung fleischlos zusammengestellt hat."

„Doch, das war lecker. Bloß schade, dass es dann doch recht frisch wurde und das Essen auskühlte, bevor es seiner Bestimmung zugeführt war."

„Hauptsache satt – gute Nacht, Schatz!"

Südsee-Frühling

Und trotzdem freuen wir uns wieder auf's Essen, als wir wieder mit frisch geputzten Zähnchen und endlich mal ausgeschlafen zu unserem Frühstückshotel streben. Herrlich, der milde Wind und die strahlenden Farben im gleißenden Sonnenlicht. In der Ferne, am Ende der smaragdgrünen Lagune, leuchtet ein blendend weißer Streifen wie Sahneverzierung am Tortenrand – es sind hohe Wellen, die sich am Riff brechen.

„Aber heute will ich unbedingt nach Hause faxen", drängt Moni energisch, nachdem die Fruchtvitamine ihre Wirkung zeigen.

Der Filialleiter des Hotels, ein lockerer, aufgeschlossener Neuseeländer, schiebt uns bereitwillig ein leeres Papier über den Tresen, das wir auch gleich vollkritzeln.

„Wenn jetzt zuhause das Fax piepst, ist wohl Mitternacht und unsere Mädchen schlafen."

„Schlafen bezweifle ich, denn bei denen müsste schon Samstagabend sein, den wir erst heute Abend nachholen, sodass zumindest unsere Silvia (20) unterwegs ist ..."

„... und unsere Nicole (16) zieht wohl eine wüste Fete im sturmfreien Haus ab", ergänze ich.

„Wenden wir uns doch lieber weniger aufregenden Gedanken zu. Wir wollten doch in den Hauptort der Cookinseln, nach Avarua zum Einkaufen, und bald müsste der Clockwise-Bus kommen", fahre ich fort, während ich die ca. 4 Euro für das Fax über den Tresen schiebe.

Viel Geld für eine Minute. Aber noch wissen wir nicht, dass wir in französisch Polynesien das dreifache bezahlen werden.

Der „Uhrzeigersinn-Bus" kommt recht pünktlich, nachdem wir im Bungalow aufgeräumt haben und uns nun mit Rucksack, Camcorder und Dollars bewaffnet die Busstufe hochhangeln.

„Avarua", sage ich zur kraushaarigen Busfahrerin, während ich im Kleingeld wühle. Das interessiert sie gar nicht und sie fragt, ob wir in Avarua einkaufen wollen. „Yes“, antworte ich ertappt und wundere mich über ihre Hellsichtigkeit.

Was ich als Smalltalk oder Neugier deute, entpuppt sich schnell als aufmerksamer Service: „Samstags sind die Geschäfte ab 12 Uhr geschlossen“, erklärt sie und fragt, ob wir trotzdem mit wollen.

„So ein Mist, bis wir dort sind, ist es ja schon so weit.“

So stehen wir mit unserem überflüssigen Tatendrang ernüchtert am Straßenrand und schauen enttäuscht dem Bus nach, der in der Ferne entschwindet.

„Es war wohl eine falsche Erwartung zu glauben, dass das, was bei uns in südlichen Ländern üblich ist, auch für die noch südlichere Südsee gilt. Vor allem die lockeren Öffnungszeiten.

„Was machen wir jetzt mit dem Geld am Po der Welt – gehen wir spazieren?“

„Zuerst brauchen wir einige Lebensmittel und Getränke, um übers Wochenende zu kommen, wenn wir nur Abends essen gehen“, stoppt die Hausfrau meine geistlosen Ideen.

„Aber wo? Gestern hab ich vom Bus aus ein, zwei Kramläden gesehen, wenn ich nicht irre. Ich glaube der Erste dürfte nicht weiter als ein bis zwei Kilometer von hier an der Straße liegen.“

„Hoffentlich verschätzt du dich nicht zu sehr“, zweifelt Moni, als wir losmarschieren.

Die Straße ist leuchtend gesäumt von gold- bis rostgelben, kniehohen Pflanzenwedeln. Wie eine natürliche Straßenbegrenzung, die den weißen Strich und Straßenpfosten überflüssig machen. Vor allem Nachts, wo sie im Scheinwerferlicht hell aufleuchten, was bei der sehr schummrigen Straßenbeleuchtung auch hilfreich ist. Das Gelb der dichten Lanzettförmigen Blattbüschel erinnert an Trockenheit, ist aber „angeboren“. Manche Orchideenarten im Handel haben auch solche riemenförmige, oben abgerundeten Blätter. Wie wir später erfahren, ist das die richtige Spur, denn man nennt sie Tahiti-Lilien, sie sind aber mehr orchideenähnlich, allerdings mit einer kümmerlich, kleinen, weißen, kelchförmigen Blüte auf einem Stängel, die noch von millimeterdünnen, gelockten Hochblättern umgeben ist. Trotzdem muss man schon genau hinschauen, um in dem Blätterdschungel die wenigen kleinen Blüten zu finden.

„Schau, da links drüben ist ja auch ein Laden!"

Tatsächlich, nahe dem Meer sehen wir eine strohgedeckte Hütte mit Coca-Cola-Werbung. Gestern sahen wir die nicht, weil wir rechts im Bus saßen.

„Das wäre ja toll, meine Sommerschlappen sind eh keine bequemen Wanderschuhe. – Aber vielleicht ist es nur ne Bar?", zweifle ich.

Nein, ein richtig kleiner Tante-Emma-Laden mit alter, bebrillter, brauner „Emma" hinter'm Ladentisch.

„Kia-orana", grüßen wir mutig und hören auch gleich das Echo aus ihrem Mund. Toll, es ist immer ein kleines Erfolgserlebnis, wenn man in einer neuen Sprache verstanden wird.

Eine Eingeborenenkundin mit Strohhut, auch im reifen Oma-Alter, grinst uns mit ihren Zahnlücken neugierig an macht gleich weiter mit dem Sprachunterricht in Polynesisch: „Peea koe?", fragt sie und buchstabiert es mehrmals, gestenreich in polynesisch. Schließlich in englisch, weil unsere Gesichter nicht sehr intelligent gucken: „Wie geht es?"

„Maitaki" für danke, verstehen wir schon schneller. Und als wir endlich mit unserer Plastiktüte losziehen, wiederholen wir fröhlich winkend ihr „Kia manuia", das nur „Auf Wiedersehen" heißen kann.

Zwei junge Mädchen putzen Gemüse vor dem Laden. Mein German-english verstehen sie überhaupt nicht, als ich mit ihnen schäkern will, und Monis ordentliche Schulübersetzung ringt ihnen nicht mal ein mitleidiges Lächeln ab.

Na-ja, denke ich mit einem kurzen Anflug von Sentimentalität, bei alten Damen scheine ich mehr Chancen zu haben. Ein

Zeichen, dass man als Mittfünfziger doch eine Grenze zum reiferen Alter überschritten hat.

Was soll's, die Sonne lacht und die Palmen winken. Jedenfalls bin ich glücklich, dass ich meinen größten Traum, die Südsee, noch erleben und erfühlen darf.

So wandern wir die gelb gesäumte Straße zurück, bis ich an einer Seitenstraße vorschlage: „Wir könnten doch etwas landeinwärts spazieren, wenn wir jetzt so viel Zeit haben."

So wandern wir einen Feldweg leicht bergan und bewundern Pflanzen und Bananenstauden, als ich plötzlich erschrecke: „Ojeh, schau...!" Ein wuchtiger dunkler Schatten neben einem Busch mit kleinen spitzen Ohren, starrt uns unbeweglich an.

„Obelix hätte die größte Freude – das ist ein riesiges Wildschwein", stelle ich etwas leiser fest, denn mir ist es etwas mulmig, Wildschweine sollen doch gefährlich sein, und hier steh ich, auf kaum drei Meter einem gewaltigen Keiler gegenüber. Der erste in meinem Leben und noch fast einen Meter erhöht schaut er mich kess in Augenhöhe an.

Nicht schnell bewegen, denke ich. Aber eigentlich gucken die kleinen Äuglein freundlich. Kann es sein, dass der hier als Haustier gehalten wird und frei auf den Feldern rumläuft? Keine Ahnung – irgendwie wirkt er zahm und ich hebe langsam die Kamera und filme mutig den Schwarzkittel und brummle dabei zu meiner Partnerin: „Der ist sicher satt und zufrieden, sonst ließen ihn die Einheimischen nicht so frei herumlaufen, wie die Ziegen da drüben."

Bald stehen wir vor einem einfachen Gemüsestand. Ein Tisch am Rande eines vielseitig bepflanzten Feldes. Eine jüngere, kräftige Maorifrau und ein jugendlicher Mann arbeiten in der grellen Mittagssonne.

Als wir die Kreideschrift auf der Preistafel entziffern, kommt sie, sich müde den Schweiß von der Stirn wischend näher und erklärt uns geduldig, was da alles vor uns liegt.

„Gebildet", wie wir sind, erkennen wir Melonen und Bananen

sofort. Dann gibt es aber noch eine Vielzahl bizarrer Wurzel- und Knollengemüse, die nicht so malerisch und appetitlich aussehen.

So lernen wir von der Süßkartoffel über die Maniok- bis zur Yams- und Tarotwurzel, deren dreieckigen Blätter gerade fröhlich vom Feld herüberwinken, praktisch alle gängigen Gemüsearten von Rarotonga kennen.

„Soll ich Ihnen etwas kochen?“, fragt die Frau, nachdem ich noch ausgiebig ihren Acker studiert und einige Pflanzen gefilmt habe.

Eine Kochgelegenheit sehe ich nicht und vermute, dass sie uns irgendeine Rohkost zusammenschnibbeln will, was mich aber nicht anmacht, ohne zu wissen, ob uns die schrumpligen Knollen schmecken. So kaufen wir ganz bieder ein paar Bananen und eine Kokosnuss für unseren Mittagsimbiss.

Auf dem Rückweg, an der Hauptstraße, bewundern wir die Blütenfülle einer Villa, die darin völlig versteckt ist. Laut kläffend erschrecken uns drei kleine Pinscher verschiedener Rassen, die aus der Garageneinfahrt wild auf uns zurasen. Erschreckt weichen wir im Moment zurück – man weiß ja nicht, ob noch ein echter Wachhund folgt.

Stattdessen hören wir Kinderstimmen, und schon schälen sich zwei putzige kleine Kinder aus der Blütenfülle. Eines mit Lockenkopf und kurzem Hemd, das wie eine kleine Putte oder Elfe aus den Blütenbüschen krabbelt. Schon folgen zwei ältere Mädchen zwischen zwölf und vierzehn. Die Ältere mit einem hübschen Gesicht unter der roten Schildmütze ruft die Hunde und die Kleinen zurück. Sie wirkt recht reif, und nachdem wir ihren Slang einigermaßen verstehen, sind wir angenehm überrascht, weil sie sich sogar bei uns entschuldigt, weil uns die Hunde erschreckt haben.

Ob sie hier wohnen? – Nein sie seien hier in Ferien und die Eltern würden gerade schlafen, antwortet sie auf meine Frage.

Aufgeschlossen erklärt sie uns auch einige Blumen und Pflanzen, nach denen wir sie befragen. Selbstbewusst steckt sie Moni eine frisch gepflückte Hibiskusblüte hinter das rechte Ohr, so wie sie links eine trägt als Zeichen, dass sie noch zu haben ist.

Dann lässt sie uns an einem unbekannten dunkeln Nusskern, ähnlich einer Pistazie knabbern, von denen sie selbst schon welche kaut. Erst als sie zum fünften mal den Namen wiederholt, geht mir ein Licht auf, was es ist: „Ach, Tamarinde?"

„Yes", antwortet sie kopfnickend, trotz meiner deutschen Betonung.

„Schmeckt etwas süß-sauer, das dünne Fruchtfleisch."

„Ja, komisch, was es alles gibt", antworte ich, als wir weitergehen und uns begeistert über die freundliche Aufgeschlossenheit der Kinder unterhalten.

„Das war doch jetzt ein schöner Ersatz für den verpatzten Einkaufsbummel", reflektiere ich nochmals die Erlebnisse, während wir an der windgeschützten Rückseite unserer Komfort-Hütte unseren Nachmittagsimbiss aus Keksen und Früchten knabbern.

Vorgestärkt will ich jetzt die frische Kokosnuss „Henry-like" öffnen. Mangels eines dicken Stockes, nehme ich einen schweren Stein und klopfe vor laufender Kamera auf die harte Nuss – ohne Erfolg.

Moni darf noch fleißig weiterfilmen, denn erst beim dritten Versuch gibt es ein trockenes Knirschen und schon rieselt mir die wässrige Milch durch die Finger.

„Mensch, schau, das Whiskyglas ist schon voll und es ist immer noch Flüssigkeit drin. Das ist ja mehr als ein viertel Liter", rufe ich aus, nachdem ich die triefende Nuss auf das Glas gelegt hatte. „Da sieht man, wie die Früchte nach einer halben Weltreise schon ausgetrocknet sind, bis sie bei uns im Supermarkt liegen."

Während wir die süße Kokosmilch schlürfen, beobachte ich

die zwei schwarzen Vögel, die vorsichtig um unseren Tisch hüpfen.

„Das scheinen hier die Amseln zu sein, nur dass sie mit ihrem metallic-schimmerndem, blauschwarzem Gefieder noch eleganter aussehen."

„Ja, diese Art sieht man hier wirklich oft", bestätigt Moni.

So genießen wir den ruhigen Nachmittag, bewundern die bunten Blumen und spielen mit den faulen Katzen, bis ein Jeep laut einbiegt und knirschend neben unserem kleinen Pool nebenan hält. Ein Mann und ein junges Mädchen steigen aus, laden Tauchzeug und Gasflaschen ab. Er hilft ihr beim Anlegen und springt dann mannhaft zuerst in den kalten Pool, während sie einige Schockschreie ablässt, bis sie unter Wasser ist.

„Ja ja", grinse ich, „freiwillig würde ich auch nicht in dieser Südsee-Kaltschale baden", während wir nun diesem Privattauchkurs zuschauen.

Tamure-Vizeweltmeister

„Die Sonne steht schon wieder tief – es ist fünf vorbei – ich glaub, ich geh schon mal duschen und Haare waschen, wenn wir heute Abend zur Island-Night wollen“, holt mich Moni aus meinen Träumereien.

Richtig, ich muss mich ja auch noch etwas hübsch machen, damit wir nicht den Clockwise-Bus zum Edgewater-Hotel verpassen. Bin gespannt, ob die Tamure-Tänze hier wirklich so gut sind. Die sollen auf den Cookis noch am ursprünglichsten erhalten sein. Die Missionare hatten es hier wohl nie ganz geschafft, diese unsittlichen Tänze auszurotten. So finden hier jedes Jahr im April die mehrtägigen Südsee-Tamoure-Tanzfestivals statt. Praktisch eine Olympiade aller Südsee-Volklore-Tanzgruppen.

Das ist uns wichtig! – Das wollen wir nicht wieder verpassen wie damals auf Hawaii, wo die Hulatänze im Freien wegen matschigen Bodens vom nächtlichen Regen ausfielen. Denn wegen einiger Palmeninseln muss ich nicht um die Welt fliegen. Die gibt es auch näher, in der Karibik oder auf den Malediven. Erst die typische Musik und Folklore machen das Südseeflair aus, das mich schon in der Jugend berührte, wenn ich schmalzige Hulaweisen hörte.

„Jetzt geht's los!“, raune ich zu Moni. Alle Lichter sind aus im Saal und aus dem Dunkel der Bühne ertönt wildes Trommeln, begleitet von grellen Urschreien. Schnell husche ich durch das Dunkel nach hinten im Saal, um die Bühne, über die Köpfe der Zuschauer, besser im Blick zu haben. Den ohnehin schwachen Akku hätte ich schonen können, denn die Trommlerei zieht sich fast fünf Minuten hin, ohne dass die Bühne hell wird.

Immerhin, das warme Buffet, das der Vorstellung vorausging, war gut und reichlich und exotisch dekoriert. Vor allem am verführerischen Dessertbüfett habe ich mich total übernommen. Das schwarz-weiße Tiramisu flutschte auch so zart über den Gaumen und jetzt scheint es im Bauch aufzugehen wie ein Hefeteig. Trotz der Lockerung um drei Gürtelrasten spannt mein Bauch wie ein praller Luftballon. So bin ich froh, dass ich mich etwas bewegen kann.

Endlich erscheinen die wilden Kriegstänzer im Licht. Braune, muskulöse junge Männer in Strohröcken und mit Speeren fuchtelnd. Allein wirken sie für „Mann“ nicht so faszinierend. Erst als die strahlend hübschen „Vahines“ hüftwackelnd hereinschweben, wird das Bild vollkommen.

Ganze Legenden werden getanzt und im Gesang erzählt, ergänzt durch die graziöse Zeichensprache der Hände und dem unverkrampft strahlenden Lächeln.

Im Gegensatz zu den gestylten, fast krampfhaft perfekten Fingerbewegungen der Bali- oder Thaitänzerinnen wirkt hier alles natürlich. Trotz der synchronen Bewegungen locker und harmonisch, dass selbst die Darstellung von Kochen und Essen mit den Fingern bei leichtem Hüftwiegen zu rührenden Klängen eine Eleganz und Harmonie ausstrahlt, die verborgene, fast himmlische Gefühle in einem weckt. Die Mädchen mit ihren hüftlangen, duftigen Haaren verstärken diesen engelhaften Eindruck, der wieder angenehm entheiligt wird, durch die braun glänzenden Schultern und den Kokosnuss-BH. Engelhaft bei diesem Tanz der seidenglänzende, bodenlange Pareo, unter dem die nackten Füße fast behutsam den Rhythmus treten.

Das Lied von Rarotonga geht uns echt unter die Haut, dass ich ein Gefühl von Heimweh und Sehnsucht empfinde, als ob ich schon als Kind hier gelebt hätte. Moni empfindet es ähnlich rührend und meint, „vielleicht haben wir in einem Vorleben mal hier gelebt – warum zog es uns daher?“.

Genug der Schwärmerei, die ewig schlapp machenden Video-Batterien zwingen mich zur Realität. Die beiden Akkus konnte ich hier noch nicht aufladen, weil die Steckdosen hier schräg stehende Schlitze haben, im Gegensatz zu dem Ami-Adapter mit senkrechten Schlitzen, den ich dabei habe. So wechsle ich laufend die Batterien, damit sie sich wieder für kurze Aufnahmen erholen können und hüpfe dabei zwischen Säulen und Tischen umher, um die besten Blickwinkel zu erhaschen.

So erleben wir ein buntes Programm mit verschiedenen Tänzen und Rhythmen. Die verschiedenen Altersgruppen wechseln sich in unterschiedlichen Kostümen ab. Auch sehr junge, dünngliedrige Mädchen tanzen selbstbewusst mit, genauso wie einige süße Kleinkinder, wie Putten mit „Wurstärmchen" über'm Baströckchen. Es sind ja alles Amateure und die ganze Inseljugend scheint vertreten zu sein. Wie bei uns etwa Trachten- oder Musikvereine hat hier jedes Dorf seine Tamouree-Gruppen, wo die vorwiegend weibliche Jugend mitmacht. Darum wirkt alles so echt und locker und über kleine Fehler kichern sie selber fröhlich.

Schon während des Essens sahen wir von unserm Tisch am Fenster, wie sich in der unbeleuchteten Finsternis im Freien viele dunkle Schatten bewegten. Es waren die ersten Tanzgruppen die sich am Bühneneingang aufstellten. An der Art, wie sie aufgekratzt scherzten und einzelne sich unermüdlich mit Hüftwackeln warm tanzten, konnten wir fasziniert erkennen, mit wie viel Freude und Ernsthaftigkeit die Jugend diese Auftritte wöchentlich mitmacht.

Zum Höhepunkt des Programms zeigen nun die bildhübschen „älteren" Tänzerinnen, die Twens, ihr langjährig geübtes Können bei immer schnelleren Trommelrhythmen mit rasantem Po- und Hüftwackeln, in langen schwingenden Hanfröcken, das sich fast zum Stakkato steigert, aber bei unbeweglichem Oberkörper. Sie scheinen wie Puppen, die einen Elektromotor unterm Bastrock eingebaut haben.

Der Oberkörper scheint regelrecht vom Unterkörper getrennt zu sein. Denn wenn ich die Gesichter ranzoome, ist im ausgeglichenen Lächeln kein Vibrieren oder Krampfen zu erkennen. Der Oberkörper steht völlig ruhig, ähnlich wie beim Flamencotanz, nur die Arme bewegen sich ruhig fließend, auch wenn der Unterkörper wie ein Sahnequirl rotiert.

Die Männer dagegen haben eine andere Technik, indem sie

ihre Partnerin wie ein Hahn umwerben. Nein, sie krähen nicht und plustern sich auch nicht auf. Viel anstrengender: Sie gehen leicht in die Kniebeuge und klappen ihre schweißglänzenden, muskulösen Oberschenkel im Trommelrhythmus schnell und schneller auf und zu. Mit den Unterarmen und flachen Händen werden genauso schnelle, scherenartige Bewegungen über den Beinen gemacht.

Das muss die Mädchen früher mächtig angemacht haben. Denn jetzt blitzt seitlich nur noch die Tangabadehose unterm blauen Lendenschurz vor. Die hat ja ursprünglich ganz gefehlt – das musste die prüden Missionare einst ja schocken, weshalb sie diese „schweinischen Balztänze" als Todsünde auszurotten versuchten. Zum Glück hier nicht so nachhaltig, weshalb andere Inselvölker, auch aus französisch Polynesien, ihre Tanzlehrer von den Cookinseln anheuern.

Aber jetzt sind wir Zuschauer dran. Südseeinsulaner wollen keine steifen Gaffer. Sie sehen Fremde immer noch als Gäste, und Gäste essen nicht nur, die tanzen natürlich auch mit.

Lautstark kündigt der Ansager aus der Musikband den Tanzwettbewerb der Zuschauer an und stellt erst mal die anwesenden Nationen vor, indem er die wichtigsten „Wohlstandsländer" aufzählt, worauf sich deren Anwesende per Handzeichen melden.

Es ist schon faszinierend, wie viele Nationen sich in dem kleinen Festsaal zusammengefunden haben. Alles Individualreisende, denn von keinem Land melden sich mehr als zehn Leute. Außer von den USA, aber die sind aus verschiedenen Bundesstaaten zusammengewürfelt. Dann folgen natürlich die Australier und Neuseeländer. Nachdem wir es als Deutsche gewohnt sind, dass wir in allen Touristenländern dominieren, als ob wir noch eine einstige Kolonialmacht wären, fühlen wir uns hier als die verlassenen Exoten eines Kleinstaates.

Denn als der Sprecher „Germany" aufruft, stehen wir zwei erwartungsvoll auf und sind gespannt wie viele andere Deutsche wohl noch hier sind. Aber nur noch ein Paar, dem wir grinsend zunicken, steht verloren in der Menge der rund 150 Gäste. Dagegen sind Schweizer, die gerne in Gruppen reisen, mit acht Leuten vertreten, gefolgt von „Wikingern“ aus Norwegen und Schweden, die sich lautstark melden.

„Ja, sind wir hier bei den Winterspielen?“, entfährt es mir spontan, als auch bei Österreich und Kanada einige Leutchen aufstehen, währen die „Grand Nation“ Frankreich, gar nicht vertreten ist.

Einen offiziellen Österreicher, der hier schon ein halbes Jahr arbeitet, hatte ich zuvor schon am warmen Buffet unter einer Kochmütze an seinem Slang enttarnt.

Es ist so weit. Die Tamoure-Tänzer und Tänzerinnen schwärmen ins Puplikum aus, um Tanzpartner aufzufordern. Am Nebentisch in unserer Nähe kämpft eine hübsche junge, vielleicht Viezehnjährige – geschminkt wirken sie zwei bis drei Jahre älter – mit einem der spröden Norwegerjungs. Er geniert sich und gibt ihr einen Korb, trotz deren fast flehentlichen Bittens. Immerhin rettet sein Begleiter die Ehre Norwegens und lässt sich von einer anderen Schönen zur Bühne führen.

„Sieh doch, er geht auch ...“, fleht die Kleine weinerlich. An der Enttäuschung und Hilflosigkeit sieht man, dass die Mädchen keine Profis sind und die Ablehnung nicht so locker wegstecken.

Leider kann der Mittzwanziger seine Hemmungen nicht überwinden. Wo er eigentlich deutlich sieht, dass er dem noch pubertären Mädchen eine schmerzhafte und peinliche Blamage vor so viel Menschen zufügt. – Offenbar hat der junge Nordländer weder den Reiseführer noch die Cook-Island-Touristenzeitung gelesen: „Enttäuschen Sie unsere Jugend nicht ! ...“, schreibt diese in einer Schlagzeile, „... es gehört zur Erwiderung der Gastfreundschaft, dass man einen Tanz nicht ablehnt, denn die Jugendlichen fühlen sich verletzt, auch bei solch offiziellen Auftritten“, fährt das Blatt sinngemäß fort.

Hart und unerweichlich schüttelt er den Kopf, als sie ihn wiederholt anfleht und hilfesuchend um sich schaut, weil jüngere Männer inzwischen vergeben sind und sie es nicht fassen kann, so abweisend behandelt zu werden. Denn mit dem Begriff Schüchternheit können solche unkomplizierten Völker wohl gar nichts anfangen.

Mensch Junge, denke ich etwas verärgert, weil mir das Mädchen leid tut, ... in meinem Alter wärst du geschmeichelt, wenn dich ein hübsches Südsee-Girl zum Tanz auffordert, egal, wie peinlich es werden könnte. Ich lege instinktiv die Kamera aus der Hand, während Moni eine Kopfbewegung zur Seite macht.

Tatsächlich, ich erschrecke fast, da steht sie schon leibhaftig vor mir – die Herausforderung, an die ich eben noch gedacht habe: Aus samtener dunkler Haut lachen mich große weiße Augen an, dass ich erst mal skeptisch hinter mich schaue, ob nicht ein anderer gemeint ist.

... sie hat wohl auch nichts Jüngeres gefunden, denke ich, meine Eitelkeit strafend, während der wippende grüne Palmblätterrock und der hübsche Kopfputz mit exotischer Erotik locken. Entschuldigend schaue ich zu Moni und denke: Warum dieses schlechte Gewissen, dieses Tanzschülergefühl, dass ich mich womöglich bei meiner Partnerin entschuldigen muss, weil mich eine andere auffordert? Aber wenn man Jahrzehnte keinen Tanz mit einer fremden Frau, oder gar ne Damenwahl erlebt hat, fühlt man sich schon etwas untreu und wie einst von der „Mama" kontrolliert.

Aber „Mama" lächelt wohlwollend, ist also nicht eifersüchtig und ich schiebe ihr die Videokamera hin, während ich aufstehe und hoffe, dass sie vielleicht von einem jungen „Kanaken" (einst der Name für die Ureinwohner von Hawaii) aufgefordert wird.

So kauern wir mit den andern Wettbewerbspaaren um die Bühne, während uns der Ansager die Regeln erklärt.

Ganz so taufrisch ist sie auch nicht mehr, denke ich, als ich meine Hula-Frau von der Seite näher betrachte. Etwas mollig und älter, aber schwer zu schätzen in dieser Aufmachung. Vielleicht 25, oder auch schon über dreißig? Dunkelhäutige sind ohnehin schwer zu schätzen. Junge schätzt man oft viel älter, Ältere wieder jünger, wenn sie noch gute Figur haben.

So geht es jetzt wohl diesem Ami neben uns, der seine sehr junge Partnerin einfach ignoriert und mit funkelnden Augen wie ein aufgedrehter Playboy mit meiner Schönen flirtet und mich mit seiner breiten Schulter massiv wegdrängt, dass ich das Gefühl habe, er will mich nach Westernmanier ausstechen. Mit meinem bescheidenen Wortschatz fühle ich mich total geknebelt und belasse es bei gewissem körperlichem Widerstand, um mich als Auserwählter zu behaupten.

Unmöglich, das Verhalten, denke ich verärgert, denn ich weiß, das ist der junge Familienvater aus Kalifornien mit zwei halbwüchsigen Töchtern am Nebentisch. Vor dem Essen saß er mit seiner Family noch steif da, ohne ein Wort zu reden. Aber jetzt, zwischen den kokosnussbusigen Hulamädchen, führt sich der Mittdreißiger wie ein junger Gockel auf und vergisst dabei seine gestylte Frau und die Kinder, die ihn mit offenen Mündern von hinten beobachten.

Auf der Bühne tanzen jetzt schon die ersten aufgerufenen Paare. Ach, wie peinlich, die machen das ja richtig ernst. Ein Tanzwettbewerb mit Ausscheiden, bis das Siegerpaar übrig bleibt, wird mir langsam klar. Erst tanzten alle dicht gedrängt auf der Bühne. Eng aber im Schutz der Masse, dass man sich von den Zuschauern nicht so beobachtet fühlt. Aber jetzt knien fast alle am Bühnenrand und schauen, wie die drei bis vier Paare, die der Sprecher ausgewählt hat, alleine auf der freien Fläche herumwackeln.

Meine Partnerin ignoriert inzwischen den Ami, wenn er auf sie einredet, und spricht mir mit erhobenem Daumen Mut zu, dass ich es gut gemacht hätte.

Nett von ihr, sicher hat sie etwas Mitleid mit dem älteren Herrn. Selbst fühle ich mich völlig daneben. Obwohl ich die Eingeborenen gut beobachtet hatte, mit ihrer „Scheren-Schenkeltechnik“, musste ich feststellen, dass das viel schwerer geht, als es aussieht – vor allem auf den schnellen Trommelrhythmus. Ich fühlte mich bald total steif und verkrampft, bei dieser ungewohnten Gymnastik. Vor allem die anstrengende Stellung in halber Kniebeuge lässt einem schon nach ein paar Takten die Knie mehr zittern als wackeln und ich fürchte, dass ich nach dem nächsten Auftritt voll in die Knie gehe.

Ach, wir Deutschen müssen ja nicht immer solche Perfektionisten sein. Das ist eine Gaudi und ich sollte es wie die Italiener und Amerikaner machen, die gerade vortanzen und albern wie beim Ententanz mit dem Hintern wackelnd um ihre Partnerinnen herumhüpfen.

Aber nein, die Cook-Insulaner sehen das nicht als Karneval und wollen mit ihrer Tradition ernst genommen werden, denn alle diese Eigenimprovisationen scheiden aus. Nur eine Schweizerin und ein Neuseeländer bleiben von den vier Paaren übrig.

Als ich nach der nächsten Ausscheidung wieder mit klapprigen Kniegelenken neben meiner Partnerin auf die Jury-Ergebnisse warte, höre ich etwas wie „Germany, auf Wiedersehen", und denke, geschafft, ich bin erlöst. Durst hab ich auch wie ein Nilpferd und schaue fragend in die weißen Augen, als ich andeute aufzustehen. Aber die Palmblätter auf ihrem Kopf schütteln ein energisches „nein" und an der anderen Bühnenseite sehe ich die einzigen deutschen Mitbewerber von der Bühne gehen, während der Ansager noch etwas andeutet, dass das noch nicht alles von Germany gewesen sei.

Beim weiteren Lautsprechergequäke höre ich nicht mehr genau hin. Ich träume nur von einem Stuhl und einem oder besser zwei kühlen Weizenbieren. Oder vielleicht noch von einem Sklaven, der mir Wind zufächelt.

Aber meine Tamoure-Trainerin drängt mich in die Bühnenmitte, lacht mich aufmunternd an und applaudiert mir, während ich aus dem Lautsprecher ein laut jubelndes „Tschöörmeniiee" höre. – Was war das denn? „Wir haben den zweiten Platz ...", kopple ich die letzten Worte zusammen, während ich mich spontan mit ausgebreiteten Armen beim applaudierenden Publikum aus aller Welt und mit Wangenküsschen bei meiner strahlenden Hula-Maid bedanke. Die ist natürlich vor der Band und ihren Freundinnen auch stolz, dass sie aus der Masse einen „solch begabten Touri“ ausgewählt hat.

„Sowas, ich alter Knabe mit meinem verkrampften Kniegezitter soll Vizeweltmeister geworden sein?“, murmle ich ungläubig vor mich hin, während mich meine Kleine von der Bühne zieht, wo nur noch ein Paar wartend steht. Zu dumm, jetzt habe ich ganz verpasst, welche Nation den dritten Platz gemacht hatte.

Auf dem Weg zum Tisch dröhnt aus den Lautsprechern: „Den 1. Preis im Tamoore-Tanzwettbewerb dieses Abends hat gewonnen... Noorweyyyy !“, während seine Fans und Begleiter lautstark jubeln. Da, schau an, staune ich, dieser entlaufene Segelmast eines Wikingerbootes. Mit seinen langen Beinen muss die Scherentechnik wohl sehr eindrucksvoll gewesen sein.

„Hast du die Sensation festgehalten?“, frage ich die lachende Moni gleich am Tisch.

„Wohl nicht viel“, erklärt sie schulterzuckend, „der Ansager hat so lange geredet und dann war der Akku alle und das mit dem Auswechseln klappte nicht richtig.

Vielleicht habe ich einen Preis gewonnen? Aber Moni hat das akzentstarke Englisch des Ansagers auch nicht verstanden und selbst sind wir Ausländer unter Ausländern die wir nicht befragen können. Das kann die Strafe sein, wenn man nicht gerne Sprachen lernt und dadurch vielleicht einen Gratisurlaub oder wenigstens ein Glas Mai-Tai verschenkt. Das war einst auf Hawaii eine Rumboule mit Ananas. Den Kater, den wir damals nach einer Bootsfahrt nach mehrfach eingeschenkten Gläsern hatten, wollen wir auch nicht wieder erleben.

Tamure-Show

und

Tanzwettbewerb

Der „Vize-Weltmeister“ mit ··

··· seiner

Lehrerin ···

und morgens auf ···

exotischem

Bettdekor

Aber was soll's, es war ein herrlicher, erlebnisreicher Abend, sind wir uns einig, als wir im Dunkel mit anderen plaudernden Gästen am Busstopp vor dem Hotel stehen. Denn um 23 Uhr soll uns der Anti-clockwise-bus zurückbringen.

„Nee, falsch", stellen wir nach genauerem Studium des Fahrplanes enttäuscht fest, „zuerst kommt der Clock-wise-bus Richtung Avarua und eine halbe Stunde später der gegen den Uhrzeigersinn in unsere Richtung." Und schon sehen wir die Lichter des heranrumpelnden Busses.

„Weißt du was", habe ich eine spontane Idee, „steigen wir doch in den ein und fahren über Avarua um die Insel, dann sind wir gerade zu Hause, wenn hier der andere Bus erst wegfährt."

„Das ist der Vorteil einer kleinen runden Insel", ergänzt Moni als wir einsteigen.

Fünf Minuten später sind wir schon in Avarua. Der Busfahrer ratscht die Handbremse und steigt aus, denn in der Hauptstadt hält der Bus länger. Nach zehn Minuten dösen werde ich unruhig, weil der Fahrer immer noch Zeitung lesend auf der Wartebank unter der schummrigen Straßenlaterne sitzt und keine Anstalten macht, bald einzusteigen. Zudem sind wir die einzigen Gäste, die warten.

So steige ich aus und frage den älteren Maori mit weißen Kraushaaren und schwarzer Brille, wann's denn weitergeht.

„Schön reingelegt haben sie uns", rufe ich Moni im Bus zu. „Dieser letzte Bus fährt nicht weiter im Uhrzeigersinn, sondern macht hier ne halbe Stunde Pause, um dann anti-clockwise zurückzufahren. Die halbe Stunde hätten wir länger im Hotel genießen können, denn dort halten wir auf der Rückfahrt wieder. Willst du nicht im Freien warten?"

Es ist ihr zu kühl, also setze ich mich zu dem Fahrer auf die Bank, weil ich merkte, dass er einer Unterhaltung nicht abgeneigt ist.

So erfahre ich nach anfänglichem Smalltalk, dass er schon 62

Jahre alt ist. „Wie lange müssen Sie noch arbeiten?“ frage ich weiter.

„Solange es geht. Ich bin schon Rentner seit 60, jedoch ist die Rente so klein, dass ich nicht davon leben kann.“

Auf der Weiterfahrt setze ich mich gleich in die erste Reihe neben dem Fahrersitz und bin etwas stolz und überrascht, wie viel ich mit meinen wenigen Englischbrocken von ihm erfahre. Vielleicht weil er langsam und in einfachen Sätzen spricht. Vielleicht auch weil ich die gleiche „Wellenlänge“ bei ihm spüre, wie unter alten Freunden. Er versteht, was ich meine, auch wenn ich nach fehlenden Worten ringe und umgekehrt.

So hat er nur eine Rente von ca. 100 Euro und trotz der Busfahrerei komme er kaum auf 500 Euro im Monat. Und das bei etwa gleichen Lebensmittelpreisen wie bei uns. Er lebe halt bescheiden und die Miete sei zum Glück nicht hoch.

„Aber man muss sich doch auch mal neue Kleider leisten?“

„Yes, zum Glück gibt es gelegentlich Spenden aus Kleidersammlungen von Neuseeland und Europa – like this“, fügt er hinzu und zupft am Ärmel seiner warmen, aber abgeschabten Jacke.

Innerlich nehme ich es erfreut zur Kenntnis, dass also unsere oft umstrittenen Kleidersammlungen manchmal doch an die richtige Adresse kommen. Aber schon quietschen die Bremsen, währen er „Little Polynesien“ ausruft und mir dabei augenzwinkernd zunickt.

Schade, diesmal war mir die Fahrt zu kurz. Schnell krame ich noch ein Trinkgeld zusammen, verabschiede mich herzlich von ihm und stolpere mit Moni von der Bustreppe ins Dunkel der Nacht.

„Heute gibt's nix, heut' ist Sonntagsruh …"

Herrlich ausgeschlafen schlabbern wir im Schatten der weißen Holzpergola des „Moana Sands" unser Frühstücksei und lecken unsere klebrigen Finger von den Mango- und Ananasstücken.

Die Südsee endlich fühlen und genießen ist heute angesagt, denn selbst der öffentliche Verkehr hat heute Ruhetag – da haben die Missionare hier mehr durchgesetzt als der Papst – wodurch sich jede Ausflugsplanung erübrigt.

Wenn schon kein Badewetter bei dem „eisigen" Ostwind, der auf der Meerseite des Hotels bläst, bleibt wohl nur der Kirchgang? Den wollen wir, nicht aus Frömmigkeit, sondern weil die so schön singen, wie der Reiseführer verrät.

„Wie weit ist es bis zur Kirche?" frage ich beim Gehen unsere lagoonblaue Maori.

Schon habe ich sie wieder mit etwas Neuem erschreckt und sie verschwindet schnatternd in der Küche, um kurz darauf mit einem hellhäutigen Koch zu erscheinen.

„Sie wollen zur Kirche?", fragt er uns in perfektem deutsch, während er sich seine Hände an der Schürze abtrocknet.

„Oh, ein deutscher Koch", entfährt es mir, „oder nein, habe ich nicht einen österreichischen Akzent herausgehört?"

„Nein, mein Name ist Felix und ich bin Schweizer. Aber Sie haben vielleicht doch richtig gehört, denn zuletzt hatte ich einige Jahre in Österreich gearbeitet."

Felix und seine Frau sind echte Aussteiger. Beide erst Anfang dreißig und schon zwei Jahre auf Rarotonga.

„Schon bereut oder langweilig?"

„Nein, niemals. Natürlich wollen wir nicht ewig hier bleiben, aber im Moment gefällt es uns noch sehr gut und wir sind froh, dass wir dem europäische Stress entronnen sind."

„Aber arbeiten müssen Sie hier ja auch?"

„Natürlich, aber in Grenzen. Ich koche hier nur an drei Tagen in der Woche, das ist auszuhalten."

„Allerdings, das ist nicht viel – beneidenswert."

„Ja, wir wollen's ja auch nicht übertreiben", meint er grinsend, „wir sind schließlich zum Leben hier."

„Ja, kann man davon leben?"

„Es reicht gerade. Meine Frau arbeitet ja auch noch und außer Essen braucht man hier zum Glück nicht viel."

„Aber wärmer hatte ich es mir hier doch vorgestellt. Der tagelange kühle Ostwind lässt einfach keine Tropenstimmung aufkommen."

„Das ändert sich spätestens in zwei Wochen. Im Vergleich zum europäischen Frühjahr haben wir jetzt erst April. Aber so Anfang bis Mitte Oktober kann es schon drückend schwül werden."

„Für uns leider zu spät. Aber trotzdem werden wir heute noch einen geschützten Badeplatz suchen", prophezeie ich optimistisch und wünsche Felix einen schönen Aufenthalt und er uns auch.

Zurück im Bungalow setze ich mir in den Kopf, als erstes die Video-Akkus zu laden. Denn morgen ist der Tagesausflug nach Aitutaki gebucht, dem zweitschönsten Atoll nach Bora-Bora, wie behauptet wird.

„Du, ich frag mal drüben bei dem netten Ami-Pärchen, ob die so nen komischen Südseeadapter ausleihen, wenn wir schon nirgends so'n Ding kaufen können." Sagt's und marschiert schon rüber, denn der Mietroller vor ihrer Hütte garantiert, dass sie noch da sind.

Ohne den Roller könne man hier nicht leben, erklären sie und schimpfen auch über den Dauersturm an unserer windigen Ecke. Obwohl unsere Anlage den schönsten Schnorchelstrand der Insel haben soll, konnten sie in zwei Wochen auch nur zwei mal hier baden. So flüchten sie täglich mit dem Roller an die windgeschützte Westküste, wo man ungestört braten kann.

Den Adapter bekomme ich auch. So steckte ich jetzt meinen

USA-Adapter auf den Stecker des Ladegerätes und den Neuseeland-Adapter mit seinen trapezförmigen Stecknippeln und diese wacklige Dreifachpaarung in die Steckdose. So, das lückenlose Südseevideo ist damit gesichert und wir können endlich losziehen.

Nach fünfzehn Minuten stehen wir schon vor der ältesten Kirche von Titikaveka und hören lautstarke Predigerworte aus der offenstehenden Kirchentüre. Der Friedhof um die Kirche ist reich mit sargähnlichen, klobig betonierten Grabmälern umgeben, die weiß-blendend in der Sonne leuchten.

„Die graben ihre Leute wohl nicht richtig ein und betonieren nur den Sarg zu“, murmle ich vor mich hin.

Nachdem wir ausreichend durch Tür und Fenster in die übervolle Kirche gegafft haben, setzen wir uns auch auf zwei Gräber, wie zwei andere Touristen, die sich auch ob der unverständlichen Maoripredigt langweilen.

Aha, nach gut zehn Minuten ist die Predigt zu Ende. Wir stehen auf und ich stelle meinen Walkman auf Aufnahme. – Aber nein, jetzt spricht einer in donnernd lautem Englisch in's Mikrofon.

Ob diese erste christliche Kirche auf „Raro“ von 1851 auf John Williams, den ersten Missionar der Londoner Missionsgesellschaft von 1823, zurückgeht, bezweifeln wir, da die Priester nicht anglikanisch wirken. Es ist eine von zwölf Kirchen der Insel für die rd. 10.000 Einwohner. Später sollen noch amerikanische Sekten missioniert haben.

Über dem schlichten Altartisch erhebt sich eine Art zweistöckige Kanzel. Auf der obersten Tribüne fuchtelt jetzt wortgewaltig ein gewichtiger Amerikaner, der im dunkelblauen Anzug wie ein Vertreter wirkt. Ein Stock tiefer, rangmäßig deutlich unter ihm, ordnet der eingeborene Prediger, fast demütig wirkend, sein eben gelesenes Manuskript.

Das etwa gleich alte Ehepaar, das mit uns aufsprang, setzt sich auch wieder enttäuscht auf seine Grabplatte. Auch sie haben nach einer Weile gemerkt, dass wohl die gleiche Predigt, gerade noch in Maori, jetzt vom „Chef" in englisch wiederholt wird.

Kummer verbindet. So sehen wir uns kopfschüttelnd und schulterzuckend an – ich nutze jedoch gleich den ersten Blickkontakt bei dem bisher distanziert wirkenden Paar und konfrontiere sie ungehemmt mit meinem schlimmen „Eigenbau-Englisch". (Zum Glück hört es nicht unsere jüngste 16-jährige Tochter. Sie würde entsetzt die Augen verdrehen, abwechselnd rot und weiß die Farbe wechseln, einige Schritte von mir weichen ob so viel Peinlichkeit. Aber was bringt gymnasialer Perfektionismus, wenn man nicht praktisch übt?)

Aber die Leute verstehen mein Gestammel und Moni traut sich immer mehr auszuhelfen. So erfahren wir, dass die erste Predigt schon 20 Minuten ging. Das Paar kommt aus San Francisco und wartet ebenso auf die schönen Gesänge. Es entwickelt sich ein kleiner Erfahrungsaustausch in Glaubensfragen, wir finden Gemeinsamkeiten und wechseln Schriften aus.

So gehen die zweiten zwanzig Minuten schnell rum – und siehe da, oder besser höre: Sie singen! Ein besinnliches, mehrstimmiges Lied, während wir an den gelangweilten Jugendlichen vorbei, mit eingeschaltetem Mikrofon in die Kirche drängen.

Sehr schlicht: weiß gestrichene Rohbauwände, Wellblechdach von blau gestrichenen Eisenpfeilern getragen. Schmucklose Glasfenster, massive Kirchenbänke – fertig. Auf der letzten Sitzbank neben der Tür bietet man uns einen Platz an. Wir amüsieren uns, wie sich vor uns zwei etwa Zwölfjährige gegenseitig ärgern, bis eine hagere ältere Frau mit weißem Strohhut von der linken, der Frauenseite, rüberkommt und sich zwischen die Jungen stellt, sie energisch ermahnt und schließlich den Arm des einen Jungen fest an sich presst, damit er völlig stillhalten muss. Wieder wird ein gefühlvolles Lied gesungen und danach ist der Gottesdienst abrupt zu Ende. Die Oma oder Tante lockert ihren Polizeigriff und alles drängt zum Ausgang.

Die beiden Pfarrer in Schlips und Anzug haben sich inzwischen vor der Kirche aufgestellt und verabschieden die Gläubigen per Handschlag.

Während wir die interessanten Menschen, die sich in Gruppen unterhalten, beobachten und filmen, setzt plötzlich in der Kirche ein fast kreischender Gesang von Frauenstimmen ein.

Ruck-zuck sind wir wieder in der Kirche und sitzen mit unserer Technik wieder in der letzten Bank. Vor uns ein Heer von weißen Wagenrädern. Kunstvoll geflochtene Strohhüte sind der traditionelle Sonntagsstaat der eingeborenen Frauen zu ihren meist biederen, selbst geschneiderten Sonntagskleidern.

„Lauter alte Frauen, wohl eine Art Frauen- oder Müttergemeinschaft“, flüstere ich.

Am Altar dominiert jetzt eine ebenso alte Dame mit besonders schickem Hut, deren Vorbeten immer wieder von dem lebhaft kreischenden, litaneiähnlichen Gesängen unterbrochen wird.

Eine der Old-Ladys wippt schon bald zehn Minuten mit überschlagenem Fuß aus der Kirchenbank, den ich gerade wieder mal ran zoome.

Moni stupst mich erst leicht, dann stärker an: „Du, ich glaub die meint uns – hör mal hin!“

„Häh“, reagiere ich abwesend und ungläubig in meine Dreharbeiten vertieft. Tatsächlich, das klingt englisch, wenn auch in gleichem Maoritonfall wie die Gebete.

Mit fährt das Blut kribbelnd unter die Haarwurzeln, als ich den Sinn der verstandenen Worte zusammenfasse, sich einige Gesichter zu uns umdrehen und ich kaum glaube, richtig gehört zu haben, als die letzten Worte der strengen Vorbeterin in meinen Ohren nachklingen: „... go, go away!!“

„Hey, sag mal – will die uns rauswerfen?“

„Es scheint so. – Wenn ich sie richtig verstanden habe, meint sie sinngemäß, jeder habe seinen Glauben und solle ihn dabei lassen und nicht stören.“

„Also, wenn die sich gestört fühlt, nur weil wir still dahinten sitzen, ohne zu stören, und uns für ihre Kultur interessieren, dann hat sie außer Vorbeten noch nicht viel vom christlichen

Glauben realisiert“, trotze ich beleidigt vor mich hin. „Nee, so schnell gehorche ich dieser Möchtegern-Priesterin nicht“, zische ich, als Moni eine Kopfbewegung zum Gehen macht, „... und außerdem kann die nicht davon ausgehen, dass alle Touristen gut englisch können und sie verstehen.“

„Führt die sich doch auf wie ne Fundamentalistin. In einer Moschee würde ich das verstehen. Aber unter Christen? In jeder Kirche bei uns kann ich doch filmen?“, motzt meine so ungerecht verletzte Skorpionseele weiter, als wir einige Minuten später wieder in das gleißende Licht und den Wind von Rarotonga treten.

„Als ob das nicht genug war, was wir heute morgen als Folgen der übereifrigen Missionare erleben mussten ...“, meckere ich zwei Stunden später wieder, als mir die Füße weh tun vom langen Laufen in dünnen Stoffschuhen auf der harten Asphaltstraße auf der Suche nach dem Strand.

Die ersten Missionare sollen ja wirklich einen DDR-ähnlichen, aber „christlichen“ Polizeistaat eingerichtet haben. Was soweit ging, dass um 1850 fast jeder dritte Mann auf der Insel ein Polizist war. Selbst kleinste Vergehen wurden von den Missionaren hart bestraft. Die penible Einhaltung der Sonntagsruhe war wohl ein besonderes Hobby, mit dem sich Nachbarn gegenseitig in die Pfanne hauten, dass den Insulanern der Respekt vor diesem Gebot immer noch in den Köpfen steckt, nie dieses Tabu zu brechen. So laufen wir uns schon drei Kilometer die Füße wund, weil es immer noch eine Sonntagsschändung wäre, wenn die öffentlichen Busse fahren würden. Privatautos fahren komischerweise? Liegt wohl daran, dass es vor 150 Jahren so was nicht gab, sonst hätten es die Missionare sicher auch verboten.

Endlich stapfen wir nach einer knappen Stunde mit unseren Rucksäcken voll Badezeug durch den feinen Sand des Muri-Beach. Erst bewundern wir die drei Robinsoninseln mit grünen Büschen und Palmen, die vor uns liegen. Tatsächlich steigt von einer Rauch in den Himmel, wenn auch nur vom Grillfeuer einiger Badegäste.

„Wenn wir schon vor dem kalten Wind an unser'm Strand, unter Entbehrungen geflüchtet sind, sollten wir schauen, dass wir auf eine Insel rüberkommen, denn hier windet es auch noch recht ungemütlich. Aber dort drüben, in etwa 300 Metern Luftlinie, steigt der Rauch fast senkrecht in den Himmel."

Von dem blonden Surflehrer, der vor uns steht, erfahre ich, dass er nur bei mehreren Personen mit dem Motorboot rüber fährt. Aber man könne auch gut waten. Das Wasser gehe an der tiefsten stelle gerade an die Brust. Das Gepäck könne man auf dem Kopf tragen.

Entsetzt wehrt Moni ab: „Was denkst du denn? Wenn bei dir das Wasser bis zur Brust geht, wo bin ich denn?"

„Naja, der Kopf schaut schon noch raus – müsstest halt die Lippen zusammen pressen", grinse ich sie provozierend an und bereue schon den Flachs, mit dem ich diese Hoffnung voll vermasselt habe.

Fast hätte ich einen Fußtritt geerntet, wende mich nun wieder dem „Blondi" zu, als ich sehe, wie er gerade ein Paddelboot an Land zieht.

„Mensch das ist es", jubelt der kleine Junge in mir, „ich paddle dich trocken rüber. Der will zwar zehn Cook-Dollars, also 10 Mark für's Boot, aber dafür haben wir es den ganzen Nachmittag!"

„Ohne mich!", ist die klare Antwort und mir wird wieder mal bewusst, dass Moni das ertrinken fürchtet, wie der Teufel den Weihrauch.

Enttäuscht stapfe ich den fast menschenleeren Strand entlang. Nach fünf Minuten legen wir unsere Badetücher an einem etwas windgeschützteren Platz aus. Von hier ist das Motu (= Koralleninsel) sogar nur rund hundert Meter entfernt.

Mit Badeschlappen und Taucherbrille stürme ich ungeduldig in das warme Wasser. Es ist wie bei uns am Bodensee bei Regen.

Im Wasser ist es wärmer als an der windigen Luft.

Unter mir im bewegten Wasser sehe ich überall dunkle Schatten. Abgestorbene Korallenblöcke. Aber auch als „Leichen“ können sie einen brutal schürfen. Nur an großen klaren Stellen traue ich mich zu schwimmen, denn man kann auch mit der Taucherbrille nie genau abschätzen, ob man einen Korallenblock sicher überschwimmen kann, ohne den Bauch oder zumindest die strampelnden Beine zu zerkratzen.

Mit leichter Panik suche ich im unruhig glitzernden Wasser immer wieder die hellen Sandflecken zum Stehen, weil meine neu gekaufte Taucherbrille sich doch nicht als so dicht erweist, wie zu Hause im stillen Wasser getestet. Dauernd muss ich das Aquarium vor meinen Augen entleeren und tauche danach gleich wieder Salzwasser prustend auf. Erschwert wird das Ganze noch durch die alte Gasmaskenbrille die ich in die Taucherbrille eingeklemmt habe um mit meinen kurzsichtigen Äuglein keinen Hai zu übersehen.

Es ist auch wirklich toll, wie scharf man unter Wasser alles sieht. Wie die Fischlein um die markanten Korallenfelsen schwimmen. Unten der gelbe Sand, zart wie ein Samtteppichboden, oben der türkisblaue Himmel, die Wasseroberfläche von unten. Und das bei ca. 21 Grad, windstill, im wohlig weichen Salzwasser.

So wate ich prustend und hustend zwischen Strand und Motu hin und her, stehe oft zum Brille entleeren bis zum Kinn im Wasser. Schlucke Wasser, wenn mir dabei eine Welle in den Mund schwabbt, dass mich immer öfter das Salzwasser zum Erbrechen würgt. Schon gut, dass Moni auf dem Handtuch bleibt, mein Schauspiel wird sie voll abgeschreckt haben. Da ich nun nicht nur vom Salzwasser die Nase voll habe, denke ich, es reicht mit der missglückten Schnorchelei.

Noch ein Blick unter Wasser, dort scheint sich was zu bewegen? – Mist, schon wieder Wasser in der Brille. Also, wieder Brille runter und entleert: „Blubb“ – um Himmels Willen, was war das?

Tatsächlich, die Taucherbrille ist leer. Die eingeklemmte Fernbrille hat sich durch das viele rauf und runter gelockert und ist eben ins Wasser geplumpst. Ausgerechnet hier, wo das Wasser so tief ist und ich ohne Brille kaum 30 Zentimeter weit scharf sehen kann! Darum versuche ich laufend, wild strampelnd Kopfstände unter Wasser zu machen, und taste im Sand umher.

Aber der Auftrieb ist so stark, wenn ich im schulterhohen Wasser – von wegen bis zur Brust – aus dem Stand mit dem Kopf direkt runter will, dass ich nur ein bis zwei Grabscher in den Sand schaffe und schon wieder wie ein Korken an die Oberfläche hochschnelle.

Die Zwecklosigkeit dieser Tauchübungen ist schnell erkannt. Die Energie ist ohnehin alle und aus allen Kopföffnungen fließt brennendes Salzwasser. Zeit, dass ich mich dörre, dann bin ich vielleicht noch dreidollarfuffzig als Salzhering wert.

Nur die Sonne hat auch nicht mehr viel Kraft um gegen den kühleren Wind und die vermehrten Wolken anzukommen. Moni ist auch etwas mokiert, dass ich fast zwei Stunden im Wasser gedümpelt habe. Das überrascht mich, ich hätte die Hälfte geschätzt – kein Wunder, dass ich müde und hungrig bin. Also packen wir zusammen und suchen eine Futterstelle.

Doch die Bedienung von dem kleinen Strandrestaurant beim Surf-Club enttäuscht uns auch. Erst um halb sechs Abends gebe es wieder feste Nahrung zum Dinner. Nicht mal nen Kaffee gönnt sie uns.

Eine Stunde warten? – Nee, in dieser Zeit sind wir auch wieder zurückgeschlurft, wenn auch mit zittrigen Knien. An teils schönen Ferienhäusern mit leuchtenden Blumen- und Bougainvilleenhecken vorbei, bis endlich wieder unser Palmenhain bei Titikaveka auftaucht, wo wir dankbar unsere Latschen von uns kicken und uns auf die Betten werfen, während das Kaffeewasser brodelt.

So knabbern wir bescheiden unser Sonntags-Dinner, die Reste vom gestrigen Brot und Käse. Immerhin windgeschützt, auf der Leeseite unserer Hütte, ohne den Meerblick, wo seit Tagen eine Hängematte zwischen den Palmen trostlos vor sich hinschaukelt.

Später klopft noch der Nachbar-Ami an die Tür und will seinen Adapter wieder, um sich die Haare zu föhnen. So konnte ich meinen Rasierer, nach den Batterien, nicht voll laden. Mangels Fernsehen und sonstiger Unterhaltung packen wir unsere Rucksäcke für morgen und gehen bald schlafen.

Aitutaki – Paradies in türkis

Von wegen schlafen! – Der ewige Wind hat sich zum Sturm entwickelt, sodass wir an dem immer stärkeren Rauschen der Palmen immer wieder aufdösen. Es ist so laut, dass wir um sechs Uhr früh den Wecker fast nicht gehört hätten.

Appetitlos würgen wir an unserem Frühstücksbrot, während in der fahlen Morgendämmerung die sturmgepeitschten Palmen langsam ihre Konturen zeigen.

Um sieben stehen wir pünktlich zum Pick-up an der Straße bereit. Autos, Mopeds und ein alter Schulbus fahren vorbei. Zehn nach sieben bremst scharf ein Kleinbus vor uns. Eine mollige Cook-Insulanerin mit Afrofrisur lässt uns zusteigen und gibt auch schon Vollgas, sodass wir gleich auf die nächsten freien Sitze plumpsen. Sie pickt sich noch einige andere Ausflügler an verschiedenen Hotels „up“ und holpert mit Schwung über die letzten Bodenwellen und Schlaglöcher zum Flughafen, wo wir torkelnd aussteigen und gewiss sind, den Test gegen Flugkrankheit gerade noch bestanden zu haben.

Nach kurzem Einchecken in der „Abfertigungshütte“ für Inlandflüge, treten wir raus auf den Rasen der „Wartehalle“, die mit einigen schilfüberdachten Picknick-Bänken eher einem Autobahnrastplatz gleicht. Prompt fängt es aus den tiefhängenden grauen Wolken an zu nieseln, sodass die wenigen Unterstände gleich besetzt sind.

Über den „Gartenzaun“ können wir beobachten, wie zwei flotte kleine Turboprob-Machinen betankt werden. „Raro-Air“ steht an den Leitwerken. Die Cookis sind der kleinste Staat der Welt mit eigener Fluggesellschaft, welche die weit auseinanderliegende Inselwelt zusammenhält. Nur 15 Inseln sind auf einem Rechteck von 1000 x 2000 Kilometern verteilt, wovon 12 bewohnt sind. Also nichts für einen kleinen Bootsausflug.

Mit einem lauten „Rumms“ schließt die Einstiegsluke, die der Co-Pilot mit einem dicken Strick zugezogen hat, während sein

Chef schon laut die Motoren aufheulen lässt. Schalldämmung gibt es keine, sodass wir uns anschreien müssen. Es erinnert mich an die Bundeswehrzeit, als ich mal in einer Transportmaschine mitflog.

Es ist schon etwas dumpf und drückend in unserem engen Ofenrohr, als ich von unserer ersten Reihe nach hinten blicke und fünfzehn Passagiere zähle, die auf schmalen Sitzen eng hintereinander kleben. Je zwei Sitze rechts und links vom Mittelgang nur noch Einzelsitze neben den kleinen Bullaugen.

Nichts für Platzangstveranlagte. Zum Glück haben die Piloten den Vorhang zum Cockpit offengelassen, so fühlen wir uns, kaum zwei Meter hinter den Piloten, wie selbst im Cockpit. Wir können sogar die Skalen auf den vielen Instrumenten ablesen. Und schon schiebt der Pilot den Gashebel voll nach vorne, während die Maschine laut aufheult und rumpelnd beschleunigt. Das Grün huscht an den Luken vorbei – wir rollen noch ..., nein, die Palmwipfel huschen ja schon unter uns weg, die ganze Landschaft kippt nach hinten und durch graue Wolkenfetzen stechen wir steil in den Himmel.

Lichtblitze von vorne, durch die Windschutzscheiben künden die grelle Morgensonne an als wir die Wolken durchbrechen und die letzten Regentropfen die Cockpitscheiben empor rieseln.

Bei keinem Start habe ich mich so sicher gefühlt, trotz allen Schaukelns und Ruckelns, als jetzt wo ich jeden Handgriff der Piloten beobachten kann. Wenn die Maschine wackelt, oder kurz absinkt, genügt ein Blick auf die Gesichter der Piloten. Wie beruhigend, wenn sie sich dabei gelangweilt unterhalten, Zeitung lesen, oder gerade an den Nägeln kauen – also alles o.k.

Mich beeindruckt auch, dass wir von Eingeborenen geflogen werden. Dunkle Maorigesichter mit Kraushaar hinter den coolen Pilotenbrillen. Meine „weibliche Hälfte“ wird sicher mehr von dem Kraushaar an den Beinen der Piloten beeindruckt sein. Denn wie englische Kolonialoffiziere tragen sie kurze Uniformhosen.

So dröhnen wir im gleißenden Sonnenlicht noch lange über dünne Wattewolken Richtung warmem Norden die rund 300 Kilometer nach Aitutaki, dem nach Bora-Bora angeblich zweitschönsten Atoll der Südsee entgegen.

Nach einer Dreiviertelstunde dröhnen die Motoren langsamer und dunkler. Ich recke den Hals und sehe durch die trüben Scheiben nur blau, wobei mich der ältere Herr, halblinks hinter mir auf dem Einzelsitz, freundlich anlächelt. Mit seinem rosarunden Gesicht ein typischer Engländer.

„Sie sehen auch nichts?“, grinse ich zurück und frage weiter: „Sind Sie aus England?“

„Yes, from London“, antwortet er in hellem klar artikuliertem Englisch, wie von einer Englischlehrerin gesprochen.

Ein richtig alter Gentleman, der stolz auf England und noch stolzer auf sein London ist, denke ich.

Die Maschine wackelt unruhig im Sinkflug, wobei mich Moni skeptisch anschaut und ihr schließlich ein unterdrücktes „Uuih!“ entfährt, als der Flieger auch noch abrupt in eine freche Kurve kippt - „... da, links, schau!“ rufe ich gleich begeistert und zeige durch das ovale Fenster auf das hell-türkis-farbene „Spiegelei“ das unter uns auf dem tiefblauen Pazifik schwimmt – kurz verschwindet und plötzlich, riesig wieder auftaucht.

Man sieht schon deutlich die dunkel verlaufenden Eidotter aus Festland und Palmen, während wir nun, wackelnd auf der gekippten Tragfläche stehend, ganz nah unter uns die angebratenen Ränder mit dem schäumenden Eiweiß des Korallenriffs erkennen.

Krampfhaft wie ich, versucht auch der englische Opa seine alte Super-8-Kamera ruhig zu halten und seufzt ebenso verzweifelt auf, als uns die Maschine wieder mal ruckartig das schöne Motiv entzieht und wir wieder in die Sitze fallen, wobei mir der Kamerasucher von der Brille rutscht. „It’s hard work“, lache ich meinen entnervt den Kopf schüttelnden Leidensgenossen an, der bestätigend mit „Oh yes!“ antwortet.

Durch diesen Smalltalk angeregt, erfahre ich, dass es sein großer Wunsch war, dass er einmal im Leben in die Südsee wollte und er sich diesen Wunsch zum 70. Geburtstag geschenkt hat.

Ob dieser Seelenverwandtschaft wundere ich mich über unsere verschiedene Art und das unterschiedliche Aussehen. Ich bin froh, dass ich mir diesen Wunsch noch im rüstigen Alter und mit Partnerin erfüllen kann, denke ich, als wir auch schon rumpelnd auf der Betonpiste des Korallenriffs aufsetzen.

Die riesenbreite Rollbahn ist drei Kilometer lang und wurde im Zweiten Weltkrieg von den Amerikanern als Sprungbrett und Tankstelle in die riesige Weite des Pazifiks betoniert.

„Wind hat es hier aber auch! – Aber immerhin etwas wärmer als auf Raro“, füge ich hinzu, während wir zu einem hölzernen, offenen Omnibus gewiesen werden. Ein richtiger Südsee-Oldtimer, wie wir ihn heute früh schon als Schulbus sahen. Nur das Führerhaus ist aus Blech mit Motorschnauze á la 50-er Jahre. Die Fahrgastfläche mit einfachem Dach aus Holz gezimmert und bunt bemalt.

Amüsiert steigen wir über die Holzstufen von hinten ein und plumpsen auf eine der zwei langen Sitzbänke. Wie auf einem Militärlastwagen sitzen wir uns längsseitig gegenüber, sodass sich alle Ausflugsteilnehmer aus der fliegenden Konserve erst mal in Ruhe begaffen können.

Ganz unmilitärisch wirkt ein großes Bananenblatt auf einem Tischchen in der Mitte, das mit vielen weißen Schnitten belegt ist.

Ein dunkelhäutiger, fröstelnder Reiseleiter – bei windigen 24°C – mit blauer, zugeknöpfter Windjacke und undurchsichtiger Sonnenbrille fordert uns immer wieder auf, von den frischen Kokosnussschnitten zu essen.

Landung auf Aitutaki

Inselbus „Holzklasse“

Tiareblüte

Paradiesduft der Südsee

Originell, wenn auch nicht alle Geschmäcker treffend, finden wir diesen knackigen Begrüßungsimbiss. Aber weil es bis Mittag noch lang ist und auch um die Gastfreundschaft zu würdigen, kauen wir, soviel wir können, von den Kokosfasern, bis alle Zahnlücken voll sind. Auch weil unsere englischsprachigen Mitreisenden wohl nicht so viel von dem landestypischen Snack halten und sichtlich betrübt, wohl von einem schaumgummiweichen Hamburgerbrötchen träumen.

Drüben, bei der Flughütte werden gerade mit großem Hallo Einheimische begrüßt. Offenbar eine ganze Sippe empfängt freudig umarmend ein altes Ehepaar.

„Schau mal, wie viele Blumenkränze die um den Hals kriegen und die Oma kriegt gar noch eine Handbreite Blumenkrone auf´s Haupt“, gebe ich mich künstlich beleidigt, während unser „Pfahlbauer-Bus“ losrumpelt.

Freundlich winkende Radfahrer überholen wir. Vier mollige, fröhlich scherzende Mädchen versuchen dagegen mit ihren zwei Mopeds unser Tempo zu halten und knattern qualmend hinter uns her. Schamhaft albern kichern sie, als sie merken, dass ich sie filme.

„Noo!!!“, schreie ich entsetzt, als ich im Sucher sehe, wie eine Sozia ihrer Fahrerin von hinten mit beiden Händen die Augen zuhält.

„Die scheinen hier wirklich noch unverdorbener und natürlicher zu sein“, bemerke ich und stecke meine Kamera weg, damit ich keinen Unfall provoziere .

Nach zehn Minuten Bummelfahrt sind wir auch schon beim Hafen am Hauptort Arutanga, wenn man die 50 Meter lange, brüchige Mole überhaupt als Hafen bezeichnen kann, denn der Hafen ist eigentlich die ganze Lagune. Außer einer kleinen Hochseeyacht ist weit und breit kein Schiff zu sehen.

So wenden wir uns wieder der blechüberdachten Hafenhalle zu, von wo einige schlichte Souvenirläden mit ihren bunten Pareos locken. Diese leuchtend bunte Wickeltücher symbolisieren die Südseekultur schlechthin, obwohl sie eigentlich erst durch den Keuschheitstick der frühen Missionare entstanden ist. Davor war die Kleidung preiswert und ökologisch, voll der Natur angepasst: Ein Palmblätterrock und reichlich duftender Blumenschmuck auf der braunen Haut. Immerhin hatten die Insulaner das Beste aus ihrer Zwangsverhüllung gemacht, indem sie mit ihr die leuchtende Farben ihrer bunten Blütenwelt widerspiegelten. Aber leider ist auch diese schöne luftige Mode nicht mehr in, sodass die oft neonleuchtenden Tücher fast nur noch an Touristen verkauft werden.

Aber wenn auch Jeans und oft zu enge, abgetragene Kleidung dominieren, die frische Blüte im Haar hat sich immerhin erhalten. Vor allem bei den jungen Frauen. Entweder eine rote Hibiskus- oder eine gelbe Tiareblüte über dem linken Ohr signalisiert: „Ich bin noch frei!“ Über dem rechten Ohr ersetzt sie praktisch den Ehering, wie bei der Verkäuferin vor uns, deren Kind als praktischer Beweis am Boden krabbelt.

Die Pareos sind hier von sehr schöner Qualität. Geschmackvolle Muster und Farbkombinationen, die teils batikartig in mehreren Schichten gefärbt sind. Vor allem sieht man, dass jedes Teil von Hand gefertigt ist. Auch die bemalten T-Shirts, von denen ich gleich zwei kaufe und Moni nebenher bei der Auswahl eines Pareos unterstütze. Mit 12 bis 15 Mark sind sie auch nicht teurer als die häufige Massenware in den Touristenzentren. Oder die kitschige Fabrikware die wir einst auf Hawaii erlebten und die wohl in China produziert wurde.

Auf einer Holzbank nebenan sitzt auch eine junge Frau mit Kind, von vielen gelben Blütenknospen umgeben. Den rechten Fuß auf die Bank gestützt, zieht sie an einer dünnen Schnur, die sie um den großen Zeh gebunden hat. Beim Nähertreten sehen wir, wie sie aus einer Naturfaser eine zopfartige dickere Schnur mit kleinen Lücken flechtet.

An der bereits angefangenen Blumenkrone neben sich, erklärt sie uns, wie dieser Zopf zur mehrschichtigen Krone geflochten und in den Lücken, dicht an dicht mit hunderten junger Tiareblütenknospen besteckt wird.

Unbezahlbar nach europäischem Stundenlohn, sind wir uns einig. Wenn man die vielen Stunden Arbeit bedenkt für ein vergängliches Kunstwerk, das vielleicht zwei, im Kühlschrank drei Tage hält, und das Sammeln hunderter wertvoller Blüten, welche die Natur hier den Menschen schenkt.

Schon rumpeln wir wieder auf ungeteerten Wegen durch malerische Busch- und Dschungellandschaft. Außer einigen Häusern haben wir nichts von Arutanga gesehen. Aber auch im Reiseführer wurde schon gewarnt, dass man meist schon durch ist, wenn man meint, der Ort beginnt erst.

An den zwölf dicken, lackierten Holzpfeilern vorbei, die das Dach unseres Oldtimers tragen, blicken wir in die vielfältig grüne Landschaft und erholen unsere Augen. Egal ob Waldarbeiter oder Helfer in Bananenplantagen, fast alle unterbrechen ihre Arbeit und winken uns fröhlich zu.

Kaum zu glauben, dass die 2.000-Einwohner-Insel schon von 30.000 Touristen jährlich besucht werden soll. Im Gegensatz zu Bora-Bora ist Aitutaki keine Vulkaninsel mit Saumriff rundum, sondern ein reines Korallenatoll in Dreiecksform. Darum ist sie nicht ganz so attraktiv, weil der Berggipfel in der Mitte fehlt. Entlang der Hauptinsel haben sich große und kleine Palmeninseln, die Motus, gebildet. Die Hauptinsel ähnelt einem Bumerang mit einem dicken, bewohnten Schenkel von 9 x 3 Kilometern und einem sehr schmalen Schenkel, auf dem gerade noch die Landebahn und eine Straße Platz hat. An dessen Ende stehen die Pfahlbau-Bungalows des Aitutaki-Lagoon-Resorts.

Dort empfängt uns jetzt eine bildhübsche, blütengeschmückte Südseeschönheit in elegant gewickeltem Pareo … Irrtum, sie erwartet nicht uns, sondern betuchte Hotelgäste und leitet uns weiter zu einem Boot.

Boot? Es ist eigentlich eher ein motorisiertes Floß mit Sonnendach. Schon modern aus Kunststoff, aber ein einfacher Katamaran mit zwei gegenüberliegenden Sitzbänken, wie auf dem Bus.

Ein fast schwarzer, Roberto-Blanco-ähnlicher junger Bootsführer begrüßt uns mit lockeren Sprüchen. Alles lacht, bloß wir nicht, weil wir seinen Maori-englisch-Akzent genauso wenig Verstehen wie den seines Vorgängers im Bus.

Milder, frischer Fahrtwind. Wir brausen hinaus in die blaue Lagune. Was heißt blau? – Alles, was ein Künstler aus den Farben blau und weiß zusammenmischen kann, ist zu sehen. Wir plätschern durch einen großen hellblauen Farbeimer. Vor allem fast edelsteinklares Türkisblau. Aber auch das Türkis hat viele Varianten, von dunkel bis hell und in Flachbereichen in neonleuchtendes, smaragdähnliches blaugrün übergehend. Die klassischen Südseefarben, wie man sie von Postern und Kalenderblättern kennt. So habe ich mir die Südsee erträumt und bin begeistert, dass die Farben kein bisschen blasser, eher noch leuchtender als auf den scheinbar manipulierten Fotos sind.

„You are from Germany?“, fängt die Frau, die mit ihrem Mann neben Moni sitzt, ein Gespräch an.

„Yes“, antwortet sie und erklärt, wo wir genau herkommen.

Vom Bootsführer, der alle laut abgefragt hatte, wissen wir, dass sie Kalifornier und direkt aus San Francisco sind, wie sie nun näher erläutert. Sie habe auch etwas deutsches Blut in den Adern von ihren Großeltern, fährt sie teils stolz, teils verlegen fort – aber deutsch verstehe sie nicht.

Ansonsten haben wir auf dem Floß die übliche Mischung aus Amis und Australiern. Die meisten im gehobenen Mittelalter oder älter. Lediglich eine, wohl alleinerziehende Mutter aus Neuseeland mit ihren beiden Töchtern im Schulalter sticht etwas ab. Etwas zierlich, so um die vierzig und alternativ wirkend, hat sie den eben gekauften Pareo in hellblau und rosa umgebunden.

Nach gut halbstündiger Bootsfahrt landen wir am flachen, weißen Strand einer unbewohnten Palmeninsel. Eines der wenigen Motus am Grundschenkel des Koralleninseldreiecks im Süden. Es ist herrlich, in das türkisfarbene Weltall zu tauchen und zu versuchen, Fische zu fassen, die einem kaum ausweichen. Die fingerlangen Flachwasserfische taufe ich Glasfische.

Sie sind fast durchsichtig, bis auf einen schwarzen Längsstreifen.

Bald ruft uns der kaffeebraune Skipper wieder zusammen und setzt uns nach kurzer Fahrt auf One-Foot-Island ab. Während er und sein Helfer sich gleich ans Grillen unter einem Palmwedeldach machen, erkunden wir die kleine Insel. In fünf Minuten kann man sie zügig umwandern und begegnet vielen Leuten. Denn um wohl andere Motus zu schonen, grillen alle Ausflugsgruppen auf dieser Insel und so wird jeder Weltenbummler, der auf Aitutaki war, von der „Ein-Fuß-Insel" erzählen.

Aus der Luft sieht sie wirklich wie ein Fußabdruck im Sand aus, obwohl ihr unser Führer eine ganz andere Bedeutung gibt: Vor langer Zeit sollen zwei Fischer, Vater und Sohn, von Feinden verfolgt worden sein. Um die Verfolger glauben zu lassen, dass nur ein Mann auf diese Insel geflüchtet sei, folgte der Vater genau in den Spuren des Sohnes zu einer Palme, in deren Krone sich beide versteckten. Als die Feinde an Land kamen und der Spur folgten, gab sich nur der Vater zu erkennen und wurde umgebracht, nachdem er runter kletterte. So opferte der Vater sein Leben für den Sohn, damit er die Familie weiter ernähren konnte. Der wartete unentdeckt im Palmwipfel, bis die Feinde abgezogen waren – so wird diese Südsee-Heldensage mündlich weitervererbt.

Unter diesen Palmen kämpfen wir jetzt mit dicken, langen Gräten und teils verkohlten Fischteilen. Das Vegetariertum muss pausieren, wenn wir nicht nur von Mangos und Ananas leben wollen.

Dafür haben es die bunten Lagunenfische gut durch uns. Als ich beim anschließenden Verdauungsschnorcheln nur wenige Fische vor meine undichte Brille bekomme, wundere ich mich, dass es plötzlich wimmelt vor lauter gelb-grau gestreiften Falterfischen, die selbst Moni im seichten Wasser zwischen den Füßen herumschwimmen.

One Foot Island in der Aitutaki - Lagune

Traum in türkis

Erstaunt über die wundersame Fischvermehrung hebe ich den Kopf aus dem Wasser und habe bald die Erklärung für das Wunder, als ich sehe, dass in etwa 30 Metern Entfernung auf unserem Boot unsere Bootsführer sich dauernd über die Bordwand beugen, bis ich durch meine nasse Brille erkenne, dass die Jungs unsere Teller mit Fischabfällen in der Lagune vorspülen. Ach ja, mir fiel ja auch schon auf, dass die starke Strömung, die durch die Flut über das Riff flutete, auch mich immer abtrieb, und so schwemmte es auch kleinste Essensreste zu uns. Praktisch ökologisch, denke ich, die Fische fressen die Reste ihrer Verstorbenen und die Lagune bleibt sauber.

Wie wild knipse ich mit meiner Einweg-Unterwasserkamera den halben Film voll. Ich halte einfach ungefähr hin, weil ich durch den verlorenen Brilleneinsatz in der Taucherbrille kaum etwas sehe. Aber einige Bilder sind ganz passabel, wie sich zuhause herausstellt. Immerhin ein Lohn für das viele Salzwasser, das ich bei der unprofessionellen Schnorchelei schlucken muss.

So höre ich durch die wasserverstopften Ohren kaum das Rufen von Moni. Erst als ich sie kurzsichtig, verschwommen am Ufer stehen und winken sehe, fällt mir auf, dass sie allein ist und die anderen sich schon beim Boot sammeln.

„Sag mal, bist du wassersüchtig?" empfängt sie mich, als ich ans Ufer triefe.

„Die anderen gehen schon an Bord und du hörst und siehst nichts. Dabei müssten dir doch die fast eineinhalb Stunden reichen, die du jetzt im Wasser warst."

Ich bin fassungslos. Ich schätze, dass ich etwa eine gute halbe Stunde schnorchelte, aber niemals das Dreifache. Aber tatsächlich zeigt die Armbanduhr schon kurz vor vier, als ich noch feucht in die Shorts steige. Unser Boot braust auch gleich los, als wir an Bord sind, denn für die ca. zwölf bis vierzehn Kilometer durch das Atoll werden wir schon fast eine Stunde brauchen.

Die Überfahrt wird auch noch unerwartet frisch, als nach

kurzer Zeit Bewölkung und ein frischer Wind aufkommt. Der Bootsbegleiter lässt netterweise an der Windseite auch eine Regenplane runter, sodass wir halbnackten Sommerfrischler nicht zu sehr schlottern.

„Wie im Flug verging die Zeit“, sind wir uns auf dem Rückflug einig. Ein Tagesausflug nach Aitutaki ist eindeutig zu wenig, lohnt aber trotzdem, um wenigstens einen Eindruck von einem Südseeatoll zu bekommen, wobei es durchaus eine wärmere Jahreszeit sein dürfte. Denn starker Wind bei 22 bis 24°C können einem sehr herbstlich vorkommen.

Die dunklen Wolken haben wir nun durchstochen. Weiße Wolkenberge und das gleißende Licht der untergehenden Sonne blenden durch die ovalen Bullaugen und bringen Wimpern und feinsten Gesichtsflaum auf dem schlafenden Mädchengesicht an der Schulter seiner Mutter goldschimmernd zum Leuchten. – Ein Bild des Friedens und der Zufriedenheit. Es war ein schöner Tag für alle.

Koffermonster und Dollargeier

Die Palmen über uns haben wieder nicht geschlafen und wecken uns schon um sieben, obwohl wir den Wecker frech erst auf halb acht gestellt hatten, denn bis zehn Uhr müssen wir gepackt, geräumt und natürlich auch noch gefrühstückt haben, „... sonst kostet es einen Tag mehr", hatte uns die Chefin mit großen, rollenden Augen gedroht, als wir eine freiwillige Nachbuchung, nur um unsere Koffer bis abends unterzustellen, verweigerten.

So wollen wir pünktlich räumen, aber auch nicht zu früh. Trotzdem packen wir vor dem Frühstück alles fertig und sind auch schon recht weit, als um halb neun unüblicherweise das Zimmermädchen schon an die Tür klopft.

Ob wir heute abreisen, fragt sie verlegen grinsend.

„Ja ja, selbstverständlich, um zehn Uhr", versichern wir und nutzen die Gelegenheit, dem armen Mädchen ein Trinkgeld anzubieten, falls das der Hauptgrund ihres Besuches war, in Erinnerung an Bali. Obwohl in allen Reiseführern erwähnt wird, dass Trinkgeld in der Südsee weitestgehend unüblich, ja sogar verpönt ist. Nach alter Tradition beleidigt es gar die Gastgeber.

Tatsächlich, trotz Gewerbe, auch sie lehnt energisch ab und flüchtet schnell, sodass man als Europäer oder Ami echt nicht weiß, wie man sich dankbar zeigen soll. – Aber der Grund ist nun klar, der strenge „Geist" des Hauses hat sie vorgeschickt. Nach dieser Kontrolle wird sie glauben müssen, dass wir um zehn draußen sind, und uns im Büro erwarten.

Wir knien auf die Koffer und bekommen sie mit Mühe geschlossen. Naja, die schmutzige Wäsche, einige Pareos und andere Souvenirs machen sich schon ganz schön dick – und das schon nach zwei Drittel der Reise.

Nun noch die Rucksäcke, in die alles muss was wir den Tag über noch brauchen, bis zum Abflug gegen Mitternacht.

„Hör mal, was ist das?“

„Was?“, frage ich, während ich weiter kruschtle.

„Da, im Koffer – sei doch mal ruhig!“

Jetzt höre ich was Feines und erstarre: „Da fiepst etwas?“, und höre näher am Koffer, während Moni drei Schritte zurück weicht ...

„Ist es wirklich im Koffer?“, fragt sie ängstlich.

„Es hat allen Anschein – da, jetzt wieder – das klingt ja richtig jämmerlich“, schaudert es mich, „irgend ein Viehzeug muss sich da eingenistet haben, als die Koffer tagelang offen auf dem Boden lagen.“ Unsere rationelle Art aus dem Koffer zu leben.

„Was kann das wohl sein? – Ich rühre das Ding jedenfalls nicht an.“

„Schlangen gibt es jedenfalls nicht auf den Inseln, kann ich dich beruhigen – aber wir müssen etwas tun, das Winseln wird immer schwächer – da drin erstickt was!“, rufe ich laut, um mir selbst Mut zu machen, wenn das Heldentum im Notfall halt doch wieder beim Manne liegt ...

Vor zwei Tagen war es ja nur ein Ameisennest. In einem Plastikbeutel hatten sie faulende Samen aus Bali ausfindig gemacht. Aber hier muss ich mit etwas Größerem rechnen – was wenn es springt oder beißt? Alle gruseligen Tiere gehe ich im Kopf durch, um auf das Schlimmste gefasst zu sein. Die Stars im Dschungelcamp können sich im Notfall ja noch verweigern, ich nicht.

„Los jetzt – vielleicht ist es nur ein Gecko! Es klingt schon ganz schwach. Mach die Tür auf!“, rufe ich und schnappe beherzt den Koffer, stürme nach draußen und öffne nervös die Schlösser.

Widerstrebend nähert sich Moni auf meinen Zuruf: „Komm, halt du die andere Seite – jetzt !“ ... die Kofferteile klappen auf den Boden und wir beiden springen wie Angsthasen zurück ... nichts rührt sich.

„Vielleicht ist es schon erstickt?“

Mit spitzen Fingern heben wir die Kleider an, immer tiefer, immer mutiger, denn mit jedem Zentimeter wird das Monster ja kleiner – nichts, gar nichts, stellen wir nach nochmaligem Querwühlen fest.

Aber was war es dann? – An wimmernde Geister glauben wir nicht.

Die wahrscheinlichste Theorie scheint uns im Nachhinein, dass aus einem prallen Plastikbeutel mit Schmutzwäsche stoßweise, pfeifend Luft entwichen ist. Zum Glück hat uns niemand beobachtet bei unserem Koffertanz im Freien, sodass wir nicht zum Witzpaar des Tages werden.

Erleichtert und amüsiert erholen wir uns beim letzten Frühstück auf Rarotonga und lassen uns für einen NS-Dollar (= 1,- DM) Zuschlag das gewohnte „poached egg" kochen, das unsere lagoonblaue „Molli" inzwischen relativ freundlich serviert.

„Jetzt sollten wir langsam rüber", meint Moni kurz nach halb zehn.

„Nee, nee", antworte ich, während ich die letzten Brösel von den Händen reibe, „so hetzen lassen wir uns nicht. Bis zehn haben wir geräumt, aber nicht früher."

So schlendern wir etwas später wieder gemütlich zu unserer Hütte und atmen nochmals die würzige Meerwasserbrise ein, die von der Lagune her weht.

„Wie herrlich muss die Anlage sein, wenn es wärmer und weniger stürmisch wäre", denke ich laut, während ich mein Handgepäck richte und mich umschaue, „wie würden wir bei Hitze den Schatten unserer Palmen schätzen, den Blick und die paar Schritte zum Meer – eigentlich perfekt, nur dass die romantische Hängematte da vorne zwischen den Palmen, schon seit Tagen wie eine traurige Vogelscheuche im Wind flattert."

„Müssen wir halt wieder mal herkommen", antwortet Moni salopp und stopft ihren Rucksack, ... „eine Viertelstunde haben wir noch."

„Am liebsten würde ich die elegant grün-weiß gemusterten Vorhänge mitnehmen ...“

„Psst, vergiss es, das hat die wohl gehört ...“

„Was, wer?“

„Schau doch !“

Gerade sehe ich sie noch am Fenster vorbeihuschen: „Die Chefin persönlich? – Die traut uns wohl überhaupt nicht“, entfährt es mir, als es auch schon klopft.

„Hallo, good morning“, grinsen wir sie freundlich an.

Ob alles komplett und nichts kaputtgegangen sei, fragt die feurige Schöne, während sie die Wohnung prüfend abschreitet und ihr kritischer Blick jeden Winkel abtastet.

„Also, wenn in Neuseeland Wehrdienst für Frauen möglich sein sollte, dann war die dort schon Feldwebel“, verkünde ich kurz danach meine Erkenntnis.

Drei Minuten vor zehn stehen wir mit Sack und Pack vor der Bürotür und legen den Zimmerschlüssel auf den Schreibtisch der Gestrengen.

Nein, die Koffer sollen wir draußen lassen, denn um fünf müsse sie das Büro schließen, aber für 60 NS$ könnten wir ja noch bis zur Abreise im Bungalow bleiben. Es seien doch noch zwölf Stunden, da müsse man sich doch mal hinlegen, könne duschen und die Koffer ständen nicht im Freien, versucht sie nochmals verbissen, uns zu überzeugen.

Dankend lehnen wir ab und stellen unsere Koffer brav in eine Ecke vor der Bürotür an die frische Luft. Wer soll hier schon Koffer mit Touristenwäsche klauen? Diebe kämen ja hier nicht weit, haben wir gelernt.

So rumpeln wir bald erleichtert im Clockwise-Bus Richtung Avarua, während uns die Frau schon noch beschäftigt.

„Das war ja schon der Clou, dass sie uns zum Schluss noch einen Dollar für das Fax abgeknöpft hat, das wir gestern von Deutschland erhielten. Noch in keinem Hotel der Welt mussten wir für ein empfangenes Fax bezahlen, selbst wenn es im Briefumschlag, wie auf Bali, sofort auf's Zimmer gebracht wurde", schütteln wir den Kopf und amüsieren uns mit Vermutungen, ob die Frau eher schottische oder gar (pardon) schwäbische Vorfahren hatte.

Bald klappern wir gemütlich und entspannt die blecherne Kaufhalle und die kleinen Läden entlang der kurzen Hauptstraße ab und halten da und dort einen kleinen Schwatz mit den Verkäuferinnen.

Während wir Tiare- und andere exotische Blütenparfüms durchschnuppern, frage ich die fröhliche, aber völlig strohblonde, weißhäutige Verkäuferin, ob sie von Neuseeland oder gar England eingewandert ist.

„Nichts von alledem", antwortet sie lachend, „ich bin hier geboren, eine echte Cook-Insulanerin." Und sie verkauft uns zwei Fläschchen Frangipani-Blütenduft sogar noch etwas billiger, als ich teste, ob man handeln kann. Sie versuche ihren Chef auch immer wieder zu überzeugen, dass sie mehr verkaufen könne, wenn der Preis angemessener sei, lacht sie, während sie uns das Rückgeld gibt.

Kleine Raritäten sind die hübschen Münzen für Sammler. Mal mit gewelltem Rand, mal dreieckig. Bei der 1-Dollar-Münze stutzen selbst Nichtsammler und manche Touristen gucken wohl noch näher hin, bevor sie den Cook-Dollar aus der Hand geben, denn auf der Rückseite erkennt man eine gedrungene Tikifigur mit fast bodenlangem Penis eingeprägt.

„Sexi-men !?" sage ich grinsend zu einer dunkelhäutigen, molligen Kassiererin, als ich ihr die Münzen für eine lagoonblaue Sporthose reiche, die ich in einem T-Shirt-Shop gerade ausgewählt habe.

„No, he is not a good men", antwortet sie ernst.

„Warum?" frage ich überrascht.

Es sei Tanganera, der Gott ihrer Vorfahren, der jahrhundertelang nur Hass und Krieg auf den malerischen Inseln verbreitete. Er war Fruchtbarkeits- und Kriegsgott in einem. Um an seiner Kraft und Potenz teilzuhaben, forderten seine Priester laufend Menschenopfer für ihn und animierten das Volk selbst zur Menschenfresserei, um sich die Kraft des Feindes einzuverleiben.

Naja, da futtern wir nun lieber unser Picknick auf einer Bank an der kleinen Uferpromenade, nachdem wir unseren Einkaufsbummel abrupt abbrechen mussten, weil die winzige Hauptstadt halt doch keine Stadt ist und die Händler zur Siesta die Läden schließen.

Beim Weitergehen treffen wir dann auf einen riesen Tiki von drei Metern Höhe, aus Holz geschnitzt. Sein „Fruchtbarkeitssymbol", das nun Moni grinsend für die Kamera betätschelt, hat allein fast einen Meter Länge.

Es stehen auch noch einige verfallene Hütten herum. Ein etwas vernachlässigtes Freilichtmuseum. Im hohen Gras erkennen wir auch einen grob geschnitzten Nachbau eines historischen Katamarans, mit denen die Ureinwohner die riesigen Entfernungen zwischen den Inseln überbrückten. Nach Krieg und Hunger wohl auch die bis zu 3000 Kilometer bis Neuseeland.

Unsere Betrachtung wird durch ein grelles Schleifgeräusch gestört. Mit einem Tuch um Mund und Nase gebunden steht ein Maori über einen Schleifbock gebeugt.

Wir treten näher und sehen, wie er mühsam die Außenschale einer größeren Muschel an den wasserumspülten Schleifstein presst.

„Aha, die haben wohl ihre Erfahrungen gemacht, wie aggressiv der feine Kalkstaub in den Lungen ist, wenn man ihn einatmet", stelle ich anerkennend fest.

„So machen die das also", meint Moni, „beim Abschleifen der groben, grauen Oberfläche erscheinen die herrlich gewellten, blauen Schattierungen des Perlmutt dieser Muschel, aus der dann allerlei Schmuck hergestellt wird. Wie die Ohrhänger in

Delfinform, die ich in Auckland gekauft hatte."

„Dafür waren sie aber billig. Guck mal, wie schwer das Zeug weg geht. Eine mühsame Arbeit, an der nicht viel zu verdienen ist."

Gerne entfernen wir uns wieder von dem schrillen Geräusch und genießen die leuchtenden Farben der frisch bemalten Pareos, die an anderen Hütten zum Trocknen aufgehängt sind. Folkloristisch angehauchte Schlagermusik dudelt irgendwo dazu. Sonst ist alles ruhig, richtige Siesta. Verlassene Verkaufstände. Ich trete näher und betrachte die bunten Souvenirs – und erschrecke, als ich den dunklen Schatten des dösenden Verkäufers in der Hütte erkenne. Er reagiert auch kaum auf mein Hallo.

In der Nähe hört man zwei Mädchen lachen, dann wieder Stille.

„Wie viel Uhr?"

„Erst gegen drei", antworte ich, „jetzt wird die Zeit doch noch lang bis heute Abend, in dieser verschlafenen Hauptstadt. - Am besten gehen wir zurück und trinken einen Kaffee in dem Gartenlokal."

Wir überqueren die Straße und passieren die moderne katholische Kirche, die wir vorher schon angeschaut hatten. Obwohl mit nur 10% die kleinste der rund 30 vertretenen Glaubensgemeinschaften scheinen sie die modernste und teuerste Kirche auf der Insel zu haben. Polierter Marmorfußboden und bunte Bleiglasfenster mit Heiligenfiguren versetzen einen nach Europa und wirken genauso unpassend wie die drei, vier riesigen, weißen Parabolantennen von Radio-TV-Rarotonga, welche die einfachen Hütten und Häuser überragen.

Auch dort schnüffeln wir nach Ladenschluss herum und dringen bis zur Managerin von Radio-Rarotonga vor, mit der wir einige Worte wechseln.

Aber nun stehen wir vor den leeren Stühlen der einzigen Gartenwirtschaft. Mist, auch die machen Siesta bis heute Abend, genauso wie das andere Lokal ohne Garten.

Der einzige große Gebäudekomplex, der mit seinen drei Stockwerken wie ein Hochhaus wirkt, ist das Außenministerium von Rarotonga. An dessen Seite sind ordentlich ein Dutzend Parkplätze aufgemalt.

„Ach, wie originell." Ich zücke die Video-Kamera, denn über dem ersten Parkplatz steht „Premier-Minister".

„Mensch, ich glaub da kommt was", stößt mich Moni an und deutet auf die schwarzen Wolken, die plötzlich über der alten Dorfkirche stehen.

„Stimmt, sieht nicht gut aus. Dann verzichten wir lieber auf die Kirche und den alten Friedhof", auf dem wir gerade das Grab mit der Muschelketten behängten Büste des ersten Premier-Ministers anschauen wollten, der sehr herzlich und beliebt war.

Schon fallen die ersten Regentropfen um uns, die münzgroße dunkle Flecken auf dem Asphalt hinterlassen. Wir laufen und rennen schließlich in Riesensprüngen auf ein Vordach zu. Petrus gewinnt. Bevor wir das alte Kino erreichen, kippt er seine Badewanne voll über uns aus. Fröstelnd beobachten wir, wie sich die Straße in einen Wildbach verwandelt und wir die einzigen Überlebenden in diesem ausgestorbenen Nest zu sein scheinen. Was danken wir unserer geliebten Mutter Sonne, als sie nach einer halben Stunde die letzten Tropfen dieses Tropenschauers fröhlich glitzernd aufblitzen lässt. Unsere Knie beeindruckt das nicht. Die knicken ein vom langen Stehen und kommandieren: sitzen! Aber weit und breit keine Bank, kein Mäuerchen.

Über Rinnsale hüpfend eilen wir auf den dunklen Felsen am Ufer zu. Scharfkantiges Vulkangestein ist zu hohen Wellenbrechern aufgetürmt, an der die Gischt der Brandung in hohen Kaskaden hochspritzt.

Unsere vielen Sitzproben auf den zackigen Felsen sind alle erfolglos. Als Vorspiel für Igel oder Fakire mag das befriedigend sein. Nach hundert Metern finden wir endlich eine Stelle, wo ein kleiner Bach ins Meer mündet und einen winzigen Sandstreifen vor den Felsen freigibt. Es reicht gerade zum Sitzen auf unseren Badetüchern mit dem Rucksack als Polster im Rücken gegen die spitzen Steine. Die Wellen laufen gerade einen Meter vor unseren Füßen aus.

Richtig gemütlich wird es aber erst wieder, als sich die Jugendlichen in der Bucht nebenan ausgetobt haben. Rauchend und trinkend hatten zwei Jungs lautstark mit zwei Mädchen herumgealbert und schließlich eine Bierflasche laut klirrend auf den Felsen zertrümmert.

„Schade, die echte Südseeromantik gibt es wohl nur noch auf Bildern und in Büchern. Mit diesem Klirren wurde nun auch meine letzte Hoffnung zertrümmert als Aussteiger, á la Gauguin, irgendwo auf der Welt noch ein Paradies zu finden wo Menschen in Frieden mit sich und der Natur leben."

„Sicher gibt es noch irgendwo auf der Welt solche Winkel, aber wo?"

„Stimmt wohl, ich ginge auch gleich hin, wenn's im Süden wäre. Du weißt, wie ich unter Kälte und Dunkelheit leide. Eigentlich haben wir kaum drei Monate im Jahr, die sicher über 20°C Wärme liegen. Das macht mich oft selbst kalt und grimmig. Darum meine Südsee-Sehnsucht: Das ganze Jahr Wärme, Licht und leuchtende Farben. Die Folkloremusik geht mir unter die Haut. Es ist wie Heimweh – ich könnte mir gut vorstellen, dass ich hier schon mal gelebt habe oder gar inkarniert war."

„Der Fitschihäuptling, aus dem Buch Papalangi, der sich in seiner Rede vor ca. 150 Jahren, so entsetzt über die Kultur der Europäer geäußert hatte, wäre sicher erschüttert was aus seinen Enkeln geworden ist", fügt Moni nachdenklich hinzu.

Aus goldenem Licht über funkelnden Wellen blinzelt uns die tief stehende Sonne aufmunternd und verständnisvoll zu, während sie die letzten schwarzen Wolken vertreibt.

Ohne Koffer nach Tahiti?

Gerne steigen wir um 20 Uhr schon in den wartenden Bus, der uns dann in zehn Minuten durch die finstere Nacht zu unserer Anlage zurückbringt.

„Das war ja echt spätherbstlich frisch. Kein Wunder waren wir fast alleine in dem einzigen Gartenlokal der Hauptstadt."

„Für die ist eben noch April, wie wir gehört haben. Da könnten wir bei uns ja noch gar nicht abends draußen sitzen", antwortet Moni, während wir auf den harten Bussitzen eine bequeme Stellung suchen.

„Sicher, so zwanzig Grad hatte es schon, aber durch den kalten Wind und unsere kurzen Hosen und dem dünnen T-Shirt empfanden wir es eher wie 15 Grad. Mein schönes Pilzomelett war schon nach drei Minuten kalt. Aber das war zum Glück nur die Vorspeise, der Hauptgang wird erst gegen Mitternacht im Fluge genossen – ich kann's kaum erwarten nach dem kleinen Imbiss."

Fast allein im Anti-Clockwise-Bus rumpeln wir wieder um die halbe Insel.

„Good night", antworten wir noch dem Fahrer, als sich die Bustüren klatschend hinter uns schließen, und schon stehen wir allein in der pechschwarzen, kühlen Tropennacht. So stapfen wir die zwanzig Meter von der Straße durch den Sand Richtung Bürohütte, die unmittelbar am Strand steht.

„Ja, jetzt geht's los!?", hauche ich in unterdrückter Spannung, „unsere Koffer sind weg?"

Wir tasten uns in der Finsternis um die Hütte und suchen jeden Winkel ab, nachdem wir vergeblich an der Bürotür gerüttelt hatten.

„Nichts?", zucken wir beide die Schultern, „das sieht fast nach einem schlechten Streich aus! Ich kann nicht glauben, dass auf dieser kleinen Insel jemand Interesse an unserer

Schmutzwäsche hat“, schimpfe ich gegen den Lärm der Brandung und rauschenden Palmen an.

Was nun? Eine Katastrophe ist es nicht. Hauptsache wir haben unsere Papiere, Tickets und Bares im Rucksack, damit wir weiterkommen. Den Rest macht die Reisegepäckversicherung, ist mein sachliches Berufsdenken als Versicherungskaufmann. Trotzdem, abfinden wollen wir uns mit dem Schreck auch nicht so schnell. Denn Ähnliches hatte ich schon mal erlebt, bei meiner ersten Mittelmeerkreuzfahrt in den Sechzigern. Damals kam beim Einschiffen mein Koffer scheinbar nicht mit an Bord.

Trotz mehrfachen Ausrufens wurde er am letzten Tag vom Personal unter dem Bett eines Psychologen gefunden. Aber drei Wochen in weißem Nylonhemd und schwarzer Anzughose – auch beim Kamelritt um die Pyramiden – vergesse ich nicht so schnell, denn Freizeitkleidung gab's damals noch nirgends zu kaufen.

„Ich hab ja noch die Privatnummer unserer Vermieterin“, grüble ich laut.

„Aber wo willst du anrufen?“

„An der Palme.“

„Ich finde unsere Situation nicht witzig – was für eine Palme?“

„Ehrlich, erinnerst du dich nicht? Bei unserer Ex-Hütte hängt doch ein Kasten mit einem altmodischen, schwarzen Wählscheiben-Telefon an einer Palme.“

„Und du glaubst, das Ding geht?“

„Ich hoffe sehr – jedenfalls hatte sie mal erwähnt, in Notfällen könne man sie dort anrufen“, antworte ich, während wir uns durch das Dunkel einem kleinen Lichtlein nähern.

„Siehste, sogar beleuchtet mit einer alten 15W-Glühbirne – diktier mir mal die Nummer!“

Ratternd drehe ich die rostige Wählscheibe, während Moni ungläubig den Kopf schüttelt. – Nichts! – Neuer Versuch, ganz langsam und bewusst, ratatata, ratatatata. „Jetzt, ich hab ein

Rufzeichen!"

Nach bangem Warten, bei sechs bis acht mal tuuten, meldet sich mit knappem „Hallo" eine verschlafene, männliche Stimme. Nachdem ich mich vergewissert habe, dass ich richtig verbunden bin, erkläre ich mit staksigen Worten, dass unser Gepäck verschwunden ist und wir bald vom Transferbus zum Flughafen abgeholt werden.

Durch zugehaltenen Hörer höre ich ihn in Englisch brummeln – plötzlich laut:

„One moment please – my wife is coming."

„She is coming?", frage ich ungläubig, aber erleichtert über dieses kampflose Angebot.

„Yes, good night." – klick, und ich höre nur noch das Palmenrauschen.

„Na, wer sagt's denn, ist das nicht ein tolles Ding, unser Robinson-Telefon", juble ich, während wir uns in die Arme fallen und fest drücken.

(Im späteren Handy-Zeitalter wird man diese Umstände nicht verstehen.)

Trotzdem werden wir wieder nachdenklich. Wenn die Koffer nun wirklich verschwunden sind, was dann, denn in knapp einer halben Stunde werden wir zum Flughafen abgeholt.

„Da, sie kommt ja schon!" – Keine zehn Minuten sind vergangen und Lichter biegen in unsere Einfahrt, blenden uns und schalten ab.

„Good evening!" Unsere „Domina" wirkt ausgeglichen und entspannt, was uns neugierig macht, weil sie auf unsere Aufregung gar nicht eingeht. Sie schließt das Büro auf, das Neonlicht flackert – und siehe da, unsere Koffer stehen gleich neben ihrem Schreibtisch!

Ziemlich ungehemmt, aber mit freundlichem Grinsen zu ihr, tauschen wir in deutsch unseren Eindruck aus. Irgendwie sind wir erleichtert und doch fassungslos, als wir beim weiteren Smalltalk den Eindruck gewinnen, dass die Inhaberin der Anlage bei Ankunft und Abreise sowieso da gewesen und es somit kein Problem gewesen wäre, die Koffer im Büro zu deponieren, ohne ein teures Zimmer zu mieten. So sind wir ziemlich sprachlos und die letzte Viertelstunde wird noch ziemlich lang und peinlich, weil uns und ihr nicht mehr viel zu reden einfällt. Auch ihr scheint es peinlich zu sein, dass sie durchschaut wurde, und sie schiebt nervös zwei Muschelketten auf dem Schreibtisch rum, die sie aus dem Schrank geholt hatte.

Du Schöne bist das Biest, denke ich, Du wirst uns doch nicht in Ehren verabschieden wollen, denn in der Touri-Inselzeitung stand, dass man nur lieben Gästen zum Abschied eine Muschelkette umhängt, als magischer Garant, dass man sicher wiederkommt, ähnlich dem römischen Brauch mit dem Münzwurf in den Trevi-Brunnen.

Endlich, kurz nach zehn, mit fünf Minuten Verspätung, gleiten Lichter in die Einfahrt. Tatsächlich, sie steht auf und hängt uns „lächelnd“ die Muschelketten um den Hals mit einer Andeutung eines Wangenkusses. Luder!, muss ich dabei denken.

„Das ist Ihre Maschine“, deutet unser agiler Fahrer ins Dunkel, als wir auf der geraden Straße sind. In etwa zehn Kilometer Entfernung kommen uns zwei flackernde Sterne fast genau entgegen und senken sich langsam auf die Erde.

„Der ist aber früh dran, unser Jumbo aus Auckland“, bestätigt auch unser Fahrer, aber wir hätten ja noch Zeit, er müsse noch Blumen zuhause abliefern, weil sein Bruder morgen heirate, oder so ähnlich, was wir nicht richtig verstehen.

Also da fühle ich mich wieder als typisch korrekter Deutscher. Solche privaten Seitensprünge eines Dienstfahrers machen mich nervös, vor allem wenn man seine Maschine eben hat landen sehen. Übrigens fahren wir mit einem Taxi, weil wir wohl die einzigen Gäste dieses Transfers sind, was mich auch nicht sehr beruhigt. Er trägt zwar ein Jackett und eine Dienstmütze. Charakterlich wirkt er zwar clever, aber nicht unehrlich. Aber auch das beruhigt mich bei einem Südländer auch nicht sehr, nachdem er jetzt schon einige Zick-zack-Kurse über teils ungeteerte Seitenstraßen gefahren ist.

„It's here!" Erst ein Rohbau, dann ein schicker flacher Bungalow, noch grau und unverputzt, erscheinen im Scheinwerferlicht. Im Gegensatz zu europäischen Taxifahrern scheint er nicht schlecht zu verdienen. Nach seinem Neubau helfe er jetzt seinem Bruder bei dessen Hausbau nebenan.

Nach einigen Minuten kommt er verändert aus dem Haus, in zivil, nämlich in buntem Südseehemd. Beim Wenden gleitet sein Scheinwerferstrahl kurz über den Hauseingang, wo uns seine Frau mit ihren kleinen Töchtern eifrig nachwinken.

Erleichtert nehmen wir bald darauf am einzigen Abflugschalter die Bordkarten nach Tahiti entgegen und sind endlich die Koffer los. Wir nähern uns der Zollkontrolle und hören lautes Gelächter. Eine Clique gestandener Männer der Sorte „alle Neune" steht fröhlich feixend um einen nackten Türrahmen, der gerade wieder laut quäkende Alarmtöne von sich gibt, als einer von ihnen durchgeht. Der kleine genervte Beamte fordert von ihm die Schlüssel und schickt ihn wieder durch. Erst als der Beamte auch noch seine Armbanduhr und seinen Geldbeutel in Händen hält, gibt der einfache Metalldetektor Ruhe. Da es kein Fließband mit Plastikschalen gibt, in die man seine Metallsachen reingeben kann, dürfen auch wir das Spiel mit einzeln ausgehändigten Metallteilen mehrfach wiederholen.

„Wir werden hoffentlich nicht entführt", denke ich laut, als die Maschine gar noch eine Viertelstunde früher, schon um 23:15 Uhr, startet. Der Flugkapitän muss verliebt sein, dass es ihn so vorwärts drängt. Uns soll es recht sein, so werden wir schon um ein Uhr auf Tahiti landen und vielleicht schon vor zwei in unser ersehntes Hotelbett sinken. Dieser Flug ist der kürzeste Katzensprung auf unserer Weltreise, nicht länger als ein Mallorcaflug.

Während in uns noch der Abschiedsgesang des alten Mannes mit seiner Ukulele aus dem Abfluggate von Rarotonga nachklingt, wird auch schon unser lang ersehntes Abendessen serviert. Und kaum ist das Mitternachtspicknick abgeräumt und der Zollfreiwagen durch die Reihen gequetscht, dröhnen die Triebwerke dumpfer, der Flug wird wackliger und „klick-klick“ hört man die Gurte einrasten, aha: „Fasten seat belt“ leuchtet wieder. Ich starre durch's Bullauge in die Nacht und Minuten später erkenne ich Reihen schwacher Straßenlichter, schon fast in Augenhöhe, und „rumpel-bumms“, schon sind wir auf Tahiti gelandet.

Herrlich! – Samtweiche, milde Nachtluft streichelt uns, als wir aus dem gekühlten Flieger auf die Gangway treten. Überall schummrig orange-gelbe Sparbeleuchtung. Erwartungsvoll stolpern wir über den dunklen Beton den anderen nach, auf das hüttenähnliche Empfangsgebäude zu. Unser Jumbo hat uns praktisch vor der Türe abgeladen.

„Hörst du? – Ich fühl mich schon zuhause in der Südsee“, schwärme ich, als wir mit jedem Schritt deutlicher typische Südsee-Rythmen und -Gesänge hören.

Die Leute vor uns stoppen im Dunkel vor dem Eingang. Ein schlanker Mann in weißer Hose und weißem Hemd gibt uns was Kleines Weiches in die Hand. Mmmh, die duftet, zwar kein Blumenkranz, aber wenigstens eine kleine, noch geschlossene Frangipaniblüte. Sie duftet wie teures Parfüm. Während ich noch an ihr schnuppere, treten wir in die kleine Empfangshalle und werden in voller Lautstärke von den fröhlichen Südseeweisen aufgemöbelt. Fünf ältere Insulaner und eine Frau klimpern fröhlich auf ihren Instrumenten. Die Frau zupft sogar an einem improvisierten Bass, bestehend aus einem Besenstiel und Blechkanister, über den einige Drähte als Saiten gespannt sind.

Während wir in der Warteschlange stehen, bedauere ich die Bassistin, die im Spiel unverhohlen gähnt und müde ihren Kopf sinken lässt. Möglicherweise hat sie tagsüber nen Stall voll Kinder und macht noch nachts diesen Nebenjob. Es macht nachdenklich, aber trotzdem sind wir dankbar, dass man in dem überlaufenen Tahiti rund um die Uhr so stimmungsvoll empfangen wird.

„Ich fühl mich hier zuhause obwohl ich noch nie hier war", schwärme ich, „wir kommen aus der Südsee und sind schon wieder in der Südsee, ist das nicht herrlich?"

Nur die europäischen Eroberer haben die Kulturen politisch getrennt, aber an der Musik merkt man die Einheit der Südsee. Bei diesen Gedanken in der Warteschlange vor der Zollkontrolle eilen gerade zwei uniformierte französische Polizisten an den Musikern vorbei. Was ein Kontrast, zwei typische „Flics" in dunkelblauer Hose, hellblauem Hemd und dem steifen Hut, der zylinderförmigen Schildmütze, dass wir uns wie im Urlaub in Südfrankreich fühlen. Was wäre das für ein Gefühl, denke ich, ohne Nationalismus, wenn wir auch noch ehemalige deutsche Kolonien hätten und uns in den Tropenferien plötzlich die vertrauten deutschen Polizeiuniformen über den Weg liefen?

Hoppla, ausgeträumt, ich stehe am roten Abstandsstrich vor dem Passschalter ... bum-bum, ein Stempel in den Pass und schon ist das lästige Zeremoniell hinter uns.

Nichts mit Hula-Küsschen, wieder ein Mann, denke ich, als wir freundlich, aber höflich kühl von einem schlanken Franzosen, so Anfang vierzig, begrüßt werden. Ei, schau an! Etwas verlegen überreicht er jedem doch noch einen Blütenkranz, den wir uns, auch die Damen, selbst umhängen müssen.

Vorurteilsschwanger, wie ich nun mal bin, kombiniere ich: „Hier leben wohl viele geschiedene Aussteiger, die den hübschen Insulanerinnen die Arbeit wegnehmen. Oder die froh sind, dass sie nicht in der Nacht arbeiten müssen."

Wie auf einer Autobahn in der Provence huschen wir in dem Kleinbus mit vier anderen Gästen, über eine vierspurige Rennpiste mit trockenen Straßenböschungen durch die Nacht. Aber schon nach fünf Minuten hat diese Illusion ein Ende. Bald rumpeln wir durch eine verschlafene Hauptstraße mit wenig

Leuchtreklamen, die mich an eine französische Mittelmeerstadt in den sechziger Jahren erinnert.

„Hotel Royal – bon nuit“, hören wir den Fahrer, als er die Autotüre zuknallt und wir wieder mal verloren im Dunkel mit unsern Koffern auf der Straße stehen.

„Und hier soll es nur über die Straße zur Fähre nach Moorea gehen?“, frage ich verschlafen, „vorerst sehe ich nur schwarz.“

„Komm, lass uns schlafen“, drängt Moni zum unauffälligen Hoteleingang, „das sehen wir morgen.“

„Du meinst heute morgen, in sechs Stunden“, brumme ich und rattere mit dem großen Koffer hinterher.

Hafenkneipenatmosphäre mit Tropenflair strahlen einige breitformatige Ölbilder um die Rezeption aus, mit tanzenden und kosenden Paaren. Man meint, die Bilder leben. Während mich die Bilder, trotz der muffigen Atmosphäre, wieder heiter stimmen, berührt das meine Partnerin gar nicht, denn bevor ich mich im Hotelzimmer richtig orientiert habe, liegt sie schon wie bewusstlos im Bett. So süß entrückt wie ein erschöpftes Kind liegt sie da, dass ich sie fotografieren und filmen muss, was sie trotz meiner Kommentare nicht mehr aus dem Traumland zurückbringt. Während mich die Freude, endlich in Tahiti zu sein, so aufdreht, dass ich erst gegen halb drei Uhr früh in den Schlaf entrücke.

Lärmiges Papeete

„Quietsch, kreisch, ratter, bum-bum!“ So romantisch werden wir von der Großbaustelle vor unserem Fenster auf der Rückseite des Hotels geweckt – und das kurz nach sieben! Wirklich wie in Europa. Nur Lärm, Häuser und Straßen, im Hintergrund ein grüner Hügel vor nebelig verhangenem Himmel.

Naja, dass Papeete, die Hauptstadt Tahitis, nicht Tahiti ist, hatten wir schon oft gelesen und gehört, darum wollen wir auch die drei Tage Polynesien auf der ruhigeren Nachbarinsel Moorea verbringen.

Ratter – bum-bum, alle Mühe ist vergebens. Wir wälzen uns im Bett mit Stöpsel in den Ohren, um dem Morgen noch ein Stündchen Schlaf abzutrotzen, aber es bleibt bei den vier Stündchen.

Muffig wie ein altes Wiener Kaffeehaus mit alten Polstern und schweren Vorhangstoffen empfängt uns der Frühstücksraum. Spartanisch französisch, das schlichte Konfitürenfrühstück.

„Endlich mal wieder klebrige Aludeckelchen von den Marmeladedöschen ziehen, ach wie haben wir das vermisst“, lästere ich über unsern Frust.

Man merkt schon, dass dies Haus nur ein Umsteigebahnhof ist, auch wenn es sich rühmt, das älteste Hotel der Insel zu sein. Dafür findet es der Hotelier sofort „naturelment“, dass wir die Koffer bis zur Abreise in einen Raum stellen können, wo dann auch schon Dutzende stehen, und das zum Nulltarif.

Da unsere Fähre erst gegen Mittag fährt, haben wir noch fast zwei Stunden Zeit, die quirlige Hauptstadt französisch Polynesiens zu beschnuppern. Das Schnuppern vergeht uns jedoch schnell, als wir aus dem Hotel auf den Boulevard Pomarè treten. Der wohlklingende Name früherer Könige hat nicht viel mit dem Lärm und Gestank dieser hektischen Hauptstraße gemeinsam. Das Städtchen Papeete ist eigentlich überschaubar, aber die ganze Insel soll 180.000 Einwohner haben, und wenn die in die Stadt zum Arbeiten und Einkaufen drängen, dann wird es eng und laut.

„Richtig, einkaufen!“ Wir wollen in die große Markthalle. Dazu brauchen wir erst Geld und zwar Pazifische Francs. Wider erwarten war der Wechselkurs nicht identisch mit dem Französischen Franc, sondern blieb seit Kriegsende eine eigene Währung ohne Reformen, sodass man für ein Essen mit mehreren tausend Francs bezahlen muss, (1 € heute ca. 120 XPF, wie die Kurzbezeichnung lautet). Auch bei Umrechnung bleiben die Preise überdurchschnittlich hoch, denn statt einer Einkommenssteuer wird der staatliche Obolus voll über die Konsumsteuer, also eine sehr hohe Mehrwertsteuer, eingetrieben.

„Was, so teuer!?“, entfährt es mir auch prompt, als wir für das Einlösen eines 50 US$-Traveller-Schecks umgerechnet 8,50 DM Wechselgebühr zahlen sollen. In anderen Ländern mussten wir keine oder nur eine geringe Gebühr bezahlen weil das beim Kauf der Schecks schon abgegolten war, versuche ich der broncebraunen Bankangestellten zu erklären. Nein, das gehe nur für Reiseschecks in französischen Francs, nicht für ausländische.

„Aha …“, bleibt mir mal wieder Mund offenstehen ob der nationalen Eigenwilligkeit der Franzosen, „genau wie in Frankreich, wo wir uns auch schon ärgerten, weil wir für unsere Euro-Schecks kräftige Sondergebühren zahlen mussten, entgegen dem internationalen Abkommen“.

Da diese Gebühr für jede beliebige Summe gleich hoch sei, sind wir gezwungen, am Schalter kurz zu beraten, wie viel wir in den drei Tagen wohl verbraten könnten, um nicht nochmals wegen einer kleinen Summe wechseln oder zurücktauschen zu müssen. Etwas gereizt durch den Druck der wartenden Angestellten, entscheiden wir uns nach kurzer, deftiger Diskussion für 150 $.

Riesig ist die Markthalle und sogar zweistöckig, die wir 100

Meter weiter finden. Von außen ein unfreundliches Stahlgerippe von parkenden Autos umlagert. Innen unerwartet ordentlich, wie ein Kaufhaus. Ist es auch eher, denn Gemüse und Obst nehmen nur ein Drittel der Parterrefläche ein. Vom Haushaltszubehör bis zu Hularöckchen, die säuberlich aufgereiht sind, ist alles zu haben. Die Ordnung verblüfft mich. Trotz der offenen, lärmigen Hallenatmosphäre ist es hier nicht so schmuddelig wie in südfranzösischen Markthallen, obwohl in einer Ecke metergroße, blutige Thunfische zerlegt werden. Braune, mollige Marktfrauen mit Blüte hinterm Ohr sind da und dort eifrig beschäftigt, ihre Waren gefällig zu ordnen oder sauber zu halten.

Sogar eine Rolltreppe führt in den ersten Stock. Dort ist alles bunt. Teils zwanzig Meter lange Flure nur mit pastellfarbenen Pareos kann man durchwandern. Trotz teurem Tahiti sind diese wieder günstig mit 14,- Mark durchschnittlich. Allerdings mehr Fabrikherstellung und nicht so kunstvolle, kreative Handarbeit wie bei den Cookis.

Wir folgen Musikklängen. Vor leeren Bistrotischen verausgabt sich eine acht-Mann-Folklorekapelle und ihr Frontmann singt herzerweichende Melodien. Mit ihren hellen Anzügen und den kleinen Sombreros erinnern sie mehr an mexikanische Mariachis. „Morgens vor zehn!? – Zur falschen Zeit am falschen Fleck“, stellen wir beim Weitergehen fest und lassen die eifrigen Jungs alleine weiter klimpern.

Die „Musik“ außerhalb der Halle ist dafür total daneben. Stinkende Diesel, knatternde Mopeds die einem fast über die Zehen fahren. Diese Reize können wir auch am Mittelmeer genießen. Die Erkundung anderer Straßen bringt auch keine neue Erkenntnis. Grauer Himmel, graue, laute Straßen, nichts, nicht mal ein altes Kolonialgebäude, das etwas an Tropen oder Südsee erinnert, ist zu finden. Nur unterschiedlich braune Menschen in meist abgetragener europäischer Kleidung. Lediglich die Touristinformation in einem kleinen Park am Hafen täuscht mit einem großen Palmblätterdach noch etwas Südseestimmung vor.

Nachdem wir dort noch etwas in Prospekten geschnuppert haben, entschließen wir uns, im nahen Hotel unser Gepäck zu holen, obwohl unsere Fähre erst in gut über einer Stunde, also um halb zwölf, fährt.

„Schon wieder eine Sorge weniger“, atme ich auf, als wir die Koffer vor dem kleinen Fahrkartenschalter abstellen. Es ist nur ein Container, zehn Meter vor der Kaimauer. Dreißig Meter hinter uns, über der lauten Hauptstraße, unser Hotel. Zuhause konnte ich mir nicht vorstellen, dass das alles so nahe beieinander liegt. Am Telefon hatte ich dem Reisebüroleiter noch gedroht:

„... wehe, wenn wir unsere Koffer doch drei- bis vierhundert Meter weit zum Hafen schleppen müssen, dann schicke ich Ihnen die Taxi-Rechnung!“

Er hatte so locker versprochen, das sei kein Problem, „Sie müssen nur über die Straße zum Schiff“. Das klang uns stark übertrieben, wenn man andere Hafenstädte kennt, aber er hatte recht.

„Was meinst du, wo sollen wir unsere Koffer hinstellen?“

„Dort, neben den Gittercontainer“, antwortet Moni.

„Einfach offen zwischen Autos, Passanten und Kaimauer“, frage ich ungläubig und schaue dabei den jungen Fahrkarten-Boy, hinter seinem Kassenfensterchen, scharf an.

„Oui“, nickt der selbstverständlich.

Unsere Fähre geht erst in einer Stunde, so schielen wir immer wieder nach unseren Koffern, während wir beobachten, wie eine riesige Katamaranfähre, mit Düsengetöse und gischtschäumend, direkt an der Kaimauer anlegt.

Nach und nach gesellen sich weitere Koffer zu unseren. Aber der Arbeiter, der gelegentlich vorbeischaut, erlaubt auch den anderen Gästen nicht, die Teile in den Container zu stellen, sodass wir weiter unsere Koffer beobachten müssen. Dabei bemerken wir nicht, dass eine zweite Fähre in den Hafen eingelaufen ist, die nun schäumend und prustend neben der ersten anlegt, während sich langsam ihre Bugklappe öffnet, bis sie wie ein gefräßiger Raubfisch aussieht, der scheinbar viele kleine Spielzeugautolein ausspuckt.

Und wenig später sehen wir vom obersten Deck, aus der Höhe eines mehrstöckigen Wohnhauses, auf das Gewimmel der kleinen Menschlein auf dem Kai und erkennen, dass gerade zwei Arbeiter die letzten Koffer in den Gitterkasten stellen.

„Sind unsere dabei?“, fragt Moni besorgt.

„Ja“, kann ich nach konzentriertem Adlerblick bestätigen, als uns gerade eine lachende Frau und ihr Mann von der Seite anstupsen.

„Oh, hello!“, rufen wir aus einem Mund. Es ist das amerikanische Ehepaar, das wir schon auf Aitutaki kennengelernt hatten und dem wir in der letzten Nacht in der Warteschlange am Flughafen kurz begegnet sind. Nachdem wir unsere ersten Erlebnisse ausgetauscht haben, verlässt unser schwimmendes Hochhaus den schützenden Hafen und fängt an kräftig zu schaukeln. Aber schon heulen die Turbinen laut auf, wie bei einem startenden Flugzeug, und unser Riesenkatamaran schießt gewaltig vorwärts, dass alle Frisuren an Deck im Winde flattern und jeder mit den Augen blinzelt. Die scheinen wirklich Flugzeugtriebwerke als Antrieb zu haben.

„Mensch, das Ding ist ja fast so schnell wie ein Rennboot“, schreie ich anerkennend in den Wind, während wir uns fester an die Reling krallen, „nur Lärm und Treibstoffverbrauch gewinnen sicher nicht den Umweltpreis“, füge ich spöttisch hinzu, „aber das stört die Franzosen ohnehin wenig. Auch auf den Straßen bevorzugen sie meistens den Kamikaze-Fahrstil. Wie oft hatten wir in Frankreich nicht nur um unser heilix Blechle gezittert. Aber eitel, wie wir die Franzosen kennen, geht es ihnen hier auch noch um's Prestige, wie einst mit der doppelschallschnellen Concorde. Den vielen Amis, die Tahiti besuchen, kann man hier zeigen, dass Frankreich technisch kein Entwicklungsland ist."

Tatsächlich scheint diese Taktik Respekt einzuflößen, denn unsere Amis deuten an, dass sie unter Deck wollen. Wir folgen, sind aber schnell wieder im frischen Fahrtwind, als wir feststellen, dass innen nur breite Sitzreihen wie im Jumbo-Jet sind. Alle mit Blick nach vorne, nicht auf die herrliche Südsee, sondern auf drei flimmernde Bildschirme. Auch wenn an Deck kein Sitzplatz mehr frei ist, lassen wir uns lieber den Fahrtwind und die Gischt um die Ohren sprühen. Unbeeindruckt von herumalbernden Jugendlichen genießen wir die inzwischen fast unheimliche Gewitterstimmung mit tief hängenden schwarzen Wolken und tintenblauem Meer, garniert mit grellweißen „Sahnetupfen", während unser „Hochhaus" leicht schwankend dahin braust. Auf der etwas windgeschützten Heckseite sehen wir die dunkeln Umrisse Tahitis immer kleiner werden.

„Du, ich glaube, die liefern sich ein Rennen", zeige ich auf eine etwas kleinere Fähre, die uns in etwa 500 Meter auf backbord folgt.

„Meinst du?"

„Ja, schau doch, jetzt schert sie aus und kommt sichtlich näher. Das muss die Fähre sein, die vor unserer im Hafen lag, aber uns vor kurzem noch als kleiner, weißer Punkt aus dem Hafen folgte.

„Und du meinst die hat uns schon eingeholt", zweifelt Moni.

„Natürlich, es war kein anderes Schiff hinter uns. Schau doch, wie sie Gischt sprühend aufholt!"

Trotz der drei Stockwerke sieht der schnittige Zweikufer auch von der Seite wie ein riesiges Rennboot aus.

„Tatsächlich, jetzt ist sie schon auf gleicher Höhe."

„Und merkst du, dass unser Kapitän auch mehr Gas gibt und sie nicht vorbeilassen will? – Ich sag's dir, wie auf französischen Autobahnen", füge ich hinzu.

Einige Minuten gibt es ein zähes Kopf-an-Kopf-Rennen und

die wolkenverhangenen Berge von Moorea werden immer plastischer. Die Überfahrt ist ja nur 17 Kilometer.

Der Kapitän auf der „Kleinen", ca. 300 Meter neben uns, muss voller Wut sein, dass unser Schiff vor ihm auslief, obwohl es später kam. Haushohe Bugspritzer duschen sein Boot, und tatsächlich schiebt er Meter um Meter die Nase vor – und hat uns schließlich überholt, als uns auch schon die dunkelgrünen, bizarren Berge Mooreas mit schwarzen Wolken drohend überragen, die uns auch urplötzlich mit einem heftigen Tropenregen begießen. So flüchten wir die letzten zehn Minuten doch noch in die Fernsehsessel zu unseren Amis und wühlen unsere Regenhäute, die wir noch nie benötigten, aus dem tiefsten Grund unserer Rucksäcke.

Kaum an Deck in der Warteschlange zum Ausstieg muss ich Petrus formell ernsthaft rügen, denn ein greller Sonnen-Spot blendet durch die dampfenden Wolken genau auf unsere „Rennfähre" und lässt uns sofort wie im Plastikbeutel schwitzen, denn windstill ist es hier auch wieder in dem geschützten Hafen. Schimpfend knuddeln wir unsere Plastikjacken wieder in den Rucksack, während wir von der Masse weitergeschoben werden.

Moorea „Ho-jahoo“

Chaotisches Marktgetriebe empfängt uns an Land. Es hat tatsächlich mit Palmblättern überdachte Marktstände mit quäkenden Obstverkäuferinnen in bunten Pareos. Ein wohltuender Kontrast nach der Hightech-Atmosphäre an Bord und dem allzu europäischen Tahiti.

Gott sei Dank, denke ich, es gibt sie noch die Südseewelt Gauguins, wie vor hundert Jahren. Aber zum Staunen ist jetzt nicht die Zeit. Konzentriert versuchen wir in diesem ungeordneten Gewühle von an- und abreisenden Passagieren jemanden zu finden, der ein Schild oder Stück Papier mit dem Namen unseres Hotels hochhält. Es gibt schon einige Abholer. Jene der bekannten Reisegesellschaften sind schnell überblickt. Private, mit handgeschriebenen Zetteln, die man erst aus der Nähe entziffern kann, haben wir auch schon abgeklappert.

Zwischenzeitlich machen wir uns Sorgen um unsere Koffer. Moni hat im Gedränge einige grüne Gittercontainer entdeckt. In einem sind unsere drin und sie drängt, dass wir sie raus nehmen. Sie ist in Sorge, dass sie mit Abreisekoffern vertauscht werden, denn es sind nur noch vier Stück drin. Erst mal beikommen. Zwei personenreiche, englisch sprechende Familien haben sich ausgerechnet den Platz davor ausgewählt, ihre lautstarke, umarmungsreiche Begrüßungszeremonie zu veranstalten. Höfliches Bitten und immer lautere Zwischenrufe meinerseits werden im Emotionsrausch gar nicht zur Kenntnis genommen. Als ich mich körperlich dazwischendränge, erfolgt eine kurze Aufgebrachtheit und das Geschnatter geht weiter, sodass ich mit unseren Koffern grobe Stöße austeilen muss, weil die Wiedersehensberauschten nicht bereit sind, auch nur einen Schritt auszuweichen.

„Nun haben wir mal die Koffer, aber immer noch keinen Transfer?“

„Bleib du da, ich schau mal da drüben", sage ich, während ich zu den Marktständen drängle. Dort finde ich auch einen Informationsstand.

„No", schüttelt die Eingeborene mit der großen Hornbrille den Kopf. Sie sei nur für die örtliche Agentur zuständig, aber Ausflüge könne ich gern bei ihr buchen. Das Gedränge hat sich aufgelöst, die Abreisenden sind an Bord. Wir starren angespannt in die Runde und fragen jeden Einheimischen nach unserem Hotel.

„Hotel Moorea Lagoon", wiederholt ein graugelockter Eingeborener in abgetragenem Hemd und Bermudas, der gerade mit einem anderen älteren Begleiter aufgeregt angeeilt kommt.

„Your name? Oui", nickt er bestätigend, nachdem er auf einen Notizzettel geschaut hatte und stammelnd versucht unseren langen Namen nach zu sprechen. Während wir ihn korrigieren, sagt er ungeduldig „o.k., o.k." und bückt sich schon nach dem Koffer neben mir, deutet auf den zweiten: „yours?", während er ihn schon schnappt. Es ist mir peinlich, einen viel älteren Mann für mich schuften zu lassen und rufe, „it's too much for you!", was er scherzend abtut. Er dreht sich um und rennt, von den rund 40 Kilogramm Gewicht doch etwas torkelnd, durch die Umstehenden davon. So schnell, dass wir kaum unser Handgepäck raffen können, ohne ihn aus den Augen zu verlieren.

Als wir ihn bei seinem Kleinbus einholen, klatscht er bereits den Kofferraum zu. Kaum Platz genommen, batscht auch unsere Türe zu, ein Ruck nach vorne und schon brettert er mit uns rumpelnd durch die Tropenlandschaft. Lautstark unterhält er sich mit seinem Begleiter, der vorne mit eingestiegen ist. Sichtlich ein Bekannter, der nur die Mitfahrgelegenheit nutzt.

Moorea liegt etwas nordwestlich von Tahiti und scheint etwas herzförmig. Allerdings mit zwei Einkerbungen oben, die von zwei tiefen Buchten geprägt werden. Nachdem wir nun unsere

Fahrt rechts unten am Herz begannen, umrunden wir beim kleinen Flugplatz den rechten Herzbogen und fahren in die Cooks-Bay, benannt nach dem eifrigen Südseeentdecker Captain Cook. Mit ihren malerisch steil aufragenden grünen Bergspitzen ist sie eines der populärsten Südseemotive.

„Mensch, super, das ist ja eine richtige Häuptlingshütte", staune ich mit offenem Mund, als wir unseren Bungalow über die Holztreppe betreten. Gleichmäßig, aber locker verteilt, stehen rund 25 dieser „Eingeborenenhütten" in der Anlage auf grünem Rasen. Die riesigen Palmblätterdächer haben fast die Höhe eines Einfamilienhauses und sind bis auf Schulterhöhe heruntergezogen, was stark an kleine Schwarzwaldhäuser erinnert. Statt von Schnee oder Sonnenblumen sind sie von bunten Hibiskusbüschen umgeben, deren rote und gelbe Blüten wie bunte Lichter in der Sonne leuchten.

Durch die japanische Pergamentschiebetür betritt man gleich den geräumigen Wohnschlafraum, der von einem großzügigen Rattan-Doppelbett dominiert wird.

Über dem Bett kein „Jesus im Kornfeld", sondern natürlich ein Gauguin-Bild. Die Fenster sind ohne Glas und die Läden bestehen nur aus Holzgitterstäben in vier Zentimetern Abstand. Das Ganze sieht etwas knastähnlich aus, aber garantiert nicht nur permanent frische Luft, sondern auch die Gewissheit, dass hier die Temperatur, im schlimmsten Fall, nicht unter zwanzig Grad absinkt.

Originell sind Klo- und Duschnische. Eine Seite tiefblau gekachelt, die andere Seite offen, mit Holzlamellen belüftet. Einblicke von außen werden durch das tiefgezogene Walmdach verhindert. Nur Kleintiere hätten Durchblick von unten. Wenn sie unter dem auf Pfählen stehenden Haus hindurchtrippeln, denn auch neben dem Sanitärbereich ist der Boden mit Holzlamellen offen, sodass man die Erde unter dem Haus sehen kann. Eine geniale Belüftungstechnik, die bei großer Hitze wohl als sehr angenehm empfunden wird und die dafür sorgt, dass der Feuchtraum nicht vor sich hinschimmelt.

„Herrlich, diese Ruhe und Wärme“, schwärme ich, als wir gemütlich Tee und Kaffee auf unserer schattigen Veranda schlürfen. Dazu futtern wir unsern Reiseproviant, Bananen, Kuchen und Kekse, die wir noch in Tahiti besorgt hatten.

„Schau mal, die quirlig kleinen Vögel in dem Hibiskusbusch. Sind wohl die hiesigen Spatzen, nur etwas kleiner. – Sag mal, hast du wirklich schon wieder alles eingeräumt?“

„Natürlich, bin ja geübt“, antwortet Moni.

„Einfach genial, in nur zwanzig Minuten hast du die Koffer aus- und Bad und Zimmer eingeräumt.“

„Das muss ich, das ist mir ein Bedürfnis, dass ich mich gleich zuhause fühle.“

„Und ich muss dazu meine neue Umgebung kennenlernen. Gehst du mit?“

„Natürlich!“ Und schon flanieren wir barfuß durch die grüne Anlage mit ihren romantischen „Scharzwaldhäuschen“.

Übermütig filme ich Moni, wie sie als „Eingeborene“ im bunten Pareo und Hibiskusblüte, über dem rechten Ohr natürlich, an blühenden Büschen vorbei, durch die scheinbar menschenleere Anlage schlendert.

Endlich Ruhe, endlich „Silber-Flitterwochen“! Auch das Bewusstsein, endlich am Höhepunkt unserer Reise zu sein, entspannt uns total.

„Schau mal, diese total ausgefranste Hibiskusblüte, ein Koralleneibisch! – Oder hier, sogar ein weißer Hibiskus zwischen roten und gelben. Die hab ich selbst auf den Kanaren noch nie gesehen.“

„Ja, jaa“, spöttelt Moni gelangweilt, „man merkt halt schon, dass dein Großvater als Stadtgärtner in Überlingen Kakteen gesammelt hat und dein Vetter Josef Gartendirektor auf der Insel Mainau war.“

Moorea,
endlich
typisch Südsee

Im Auslegerkanu

Schicke
Rattaneinrichtung

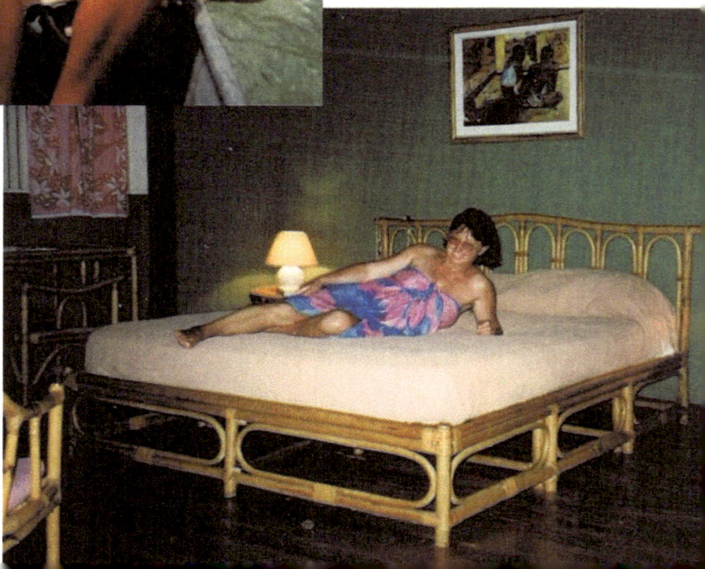

„Aber es ist doch paradiesisch, musst du doch zugeben – nur der Strand hier ist sehr bescheiden“, deute ich auf den nur dreißig Meter breiten schmalen Strandstreifen vor der Restauranthütte.

„Dafür ist er nicht überfüllt mit kaum zehn Leuten.“

„Wirklich sehr ruhig hier. Gehn wir mal die Uferhütten entlang?“

Nur vor einer Hütte sitzt ein Mann im Liegestuhl, kräftig, so Mitte dreißig.

„Aha, guten Tag, sind Sie auch aus Old-Germany?“, spreche ich ihn gleich fröhlich an, als ich einen deutschen Reiseführer in seinen Händen erkannt habe.

„Oh ja, wir sind hier nicht so stark vertreten wie auf Mallorca. Seit zwei Tagen bin ich der einzige Deutsche in diesem Hotel. – Seit wann sind Sie denn da?“

„Ganz frisch eingetroffen sind wir, und Sie kommen wohl eher aus Norddeutschland?“

„Ja, aus der Gegend von Münster ...“ Mehr brauche ich nicht mehr zu fragen, denn er redet gern und ausführlich. So erfahren wir, dass er schon weit gereist und ein schlimmerer Südsee-Narr ist als ich. Er hat sich sechs Wochen Zeit und Geld genommen, um nur die wichtigsten Inseln in französisch Polynesiens abklappern, und bleibt auf jeder rund eine Woche.

Er sei auch kein Millionär, meint er auf meinen neidvollen Einwand. Andere leisten sich Familie, Haus oder einen BMW. Er dagegen spare und nehme alle zwei bis drei Jahre unbezahlten Urlaub für solche Seitensprünge.

Er weiß auch, warum die Anlage so leer steht: „weil kein vernünftiger Strand mehr da ist“.

„Nicht mehr?“, frage ich verwundert.

„Ja, vor drei Jahren hat ein Taifun den ganzen Strand weggefegt, wie ein Staubsauger. Darum stehen jetzt die vorderen Bungalows an einer meterhohen, von der Brandung ausgefressenen Böschung, die gleich ins Wasser abfällt.“

Ob die Lagune gut zum Schnorcheln ist, frage ich. Wieder holt er weit aus und zählt die besten Schnorchelgebiete der Welt auf. Die Malediven seien wohl schon das Höchste, meint er schließlich. Zuerst sei er hier enttäuscht gewesen, aber je mehr er in die Nähe des Riffs schnorchelte, umso mehr sei er beeindruckt gewesen. Was da so alles schwamm, sogar kleine harmlose Riffhaie.

Naja, denke ich, als Anfänger will ich solchen „Beißerchen" gar nicht unbedingt begegnen und werde mich wohl nicht so weit hinaus wagen.

„Die Sonne sinkt, es wird kühler - es hat sicher nur noch 22 Grad - und wir sollten noch aufräumen und, und, und ..., man sieht sich wohl beim Abendessen?", entschuldigen wir uns, bevor wir wieder unserer riesigen „Häuptlingshütte" zustreben.

„Ein Glück, dass wir zuhause doch noch Halbpension gebucht haben."

„Stimmt", antwortet Moni, während sie die Speisekarte hin und her blättert, „die Preise sind ganz schön gesalzen und als Pflanzenfresser ist man hier eh fehl am Platz."

In dem schummrigen Speisesaal sind nur sieben Tische mit je einem Pärchen besetzt. Schummrig, weil die stärkste Glühbirne wohl nur 40 Watt alter Art hat, denn Strom ist im Paradies teuer, weil er meist von Dieselgeneratoren erzeugt wird. So wirkt das braun vergilbte Foto der letzten Königin von Tahiti, Pomaré IV., die von 1847 bis 1877 unter französischem Protektorat regierte, noch echter und geheimnisvoller. Daneben hängt noch ein zwei Meter breites Panoramafoto der Bucht von Tahiti, wie sie vor 150 Jahren ausgesehen hat. Mit wenigen Häusern, die man noch zählen kann.

„Der Fisch war wirklich lecker zubereitet und einen Salat als Vorspeise haben wir auch schon lange nicht mehr genossen. Man merkt halt doch schon den französischen Einfluss, vor allem natürlich beim Wein - prost, Moni - ist ja klar, dass hier keine australischen oder neuseeländischen Weine auf der Karte stehen, hier trinkt man wieder, fast wie zuhause, französischen ..., ups ...“, ein Karamelldessert steht vor mir, „... man hört sie nicht, es ist ungewohnt lässig, aber trotzdem elegant, wie die Bedienungen in bunten, langen Blütenkleidern, aber barfuß, nicht in ausgetretenen Badelatschen, lautlos durch den Raum huschen.“

Eine ist besonders hübsch, groß und selbstbewusst. Was sie für eine Rolle spielt, ist nicht ganz klar. Sie hat schon an anderen Tischen Gespräche angeknüpft. Zuletzt längere Zeit bei dem Paar hinter uns. Viel verstand ich nicht, denn es sind echte Franzosen. Aber aus wiederholten Worten konnten wir etwas erahnen.

Ah, jetzt kommt sie prompt an unsern Tisch, als die Dessertteller abgeräumt sind.

Zuerst fragt sie, ob alles o.k. war. Woher wir kommen, wie es uns gefällt. Als ihr nichts mehr einfällt, fragt sie unvermittelt, ob wir uns für schwarze Perlen interessieren.

Aha, jetzt ist es raus, denke ich. Die Schmuckspezialität der Südsee. In Cook-Islands weniger, aber auf Tahiti stießen wir schon öfter auf Werbung für „Black Pearls“. Sie werden auf den östlicher liegenden Tuamotu-Inseln gezüchtet, sind aber nicht pechschwarz, sondern betören mit einem dunkelgrau-blauen Metallic-Schimmer. In Europa wenig bekannt und sicher viel teurer als hier am „Zeugungsort“. Das wissen die Eingeborenen, darum wird man immer wieder auf besondere Schnäppchen angesprochen.

Da meine „Silberbraut“ kein Faible für echten Schmuck oder Perlen hat, lehnen wir den Termin bei einem Schwarzperlenjuwelier dankend ab. Der schönste Schmuck für eine Südseeinsulanerin ist für uns immer noch die leuchtend rote Hibiskusblüte im Haar.

... während das französische Paar hinter uns schon ganz heiß geworden ist, er immer lauter schwärmt und schließlich das

Mädchen heran winkt, um mit ihr einen Termin zu machen.

Wir genießen zur leisen Tamuremusik noch unseren letzten Schluck Roten und fallen danach glücklich und müde in unser Rattandoppelbett. Licht aus und schon sind wir weg – nein, „was raschelt da?", Moni fährt hoch: „Was ist das – hast du's gehört, wir haben was im Zimmer?!"

„Das kommt von oben, aus unserm Palmblätterdach", brumme ich müde.

„Schon wieder – hörst du – direkt über uns, ich hab Angst", und klick, blendet mich ihre Nachttischlampe.

„Also, dann schau ihn dir an, wenn du ihn findest", beruhige ich sie, „das ist nämlich unser Hausmeister."

Raschel ...

„Da hat es sich wieder ... und dort hat es sich auch bewegt, ich sehe leuchtende Augen an der Decke – sind das ..."

„... richtig, Geckos!", ergänze ich. „Nichts Wertvolleres in einer Tropenhütte als seine eigenen Geckos. Diese eidechsenähnlichen Nachttierchen mit ihrem breiten Kopf, den hervorstehenden Augen und Saugnäpfchen an ihren gespreizten Fingerchen halten uns Spinnen, Mücken und anderes Ungeziefer fern, fressen es einfach auf – jetzt aber gute Nacht!"

„Kickerikiiie ... ", Jetzt reicht's, denke ich und öffne vorsichtig mein linkes Auge einen Millimeter, nachdem ich nun schon mehrfach an Vogelgekreische und -gezänke aufgedöst bin. Auge ganz auf: Es ist tatsächlich schon etwas hell. Ich drehe mich auf den Rücken.

Mensch, Mann, du bist im Paradies, in Polynesien, denke ich. Diese Ruhe, kein Dauersturm, nur Vogelgekreische – das prompt aufhört, als ich es mit Video aufnehmen will – und dazwischen ein gallischer Hahn, der jetzt auch schweigt, als ob er sieht, dass er den Deutschen wach gekriegt hat.

Die Atmosphäre ist jedoch eher japanisch. Das Licht schimmert gedämpft durch die Pergamentpapierfüllungen in der

Holzschiebetür.

Es raschelt wieder. Ach, unsere Mitbewohner sind auch schon wach. Also, hier sind die Tierchen schon gewöhnungsbedürftig. Als wir in Portugal vor einem Jahr, die ersten Geckos im Haus hatten, sind sie lautlos über Wände und Decke gehuscht. Im Dunkeln konnte man sie vergessen. Aber gestern Abend sind wir beide beim Einschlafen immer wieder aufgeschreckt, wenn es über unseren Köpfen raschelte. Der Verstand sagt zwar immer wieder, „die sind sicher, die stürzen nicht ab ...“. Aber das ängstliche Gefühl quälte uns immer wieder im Halbschlaf. „Bist du sicher, dass noch nie eine Echse abgerutscht ist? Stell dir vor , da klatscht im Dunkel so ein krabbliges, klebriges Etwas auf's Kopfkissen – oder gar ins Gesicht?“

Nein, entspannend ist der Gedanke auch im Schummerlicht noch nicht. Erst zehn nach sechs. Meine Vahine (Frau) neben mir ratzt noch tief und fest. Wie wär's wenn ich mal rausgehe?

Und so wandle ich im kurzen Schlafdress, in der schon milden Morgenluft, zwischen den scheinbar menschenleeren Palmdachhäusern, überragt von der bizarr geformten Bergkulisse, die wirkt wie eine Modelllandschaft aus gefaltetem Krepppapier mit grünem Moos überzogen.

„Ei, das ist aber nicht gerade üppig“, entfährt es mir, als wir später in den Frühstücksraum treten. Frühstück auf französisch-polynesisch: Auf einem langen Tisch mit kunterbunter, braunroter Tischdecke stehen verloren einige schon ziemlich geräumte Platten mit verschiedenen Südfrüchten, wie Orangen, Bananen, Grapefruits und Papayas. Über einige zerrupfte Wurst- und Käsescheibenreste sehen wir großzügig hinweg. Immerhin bekommen wir auf Wunsch und ohne Widerstände ein gekochtes Ei. Die Südfrüchte lege ich mir wieder in dünnen Scheiben auf's Brot als Marmeladenersatz, weil mir Obst auf leeren Magen in Rohform nicht schmeckt – aber mit dicker Butter darunter ..., o.k., o.k., das ist mein Geschmack bei französischem Frühstücksentzug muss sich keiner damit identifizieren. Und zu viel Cholesterin ist es auch nicht, wenn Wurst und Käse ganz wegfallen.

Um 9:20 Uhr räumen unsere barfüßigen Vahines das bescheidene „Diätbuffet" schon ab. Als um 9:32 Uhr noch ein junges Pärchen hilflos suchend in den Saal tritt, werden sie energisch kopfschüttelnd weggeschickt – zu spät. Das ist hart in der Pampa, wo weit und breit kein Dorf mit Bäckerei oder Café in der Nähe ist. Frühstückszeit ist nur bis neun Uhr vorgegeben und wer erst kurz davor kommt, muss schauen, dass er seinen Teller mit allem vollhäuft, was ihn anmacht, sonst kann nach der ersten Brotscheibe das Buffet leer sein, bevor der Magen voll ist. Das scheinen auch die meisten Gäste zu wissen, die jetzt von den Tischen aufstehen, nachdem ein dunkelhäutiger Polynesier mit perückenartiger Lockenpracht laut gestikulierend auf sie eingeredet hat.

Jetzt kommt er an unseren Tisch.

„..., hello, ist alles o.k", fragt er auf englisch und gleich darauf, woher wir sind, als wir mit o.k. geantwortet hatten.

„Oh, Germany – it's good! Know you Tony Marshall?"

Wir stutzen kurz. In Gedanken gehe ich schnell einige englische Seefahrer durch, als Moni lacht und fragt: „Sie meinen den deutschen Schlagersänger?"

„Yes, ja, ja", antwortet er in herzig rollendem Akzent und fängt plötzlich mit großer Geste, wie ein Operntenor an zu singen: „Bora – Bora eeh, Bora – Bora jipiaeeh ..., Tony Marshall is a good man, it's star, he is very good."

Noch zweifle ich nach der ersten Überraschung, ob er das nicht ironisch meint und versuche, mit meinen wenigen Worten zu erklären, dass er doch wohl die polinesische Folklore kitschig verdeutscht und lächerlich macht.

„Nein, im Gegenteil, ich finde seine Interpretation unserer Lieder interessant und originell. Er ist der einzige ausländische Sänger, der unsere Folklore weltbekannt gemacht hat, das ist doch nicht schlecht, oder? – Ho ja hojahoo!", fügt er fast jodelnd als Bestätigung an.

Als wir ihn sprachlos angrinsen, schwärmt er noch begeistert weiter: „Ich möchte lernen Bora – Bora auf deutsch zu singen – moment, I have a tape", ergänzt er und schwirrt schon aus dem Raum. Er kommt nach wenigen Sekunden mit einem Radiorekorder, sucht ne Steckdose, und klick, schon ertönt die vertraute alte Schnulze im Originalton von Toni Marshall, „Bora – Bora eh ..."

„Bora – Bora jippi-ahee ...", singen wir den Refrain fröhlich, albern mit.

Das begeistert ihn auf's Neue, dass er schon wieder „ein Moment ruft", schon hastig entschwindet, und wir mit dem heimisch trällernden Toni Marshall und den Bedienungen, die klappernd die Tische abräumen, alleine sind.

Aber nein, da kommt er ja schon wieder und schwingt strahlend eine Gitarre.

„Oh, nein", rufe ich lachend, „statt Südseeträume, live, gibt es heute deutsche Schlagerparade auf Moorea". Und zu Moni gewandt: „Ich glaube, die haben hier die falschen Kolonialherren. Ein paar Jahre deutsche Verwaltung und wir hätten hier ein zweites Mallorca, ha, ha, haa."

Die Bedienungen sehen das wohl anders, denn bei der zweiten Wiederholung von Bora – Bora, die wir mit ihm in deutsch üben, schnattert eine von ihnen auf ihn ein.

Er ist einsichtig und bricht nach ein paar Takten ab und stellt sich als Joseph vor. Offensichtlich ist er eine Art Animateur im Haus. Er wolle uns heute Abend einladen zu einem polynesischen Abend, soweit wir ihn verstehen.

„Wo?"

„Hier im Hotel. Es gibt gutes Essen auf der Terrasse, Live-Musik und Tanz."

„Ach so", antwortet Moni, was er gleich nachäfft:

„Ja, aa-sooh."

„Eigentlich wollten wir heute Abend zur großen Folklore-Show in dem, äh ...“

„... Tiki Village Théâtre?“, ergänzt er und ich bestätige: „Ja – oder bietet ihr auch Tamuree-Tänze?“

„Ja, vielleicht nicht so groß, aber etwas.“

„Wir überlegen es uns“, vertrösten wir ihn, während die Bedienung uns fast schon mit dem Besen aus dem Raum schiebt.

„Ho jahoo“, ruft er uns noch mal nach, während er zwischen den leuchtend bunten Hibiskusbüschen verschwindet.

Wir bleiben am Strand stehen und genießen den Blick auf die türkisblaue Lagune mit der ewig weiß schäumenden Linie in der Ferne, beim Riff.

„Sieht aus wie Sahneverzierung am Tortenrand. Sind sicher so dreihundert Meter. Du, was meinst du, wenn wir mit dem Auslegerkanu da raus paddeln, wie gestern das andere ältere Paar, das wir beobachtet haben?“, frage ich .

Viele ängstliche Bedenken äußert meine wasserscheue „Silberbraut“ und sie wolle eigentlich nur mal erholen.

„Aber einmal ist die Benutzung kostenlos, dann ist nichts verloren, wenn du Panik bekommst, und dann haben die offensichtlich nur das eine Boot und das ist im Moment frei, schau bei den Surfern da drüben liegt es – ich frag mal schnell.“

Und so schweben wir kurz darauf leicht schaukelnd über dem hellgrün leuchtenden, kristallklaren Wasserspiegel.

„Herrlich“, schwärmt jetzt Moni, nachdem sich ihre erste Angst gelegt hat, „aber versprich mir, dass du nicht weiter raus paddelst“, kommt schon eine Ermahnung.

„Was denkst du, ich lass dich doch nicht von den kleinen Riffhaien fressen?“

„Ja eben, du weißt, was der Deutsche erzählt hat. – Kann das Boot wirklich nicht kentern?“

„Nee, darum hat es ja den Ausleger. Da, schau, wie unter uns die Fische hin und her huschen. – Schade, dass das Wasser so bewegt ist, sonst könnte man sie gestochen scharf erkennen.“

Das gelingt auch etwas, als ich die Taucherbrille neben dem schmalen Boot auf das Wasser lege. So sieht man auch deutlich, was das für viele dunkle Schatten unter Wasser sind. Tote Korallenblöcke, dunkelbraun mit trotzdem gefährlich scharfen Kanten. Die Blöcke sind relativ dicht gesät, sodass ich beim kurzsichtigen Schnorcheln hinterher höllisch aufpassen muss, um mich nicht aufzuschlitzen wie die Titanic und mit meinem Blut gar noch die Haie anzulocken.

Aber so schlimm ist es wieder nicht. Während sich Moni am Strand langsam entspannt, genieße ich die neongrüne Unterwasserwelt mit vielen kleinen, bunten Fischen und knipse einige Unterwasserfotos mit der Einwegkamera, in der Hoffnung die Fische auf den Bildern schärfer zu sehen, als jetzt ohne Brilleneinlage, die im Sand von Rarotonga begraben liegt.

Im Nu vergeht der Tag mit Sonnenbaden, lesen, schreiben und planen.

Joseph freut sich riesig, als wir um 18 Uhr gewaschen und „gestärkt“ zum Barbecue erscheinen. Die große Folkloreveranstaltung haben wir verworfen, als wir ausgerechnet hatten, dass uns der Abend auf rund 200 Mark kommen könnte und wir die angeblich besseren Tänze schon auf Rarotonga erlebten.

Die Fete ist auf der schon schummrigen Restaurant-Terrasse. Joseph führt uns zum Aperitif, wo schon ein älteres Ehepaar, so um die 60, sitzt. Wohl weil sie die einzigen „Deutschen“ sind an diesem Abend – aus Luzern.

Joseph fragt sie auch gleich, ob sie morgen an der Bootstour auf ein Motu teilnehmen. Sie verneinen dankend, sie wollten sich erst mal erholen. Joseph hätte mit ihnen und anderen Gästen gestern eine fünfstündige Wanderung von der Cooks-Bay zur Opunohu-Bay gemacht, wie sie uns dann erzählen. Teils auf matschigen Wegen, bei strömendem Regen.

„Ah richtig, da waren wir gerade auf der Fähre, als es so heftig regnete“, erinnere ich mich. Ja, das reiche ihnen jetzt, die

Wanderung war zwar schön, aber auch anstrengend.

„Joseph dachte wohl, Schweizer können nicht eben gehen, die haben ja nur Berge zuhause, ha, ha, haa ..."

„Ja, vielleicht hat er sich das so vorgestellt", bestätigt mir mit dem säuerlichen Lächeln der Luzerner.

Weiter brauche ich nicht zu flachsen, Joseph beginnt mit seinem Programm und sucht eine freiwillige Dame, die bereit ist, zu ihm unter die schummrige Glühbirne zu treten. Aber trotz seines muskulös glänzenden, dunklen Oberkörpers über dem exotisch bunten Pareo bestürmen ihn keine weiblichen Fans – kein Wunder, sind ja alles Paare im mittleren bis reiferen Alter. Aber schließlich schafft es Joseph doch mit Charme und Komplimenten, die Hübschesten nach vorne zu locken, denn inzwischen haben sie gemerkt, dass es um eine Pareo-Demonstration geht und sich keine ausziehen muss.

Als erstes die schwarzhaarige, wohl dreißigjährige Begleiterin des sportlichen, lockig grauhaarigen Italieners um die Fünfzig. Beide untypisch still und intellektuell. Nach dem gestrigen Abendessen hatten sich beide am Tisch noch in Bücher vertieft und nur wenige Worte gewechselt. Als Kontrastmodell posiert die rothaarige Frau eines Engländers.

Immer wieder Applaus für Joseph, der aus den quadratischen Seidentüchern immer wieder neue Strandkleider wickelt und knüpft. Vom schlichten Wickelrock über Bikini bis zum sariähnlichen, eleganten Abendkleid.

Auch die Männer dürfen antreten. Einem bindet er eine stramme Badehose, während er einem molligen, schwarzbärtigen Kandidaten das gleiche Tuch auf dem Kopf zu einem Turban bindet.

Diese Pareo-Modenschau war wirklich interessant und eindrucksvoll, aber noch mehr Aufmerksamkeit erweckt nun ein kleiner Mann mit hoher weißer Mütze, der plötzlich aus dem Dunkel des Lokales auftaucht. Alle Blicke starren nicht auf ihn, sondern auf die große, ovale, silberne Platte, die er eben vorsichtig abstellt.

Nach einem erlösenden „Aaaah ..." aus verschiedensprachigen Mündern übernimmt Joseph schnell wieder die Moderation, bevor ihn knurrende Mägen mehrstimmig übertönen. Dabei greift er mit seinen schwarzbraunen Händen in eine große Schüssel mit schneeweißen, frischen Kokosraspeln und erklärt, dass sich auf der mit Reis und bunten Gemüsen dekorierten Platte die exotischen Delikatessen der Südsee, in feine Scheiben geschnitten, befinden.

Wo Europäer skeptisch die Miene verziehen, würden Japaner ausflippen: Rohen Thunfisch dürfen oder sollen wir „genießen"! Nicht ganz pur, sondern mit Zitrone und Kokosnussmilch soll er veredelt werden.

Flink hat Josef auch schon die feuchten Kokosraspeln in ein Küchentuch gewickelt und fängt an es auszuwringen, wobei einige Damenblicke unauffällig das glänzende Muskelspiel an seinen Oberarmen bewundern.

Trotz scheinbar größter Kraftanstrengung mit verzerrter Miene perlen nur wenige Tropfen aus dem streng gewundenen Tuch. Er wiederholt die Übung zwei, drei mal mit vor Anstrengung zitternden Armen, bis er lachend und kopfschüttelnd aufhört. Alles ruft „buuh", denn an seinem Grinsen merken wir, dass er tiefstapelt. Natürlich ist Joseph stärker. Schon legt er richtig los und aus der strammen Stoffwurst quillt reichlich Kokosmilch, die er kreisend über den Thunfischscheiben verteilt.

Um wenigstens mitreden zu können kosten wir auch davon.

„Verblüffend weich und zart schmeckt der rohe Fisch. Wenn man es nicht wüsste, würde man glauben, er ist gekocht."

„Das kommt von dem Zitronensaft, in dem der Fisch eingelegt war, und durch die Kokosmilch schmeckt er nicht zu säuerlich", erläutert Moni. „Nicht schlecht, aber zum Abheben schmeckt er trotzdem nicht", ist ihre Beurteilung.

„Nee, einmal probiert reicht mir auch. Vor allem dieser leicht geleeartige Biss, wie etwa bei Glasnudeln, irritiert etwas. Im Biss zwar fester – aber auch nicht so fest und gummiartig wie einst die große Portion Schlangenfleisch, die wir in Hongkong geschnetzelt und in Stücken gegessen hatten. – Entschuldige, wenn mir gerade dieser Vergleich wieder einfällt."

Die Folge ist, dass wir keinen Nachschlag mehr holen und uns über das Dessertbüfett hermachen, während romantische Gitarren erklingen. Joseph und sein Freund sitzen mit ihren Gitarren auf dem Holzzaun und machen auf Südseeromantik. Vor allem das echte Bora-Bora-Lied singt Josef so zart und gefühlvoll wie ein Liebeslied.

Plötzlich erscheinen zwei Hula-Tänzerinnen und wiegen geschmeidig ihre Hüften zu den Klängen, während zarte Wellen an den im Laternenlicht goldschimmernden Strand plätschern. Die Ältere ist Josephs Frau, erfahren wir später, die Jüngere eine unserer Bedienungen, die wir gar nicht gleich erkannt haben, so hat sie sich herausgeputzt: weißes Oberteil auf dunkler Haut mit feuerrotem Pareo und umrahmt von einer gewaltigen Lockenpracht, die hinten fast bis zur Taille fällt. Die Gitarristen drehen auf, die Hüften wedeln schneller und schneller, erreichen aber nicht die „Drehzahl" der jungen Tänzerinnen auf Rarotonga, dafür die Eleganz der Dreißigjährigen.

Nur Zuschauen gibt's nicht in der Südsee und so fordern die Tänzerinnen wieder Männer auf. Damit die Ehefrauen nicht zu kurz kommen und ihre Männer nur kritisch beäugen, taucht plötzlich das männliche Küchenpersonal auf und prompt wird Moni von einem jungen Koch aufgefordert. Ihre peinlich kichernden Abwehrversuche irritieren ihn nicht und er schiebt sie sachte, aber bestimmt auf die dunkle Tanzfläche, wo eh keiner was sieht, die Videokamera zu meinem Leidwesen noch weniger.

Joseph ist sichtlich nicht zufrieden mit dem verkrampften Po- und Hüftgewackel von uns und legt einen Crashkurs ein. Aus der Grundstellung wirft er plötzlich ruckartig sein linkes

Hinterteil zurück und ruft laut „Melon!“, dann mit zack die rechte Hüfte und Bauch weit vor „Pampelmousse!“, gefolgt von schwungvollen Kreisdrehungen der Hüfte, wie beim Hula-hupp-Reif, mit dem lauten Kommando: „Moule de Cafe!“ Unter dem brüllenden Gelächter der Gäste müssen wir das mehrfach mit ihm üben.: „Melon – Pampelmousse – Moule de Cafe!“

Das Publikum brüllt und jeder lacht über sich selbst und die anderen, wie schwer es doch uns Kopfmenschen fällt, mit dem Hintern eine vernünftige Kreiselbewegung auszuführen. Mancher fällt beim Schleudern fast um und Älteren fliegen fast die Bandscheiben raus.

So haben wir Gäste aus aller Welt die größte Gaudi und jeder hat wörtlich genommen den besten Kreislauf. Als wir dann später unter strahlendem Sternenhimmel zur Hütte schlendern, freue ich mich, dass ich eine Stunde von der tollen Livemusik in meinem Minirecorder festgehalten habe.

Denkste, wie peinlich und ärgerlich, als wir in den Frühstücksraum treten und ich sehe, dass Paul, der Freund Josephs und ein weiterer Freund an einem Nebentisch sitzen und uns freundlich anstrahlen. Ich ahne, warum, und bekomme heiße Ohren, weil ich eigentlich diese braven Menschen nicht enttäuschen wollte. Aber schon ertönt ein fröhliches „Hoja-hoo“ vom Eingang her und Joseph erscheint strahlend. Als er aber nur fragt, wie’s geht und ob wir gut geschlafen hätten, denke ich, es geht noch harmlos ab – aber schon kommt die ganz beiläufige Frage, ob meine Tonaufnahmen von gestern Abend gut klingen. Oh, wie peinlich! So gestehe ich, dass ich mich selbst schon geärgert hatte, als ich vor dem Schlafen die Aufnahme anhören wollte und statt Bora-Bora oder Thahiti-eh nur ein monotones Rauschen und teilweise ferne Radiogeräusche hörte. Beim erschreckten Überprüfen des Gerätes stellte ich schnell fest, dass ich auf der dunkeln Terrasse den winzigen Schieberegler nicht auf Tape, sondern auf Radio gestellt und somit die traumhafte Livemusik nicht aufgenommen hatte.

„Ah, no problem", geht er salopp darüber hinweg und wechselt das Thema. Keine Enttäuschung, kein Lästern. Aber ich sehe, wie er anschließend gleich zum Tisch seiner Freunde geht, deren Lächeln auch gleich in Ernst oder Enttäuschung umschlägt und alle bald darauf aufstehen und gehen. Ich nicke ihnen noch achselzuckend, entschuldigend zu, worauf sie wieder strahlend zurückwinken und keinerlei Frust zeigen. Das ist doch „Winnetou-Charakter" denke ich, davon kann man lernen. Denn Enttäuschungen wegstecken ist nicht meine Stärke, was Josef wohl unschwer bemerkt hat. Ist das wohl der Grund, dass plötzlich ein warm duftendes Omelett mit einer orangefarbenen Hibiskusblüte verziert vor mir steht, während die barfüßige Vahine schon wieder lautlos entschwindet? – Mann, das ist wohl noch alte Südsee-Gastfreundschaft, das gibt es wohl nur hier, denke ich leicht beschämt.

„Mit dem Motorboot eine Bootscruise zu machen, das wär doch was?", versucht uns Joseph nach dem Frühstück für sein heutiges Programm zu gewinnen.

„Wie viel?", frage ich.

„Nur 1580 Südsee-Franc[1] ..."

„Für beide?"

„Nein, pro Person,"

„Ach so – das ist uns doch etwas zu teuer", winke ich ab.

„Aah so", versucht er spöttelnd nachzuplappern und stellt nochmal die Reize der grünen Lagune heraus und dass das Erlebnis tatsächlich soviel wert sei, vor allem mit der Chance Delphine zu sehen.

So erkläre ich, dass der $ für uns mehr als doppelt so teuer ist

---

[1] *(Die Währung in Französisch Polynesien ist der Franc Pacific, CFP- Cours Franc Pacific. Damals waren das ca. 16 US$, bzw. rund 34 DM)*

und sich für zwei Personen nochmals verdoppelt, also auf rund 70 Mark, die uns für den kleinen Spaß von zwei, drei Stunden Badeausflug nicht wert sind.

Offenbar hat er Verständnis, denn er fragt, was es uns Wert wäre. Ich sage, die Hälfte. Prompt kommt er uns ein Drittel entgegen. Da es uns aber nicht so wichtig ist, bleibe ich bei 15 $ für beide. Da er schließlich unter dem Versprechen größter Verschwiegenheit darauf eingeht, vermuten wir, dass er Teilnehmermangel hat.

Immerhin sind wir dann eine internationale Mischung von vier sympathischen Paaren, die eine Stunde später in Badehose und T-Shirt am Ufer stehen und skeptisch-heiter unserem Joseph zuschauen, wie er versucht sein Motorboot in Gang zu bringen. Nach zwanzig Minuten Fummelei und Benzin nachfüllen, hat er wohl die Technik im Griff und fordert uns mit fröhlichem „Ho-jahoo" auf, durch das knietiefe Wasser an Bord zu krabbeln, bei uns zwei noch mit dem vieldeutigen Zusatzjodel: „Ah-soo, ah-soo."

Wider erwarten zieht er das Boot in sportlichen Kurven ohne zu Stottern mit riesiger Heckwelle durch die neonblaue Lagune. So zischen wir in wenigen Minuten an der grün-bizzaren Bergkulisse der herrlichen Opunohu-Bay vorbei, als auch schon einige aufschreien: „Delfine!"

„Oh ja, toll, siehst du?", ruft auch Moni.

„Wo, ich seh nichts", antworte ich frustriert.

„Jetzt sind sie auch weg – aber jetzt, daa ...",

„Ja, richtig", nervös zoome ich mit meiner Videokamera die Stelle heran, um zu erhaschen, wie in kurzen Abständen vier bis fünf Rückenflossen in synchronen Schwüngen aus dem Wasser tauchen.

Joseph fährt zehn bis zwanzig Meter nah ran, was ich gefährlich finde, aber so sehe ich sie auch im Sucher deutlich und kann ihr letztes Auftauchen festhalten.

Genussvoll braust Josef auf eine Pfahlbausiedlung in der Ferne zu. Mit seinem selbst geflochtenen Blätterkranz auf dem lockigen Haupt, dem dunkelbraun glänzenden Oberkörper und dem lagoonblauen Pareo, elegant um die Hüfte geknotet, steht er souverän am chromblitzenden Steuerrad. Und wirkt doch typisch wie ein junger Held seiner Vorfahren, die noch mit den schlanken Auslegerbooten durch die Lagune gezischt sind. So rauschen wir, nur (leider) erheblich lauter, an der symmetrischen Reihe von Pfahlbau-Bungalows vorbei, wobei wir einen riesigen Fächer von Wellen hinter uns ausbreiten, die an die flirrenden Federn eines stolzen Pfaus erinnern.

Die schlichten, schilfbedeckten Holz- und Bambushütten erinnern uns stark an das prähistorische Pfahlbau-Museum bei Unteruhldingen am Bodensee. Allerdings mit dem gravierenden Unterschied in der Inneneinrichtung, die bei den Stein- und Bronzezeitmenschen wohl zu einem fast tödlichen Kulturschock führen würde, wenn sie diese exotische Luxuseinrichtung mit Kingsize-Bett und bunten Stoffen sehen könnten. Denn den Normalbürger trifft heute der Schock eher an der Rezeption, wenn er die Preise pro Nacht erfährt. Denn für ca. 250 Euro aufwärts beim Einschlafen unterm Bett das Wasser plätschern zu hören, ist nicht jedem Normaltouristen so viel Geld wert. Oder man ist der „Geld spielt keine Rolle-Typ“ oder auf Luxushochzeitsreise und lässt sich gar das Frühstück noch per Auslegerkanu von einer Blüten-geschmückten Südseefee vor die Hütte paddeln. Nein, wir sind schon glücklich, dass wir uns diese Silberhochzeits-Reise an sich ersparen konnten. Vielleicht reicht’s zur „Goldenen“ mal für etwas Luxus.

Fünfzig Meter vor der kleinen Palmeninsel lässt unser „Südseeprinz“ das Boot in elegantem Schwung auslaufen. Wir gleiten durch das seichte, glasklare Wasser, in dem man sogar die einzelnen gelben Sandkörner zwischen der sonnenblitzenden Wasserkräuselung erkennen kann.

„Plumps", der Eingeborene, der mit Joseph an Bord kam, sprang gerade aus dem Boot und belehrt mich einer optischen Täuschung. Denn er steht bis über die Knie im Wasser, was ich höchstens zwanzig Zentimeter tief geschätzt hatte.

Joseph reicht ihm eine Harpune mit Plastikkorb. Auf meine Frage erklärt er, das sei der Koch und der würde jetzt einige Fische fangen, während wir das Motu erkunden.

„Ach so", sage ich und denke das ist ja rationell: Mit unserem Ausflug wird gleich die Fischjagd für das Abendessen finanziert, während Joseph uns über Bord hilft und dabei laut „aasoh, aasoh ...", nachplappert. Offenbar seine deutsche Lieblingsredewendung. Immer wiederholt er unsere „ach-so"-Floskel und macht uns jedes mal peinlich bewusst, wie oft wir Deutschen unbewusst mit dieser Erkenntnisformel reagieren.

Sanft streichelt das weiche warme Wasser unsere Beine, während wir langsam dem Ufer zu waten.

Inzwischen wissen wir ungefähr, wer was ist. Ein internationales Grüppchen. Einmal das unterschiedliche italienische Paar mit dem großen drahtigen Endfuffziger und seiner hübschen, schwarzhaarigen Mittdreißigerin, bei der wir weiter rätseln, Tochter, Geliebte oder Kollegin? Beide untypisch schweigsam, waren sie auch im Speisesaal immer in ihre Bücher vertieft. Dann das sympathische, aber auch stille französische Ehepaar in den Enddreißigern. Vielleicht zieht die romantische Südsee vorwiegend die stillen Genießer an?

So stolpern wir über ausgewaschene Korallenfelsen das Ufer entlang unserm Joseph hinterher, der uns da und dort in stehenden Pfützen und Tümpeln winzige Fischlein zeigt, nur einen Zentimeter klein, aber mit türkis blitzenden Seitenstreifen.

Er trödelt auffallend rum bei dieser kleinen Inselwanderung. Zwischendurch demonstriert er im Busch das Schälen einer Kokosnuss mit einem zugespitzten Ast, auf den er sich stützt, wie wir es schon von Rarotonga kennen.

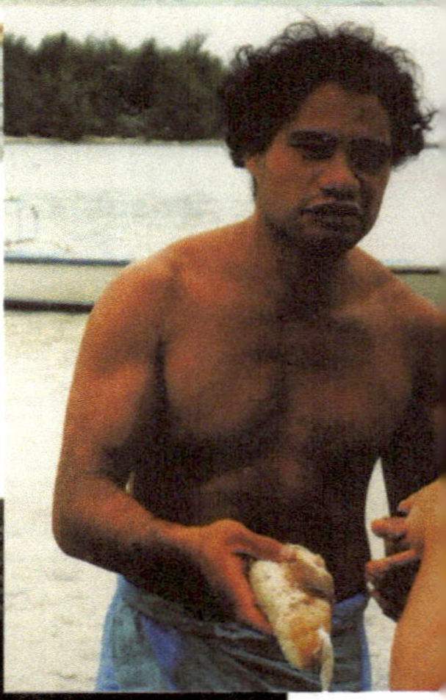

Die „Zähne" der Opunohu-Bay

Joseph zeigt eine Seegurke

Das internationale Motu-Team

Deutschland France Italy

Plötzlich wimmelt es vor Leuten. Wir haben das Motu zwei Drittel umrundet und sehen zwei- bis dreihundert Meter entfernt die Hütten des „Club Mediterrane“ am Festland. Überall waten Menschen, denn das Wasser dorthin ist höchstens achtzig Zentimeter tief.

Joseph hält uns plötzlich eine Art Blutwurst oder Schwartenmagen unter die Nase, die er gerade aus dem seichten Wasser gehoben hat – eine Seegurke! Neugierig mit leicht angewidertem Blick kommen gleich einige ältere Club-Badegäste näher, während Joseph grinsend demonstriert, wie die Gurke aus einem Ende ihrer Wurst immer länger werdende, weiße, schleimige Fäden abseilt, um wohl einen Halt zu suchen. In der Not sollen die Insulaner früher auch dieses fade schlabbrige Meerestier verspeist haben.

Nun kürzt Joseph den Weg ab und lockt uns quer durch den teils dichten Dschungel durch die Insel – alles in Badelatschen. So wird es doch noch wildromantisch mit knackenden Ästen und dem oft nicht mehr sichtbaren Führer. Aufkeimende Skepsis wird schnell mit Verstand bekämpft. Indem man sich gedanklich wiederkäut: Es gibt in der Südsee keine Schlangen oder andere giftige Tiere! – Und schon ist man entspannt. Natürlich machen wir einige Dschungelfotos, indem wir gegenseitig die Kameras tauschen.

Bald glitzert wieder Wasser durch die Palmwedel, vor uns öffnet sich der blendend weiße Strand und in der Ferne erkennen wir unser kleines Boot auf dem Wasser.

Wir tapsen fünfzig Meter weiter durch zwanzig Zentimeter flaches Wasser, bis sich Joseph genüsslich in das seichte dreißig Grad warme Wasser wirft und sich jubelnd im Sand aalt. Wir machen es freiwillig nach und liegen kreuz und quer rum, wie in einem riesen Planschbecken. Unheimliche schwarzgraue Gewitterwolken über den dunkelgrünen Bergen bilden einen satten Kontrast zum gleißenden Licht im Wasser, wo wir wie gestrandete Wale, nur fröhlicher, herumliegen.

„Das ist scheen?“, ruft uns Joseph schon das zweite mal fragend zu, indem er seine besten Deutschbrocken mobilisiert.

„Das ist super, das ist wunderschön", antworte ich um seinen Sprachschatz noch etwas zu erweitern, was er mit „Bora, Bora – eh" und „ho – jahoo" quittiert.

Wirklich schade, bin ich kurz versucht zu denken, dass das keine deutsche Kolonie ist, zumindest unsere süddeutsche Mentalität würde sicher gut mit diesem fröhlichen Völkchen harmonieren und gern gegenseitig die positiven Aspekte voneinander annehmen. Aber es sind hier ja auch nicht alle Josephs, in der Hauptstadt sahen wir vorwiegend ernste Gesichter.

In der Ferne verschwindet wieder der Kopf des Kochs im Wasser. Nur Po und strampelnde Flossen markieren seine Arbeitsstelle.

Um von Moni die tolle Badetemperatur filmen zu lassen, werfe ich mich vor der Kamera rückwärts ins knietiefe Wasser und schwärme den künftigen Zuschauern zu Hause vor, wie schön es hier ist. Als ich danach wieder aufstehe,quetsche ich ein unterdrücktes „Scheiße ..." durch meine salztriefenden Lippen, „meine Uhr – sie ist nicht wasserdicht ...", was sie auch bald bestätigt indem sie sich beleidigt von innen beschlägt.

Joseph winkt dem Koch, der seine Brille hochschiebt und mit Harpune und Plastikkorb heranwatet, während wir das Boot besteigen.

Fast alle Köpfe stoßen zusammen, die sich neugierig über den Korb beugen. Allzu üppig war die Ausbeute der letzten Stunde nicht. Sechs bis acht verschiedene bunte Fische, keiner über 15 Zentimeter, sollen wohl die Mittags- oder Abendkarte bereichern?

Jedenfalls war der Jagdeinsatz teurer als der Ertrag, denn während Joseph in großen Bögen mit Vollgas durch die Lagune zurückbrettert, holt der Koch eine Bierdose nach der anderen aus der Kühlbox und leert sie der Reihe nach fast ex. So fünf Dosen sind es sicher.

„Was der nachher kocht, möchte ich nicht essen", grinse ich zu Moni, „der hat mehr Salzwasser und Bier geschluckt als Fische geschossen."

Tour de Moorea

„Wir müssen dringend unseren Kindern ein Lebenszeichen senden“, meint Moni, während sie ihre Kaffeetasse absetzt und zu einem Keks greift – unser bescheidenes Mittagessen heute.

„Sicher, seit Neuseeland haben wir uns nicht mehr gemeldet. Aber 26 Mark für ein Fax von diesem Hotel sind zu teuer. Aber nur vier bis fünf Kilometer von hier, auf der andern Seite der Opunohu-Bay, soll ein kleines Nest mit Postamt sein.“

„Ja, aber der Bus fährt hier selten und Privatautos ebenso, dass es mir zu unsicher ist, als Anhalter an der Straße zu stehen.“

„Wir haben doch an der Rezeption gesehen, dass dort zwei, drei Räder stehen. Fragen wir doch mal, was die kosten. Eine Radtour in der Südsee, das ist doch ein Genuss bei den ebenen Straßen. An so was hätten wir zuhause noch gar nicht gedacht.“

Und so kurven wir eine halbe Stunde später die ersten wackeligen Schlangenlinien auf den ungewohnten Mieträdern. Und weil alles eben ist, fehlt eine Gangschaltung. Und bremsen kann man nur per Rücktritt.

Aber bald radeln wir genussvoll durch die exotisch grüne Landschaft mit dem komfortablen Gefühl, dass die pechschwarze Straße wohl extra für uns frisch geteert wurde. Das Wasser der Opunohu-Bay glitzert romantisch zwischen Palmen und Büschen und erst ein Auto hat uns in zwanzig Minuten überholt.

Kindergeschrei! Am Ende der Bucht springen kesse Jungs von einer alten barocken Brücke in den dort mündenden Fluss.

Fröhlich lachend quatschen sie uns an, als wir absteigen. Als wir unsere Kameras zücken, laufen sie in Hochform auf und springen in allen Stellungen in das vier bis fünf Meter tiefe Wasser. Einer macht sogar einen Handstand auf dem Geländer und lässt sich langsam rückwärts in die Tiefe stürzen. Wir vergessen uns fast und es wird Zeit, dass wir uns losreißen, damit sie nicht noch mehr riskieren.

Neue Straße, allein für uns

Feurige Alpinie

Erste Missionskirche auf einstigem Tabuplatz

Schon bald blicken wir wieder über die türkisblaue Lagune. Hütten und Barackenhäuser längs der Straße kündigen das Dorf an.

„Nee, das war's ja schon! – Da rechts ist das französische Postsymbol und die Straße, die da abzweigt, mit den besseren Ferienhäusern ist wohl schon das Zentrum von Papetoai und da", zeige ich auf den Wegweiser, „geht's zur Kirche."

Aber erst stellen wir unsere Räder am Postbüro ab, wo wir zum Glück einen Beamten durch die Glastüre am Schalter sehen. Von wegen Glück. Ich drücke und ziehe an der Tür, dass es laut klappert, aber sie öffnet sich nicht, während Moni laut zitiert: „Da, nur bis 13:30 Uhr geöffnet. Die machen Siesta bis halb fünf!" Ich blicke flüchtig auf meine Uhr die – ich glaub's nicht – knapp fünf Minuten nach halb zwei anzeigt.

„Die können doch in den Tropen nicht so preußisch sein", meckere ich und klopfe herausfordernd an die Scheibe.

Der Beamte zählt sein Geld weiter und stellt sich taub. Beim zweiten mal schaut er kurz auf, deutet auf die Uhr und schüttelt den Kopf.

„Typisch, ein Franzos, kein Polynesier", entfährt es mir enttäuscht, als ich sein Gesicht sehe, „die sind ja preußischer als wir Deutsche."

So stehen wir erst mal fassungslos da, machen unserem Ärger Luft und schütteln den Kopf über diese ungewöhnliche Pausenzeit. Bis gegen drei könnte man ja noch die Zeit vertreiben, aber drei Stunden, das ist zu krass.

Also erst mal die Kultur, denn hier soll von den Missionaren die erste Kirche auf Moorea gebaut worden sein. Natürlich als Triumph über die „Heidengötter" auf dem einst heiligen Tabu-Platz der Ur-Insulaner.

Keine hundert Meter weiter an bunt blühenden Vorgärten vorbei stehen wir schon vor der ungewöhnlichen, achteckigen Kirche. Ziemlich schmucklos innen, scheint sie nicht katholisch zu sein.

Zwei freundliche, aber ärmlich gekleidete Kinder begleiten uns die paar Schritte zum nahen Ufer. Ein kleiner Junge in verschmutzter Unterhose. Die etwa zehnjährige Schwester in engem roten Pulli und blauem, selbst genähtem Rock redet unverständlich auf uns ein. Der Kleine hält uns immer wieder zwei avocadoähnliche Früchte entgegen und sie eine bunte Blüte.

Wir geben zu verstehen, dass wir nichts kaufen wollen. Sie lächelt unaufdringlich und deutet an, das der Kleine uns die Früchte schenken wolle. Da wir nicht wissen, ob ihre Mutter dafür bezahlen musste, lehne ich dankend ab und gebe ihnen ein paar Kekse von uns. Wir setzen uns zum Picknick an's Wasser und genießen die Ruhe.

Doch bald macht sich Moni's Muttertrieb wieder bemerkbar:

„Ich will aber heut noch fragen, wie's unseren Kindern geht. Und von unseren kränklichen Senioren wissen wir auch nichts."

Also brechen wir wieder auf. An der Hauptstraße ist ein Laden, wo viele bunte Pareos im Wind wehen, gerade gegenüber der Post. Wir schnuppern etwas zwischen den Tüchern rum. Der Laden hat auf. Innen wird sogar boutiqueähnliche Kleidung angeboten.

Der hübschen jungen Bedienung, die uns anspricht, kontern wir gleich mit der Gegenfrage, ob sie etwas englisch kann. Lächelnd hebt sie die Schultern, deutet nach hinten und holt schließlich die Chefin. Sie verneint auch, aber versteht bald, dass wir nach einem Faxgerät suchen, das wir auch nutzen dürften, nachdem sie die Frage mit „Oui" beantwortete.

Nur was es nach Deutschland kostet, macht ihr Kopfzerbrechen. Aber schließlich geht sie ans Telefon, lässt lange läuten, redet schließlich von Tax und Fax, nickt verstehend, legt auf und teilt uns den Preis mit, den sie direkt von der Telekom erfragt hatte.

„Naja, umgerechnet 20 Mark für eine Seite sind auch noch

viel Geld, aber immerhin etwas billiger als im Hotel.“

Locker und fröhlich radelt Moni nach der Schreibarbeit nun vor mir her. Der Muttertrieb ist befriedigt.

So haben wir jetzt auch wieder Augen für besonders geschmackvollen Pareos, die leuchtend bunt, vor einer kleinen Hütte an der Straße vom Wind gestreichelt werden. Ich deute auf das Schild mit 7 $ und rufe: „Die sind ja genauso billig wie die Massenware in Tahiti, trotz komplizierter handgearbeiteter Batikmuster“. Wir treten gleichzeitig in unsere Rücktrittbremsen, dass wir fast vom Gaul fallen. Herrlich, wie die kräftigen Farben vor der saftig grünen Wiese abstechen. Wirklich geschmackvolle Handmalereien, kein Vergleich zum Angebot in Tahitis Markthalle.

Aus der Hütte kommt lächelnd ein schüchternes Mädchen. Wider erwarten ist der Preis für die komplizierteren Muster kaum höher als die Fabrikware in der Stadt.

„Dann nehmen wir doch gleich beide, wenn wir uns schon nicht entscheiden können“, sage ich großzügig.

„Willst du wirklich?“, staunt Moni, „Dann haben wir ja schon drei, mit dem von den Cookinseln?“, was meinen Kaufrausch erst recht provoziert: „Ich bin sogar geneigt, auch noch diesen, mit der zart gemalten Moorea-Insel zu nehmen.“

„Was ist los mit dir, ich kenn dich sonst nur als Sparfuchs?“

„Du weißt, ich bin vernarrt in leuchtende Farben und bei dieser künstlerischen Qualität zu diesem Preis kann ich nicht nein sagen – vor allem, wenn man nicht weiß, ob man im Leben nochmal hierherkommt. Es ist sicher die letzte Chance, denn morgen reisen wir ab, auch wenn ich den Gedanken verdränge – und übermorgen sind wir schon in Amerika“, brumme ich leiser vor mich hin, während ich dem strahlenden Mädchen die Pazifik-Franc in die Hände drücke und Moni schmunzelnd den Kopf schüttelt.

Beschwingt und befriedigt strampeln wir weiter, an der Brücke mit den springenden Jungs vorbei, und nähern uns, bei leichter Steigung unserer Hotelanlage.

„Sollen wir die Räder wirklich schon abgeben, wo wir doch noch genügend Zeit haben?“

„Wo willst du denn noch hin? Denk an die schnelle Dämmerung nach sechs, denn Lichter haben diese Räder keine.“

„Ich hätte einfach noch gerne einen Blick in die Cooks-Bay geworfen, das sind keine zwei Kilometer von hier“, beruhige ich sie und schon strampeln wir weiter und siehe da, schon bald kommt die Kurve, die in die Cooks-Bay einschwenkt. Unterwegs haben wir noch Frangipani und andere herrliche Blüten fotografiert. Selten begegnet uns ein Auto.

„Mensch, schau mal da vorne, die riesigen Masten, die hoch wie Kirchtürme in die Landschaft ragen. Das muss die Windsong sein, der riesige Luxus-Windjammer, der zur Zeit mit betuchten Gästen durch sie Südsee kreuzt.“

Zum Fotografieren ist die Sicht noch durch Buschwerk und Bäume behindert, sodass ich noch einige hundert Meter tüchtig in die Pedalen trete, bis endlich ein freies Grundstück die Sicht auf Wasser und Luxusliner freigibt. Schnell mache ich ein paar Bilder und Filmsekunden. Die wild gezackten Berge, gleichmäßig grün überzogen wie eine Modellllandschaft geben eine unwirklich Kulisse ab. Und schon strample ich wieder zu Moni zurück, die auf einer Picknickbank wartet, weil sie die Fotojagd nicht mitmachen wollte.

„Siehst du, jetzt kommt doch schon die Dämmerung“, mahnt sie, als wir auf der Rückfahrt in den armseligen Hütten kahle Glühbirnen brennen und im Hof ein Feuer flackern sehen. Hundert Meter weiter biegen wir schon in die schützende Einfahrt unseres Hotels ein.

Beim Abendessen filme ich im Schummerlicht unsere hübsche Bedienung. Leider fehlt ausgerechnet an unserem letzten Abend die polynesische Musikberieselung mit Hula- und Tamure-Klängen.

„Aber die Soße zu diesem Thunfisch ist heute ein Gedicht“,

schwärme ich, „schade, dass ich dem Koch das Rezept nicht abluchsen kann.“

„Die Soße ist wirklich herrlich – dazu müsste man nicht unbedingt ein Tier töten.“

„Ja, bei uns gäbe es auch leckere vegetarische Schnitzel- oder Steakvarianten, zu denen die Soße auch gut passen würde. Andrerseits“, gebe ich zu bedenken, „waren wir auch Jahrzehnte wilde Tierverzehrer. Am ausgefallensten damals in Hongkong, weißt du noch?“

„Oh ja, das Schlangengericht, da ist der rohe Fisch hier harmlos gegen!“

Das war so: Auf der ersten Weltreise hatten wir beim Abendessen in Hongkong ein nettes Paar aus München kennengelernt. Helga und Georg, mit denen wir heute noch Kontakt haben. Helga machte den provozierenden Vorschlag, sie würde gerne mal Schlange essen, was hier möglich wäre, nicht nur Hundekeule. Zuerst lachten wir über den Joke, aber sie meinte es ernst wie sie energisch versicherte. Ob wir nicht mit wollten? „Nein, danke ...“, lehnten wir angewidert ab. Trotzdem blieb sie hartnäckig, dass wir sagten, o.k., wir gehen mit und essen normal. Nach langem Suchen und Herumfragen fanden wir dann am nächsten Mittag ein Lokal mit Schlangenfleisch und anderen gruseligen Gerichten.

Wir waren die einzigen Europäer und sonst war auch noch nicht viel los im Lokal, sodass uns die fünf Kellner ernst und unverhohlen beobachteten, als wir die englische Karte studierten.

Helga diskutierte mit Georg, ob sie lieber die Schlange in Stücken oder geschnetzelt nehmen solle. Es seien alles Giftschlangen, erfuhren wir, die anderen hätten zu fades Fleisch – „ach, wie appetitanregend“, meinten wir.

Schließlich wählte sie die Schlange in Stücken, weil inzwischen Moni mutig wurde und meinte, geschnetzelt in kleinen Stücken würde sie sich auch trauen.

Weil es nur ausgefallene Delikatessen gab, entschied ich mich für eine Schwalbennester-Suppe, denn so was hatten wir mal zuhause probiert. Es war eine fertige, klare Dosensuppe aus der Feinkostabteilung, die recht aromatisch schmeckte. Georg wählte bayrisch-risikofrei ein süßsaures Hähnchen.

Dann kam alles anders! – Nein, es kam alles wie bestellt, aber nicht so, wie wir uns das vorgestellt hatten. Der Kellner stellte eine riesige Suppenschüssel auf die Tischmitte, dass wir alle leicht entsetzt reklamierten, nur einer hätte eine Suppe bestellt, zu dem Preis von ca. 8 Mark.

„No problem – it's o.k.", war die lakonische Antwort, während der zweite Kellner ungerührt jedem eine kleine Suppenschüssel hinstellte, worauf Helga entgeistert den Kopf schüttelte: „Diä moänen wohl, mir hätten ein Menü für alle bestellt?"

„Nein", rief ich entsetzt, dann bekommen wir auch noch zweimal Schlange für alle!?", während Georg weit die Augen aufriss.

Das Entsetzen nahm kein Ende, weil inzwischen der Ober den großen Suppendeckel abhob und mit dem Suppenlöffel ein matschiges, komplettes, graues Vogelnest aus der ebenso grauen Brühe hob. Von wegen eine hellbraune, klare Brühe wie von Lacroix ...

Ungerührt unseres aufgeregten teutonischen Geschnatters, stach er mit dem Löffel jedem ein Teil des echten Seeschwalbennestes ab und einen Löffel der Brühe dazu.

Später erfuhren wir, dass das für Chinesen eine teure Delikatesse ist und meist sehr kranken und schwachen Patienten quasi als Zaubertrank eingeflößt wird. Jeder probierte mehr oder weniger davon, allein um die Chinesen nicht zu beleidigen, wenn das für sie eine teure Delikatesse ist. Es war auch nicht schlecht, das Nest besteht ja aus sehr gesunden Meeralgen – nur musste ich immer den Gedanken verdrängen, dass die Vögel die Nester ja auch mit ihrem Speichel kitten.

Nach dem süßen Huhn, das wir Georg nicht wegessen wollten, da er sich weigerte von den Schlangen zu probieren, kamen eben, wie befürchtet, auf jeden Teller mal geschnetzelte, mal Schlange in Stücken.

Von der probierten wir zwei Badener nur je ein kleineres Stück, das gebraten aussah wie eine Schillerlocke aus dem Fischladen, keinen besonderen Geschmack, aber einen unangenehmen, gummiartigen Biss hatte, dass wir das gerne der Helga ließen. Während die geschnetzelte Variante von Moni, in drei Zentimeter lange, drei Millimeter dicke Stäbchen geschnitten, als frittierte Schlangen-Pommes durchgehen konnten, was wir tapfer wegputzten.

„Mann, das war schon das größte kulinarische Abenteuer, in das wir ahnungslos hineingezogen wurden. Und damals so billig, dass keiner mehr als den kleinen Preis auf der Karte zahlte, den wir für eine Portion hielten."

„Sicher – aber mal ne andere Frage: Wie hast du dir nun die Geschichte mit den Koffern vorgestellt, die wir erst morgen Abend brauchen?"

„Du weißt ja, dass wir die Zusage haben, im Hotel Royal am Hafen die Koffer einzustellen", antworte ich, während ich den letzten Löffel Eisdessert auf der Zunge zergehen lasse, „... aber – ich glaube diese Lösung mit dem für jedermann offenen Kofferzimmer brauchen wir eigentlich gar nicht."

„Echt, ja, wie denn sonst?"

„Ich weiß auch nicht, warum ich nicht schon früher darauf kam. Aber erst beim Radeln kam mir die Idee."

„Also, sag schon!"

„Ich bin ja dabei: Wir wollen doch ein Auto mieten, um die Tahiti-Insel selbst zu erkunden."

„Ja, das ist nicht neu."

„Und was hat ein Auto?", frage ich mit gekünstelt schlauer Miene: „Einen Kofferraum!", antworte ich schon gleich selbst triumphierend, bevor sie mir die Pointe wegschnappt.

„Mensch, du hast ja recht! – Dann fahren wir die Koffer einfach spazieren."

„Genau. Ich weiß zwar noch nicht, ob der billigste Wagen einen ausreichenden Kofferraum hat. Aber notfalls stellen wir einen auf die Rückbank."

„Und das Handgepäck? – Und wie kommt das Abends alles zum Flughafen?"

„Das Handgepäck wird irgendwie gestapelt und in Lücken gestopft. Dann muss ich erst noch wissen, wo wir unser Auto zurückgeben müssen, und dann mit Taxi zum Flughafen – aber das sehen wir dann. Komm, zahlen wir und nehmen noch Abschied vom Meer", lenke ich von weiteren Organisationsfragen ab.

So sitzen wir wehmütig umschlungen am Strand, hören das sanfte Plätschern der Wellen, in der Ferne das Rauschen am Riff, und träumen in die Südseenacht, nachdem wir am ungewohnten Sternenhimmel lange, aber erfolglos nach dem Kreuz des Südens gesucht hatten.

Tahiti – mal anders

„Samstag, den 21. September (1996) haben wir heute und genießen unser letztes Frühstück in der Südsee."

„Ja, einfach herrlich, dieser Blick auf den stillen Ozean. So friedlich, wie er jetzt vor uns liegt", antwortet Moni während sie am frisch gepressten Fruchtsaft nippt, „auch diese Anlage mit den palmbätterbedeckten Bungalows ist so romantisch und ruhig, dass ich jedes Jahr hier Ferien machen möchte."

„Ja – ja, schön wär's. Im Moment sind auch die meisten Gäste schon unterwegs, sodass wir die Frühstücksterasse fast alleine für uns haben", bestätige ich, während ich eine Ananasecke in den Mund schiebe, „vor allem Meerblick kriegst du überall, aber wo wird dir das Frühstücksei mit einer Hibiskusblüte serviert? Und schau, unsere dunkelhaarigen Bedienungen, wie sie barfüßig und lautlos zwischen den Tischen schweben, wie bunte Engel in ihren Pareos. – Allerdings, heute schnattern sie viel und unbekümmert laut über ihre Alltagsprobleme."

„Das ist auch schön, es ist typisch und passt. Aber, Manfred, ich bin unruhig, wir haben noch nicht alles gepackt."

„Dann also, leider. Noch einen langen genussvollen Blick auf's Meer, dann von den Bedienungen verabschiedet, Trinkgeld nicht vergessen und dann geh ich am besten gleich zur Rezeption um drüben gleich einen Mietwagen zu bestellen. Ja?"

„Okay, beim Putzen bist du mir eh nicht allzu nützlich", grinst sie.

„Die Sache klappt ja wunderbar", sage ich, als ich schon bald in die Hütte zurückkomme. Während ich den Rasierer in den Waschbeutel stecke und im Rucksack verstaue, erzähle ich, dass der Mietwagen direkt am Hafen bereitsteht. Dort sei ein Containerbüro wo wir uns melden müssen, und der Clou: Wir können den Wagen am Flughafen nachts wieder zurückgeben, ohne vom Hafen ein Taxi nehmen zu müssen, toll, gell!"

Moni ist auch begeistert und erleichtert. Dann erzähle ich weiter: „An der Rezeption saß unser Happy-Boy Joseph, den wir heute beim Frühstück vermisst hatten. Ja, ich habe ihm ein Trinkgeld gegeben und er hatte auch Interesse an meiner leicht beschädigten Sommerhose, die ich ihm jetzt auch gleich bringe."

Er probierte sie auch gleich an indem er seinen Wickelrock anhob und sagte: „Perfekt!", damit gehe er heute Abend in die Disko. Das war mir schon etwas peinlich, aber es klang nicht ironisch und bei den hohen Preisen in Polynesien scheint er ehrlich froh darüber zu sein.

An der Rezeption stand auch unser etwas redefreudige Franke, den wir hier am ersten Tag kennenlernten. Reisefertig von seinem Gepäck umgeben. Er war nervös, weil seit fünf Minuten sein Taxi überfällig war, das ihn zum kleinen Flugplatz bringen sollte. Er hatte ja erzählt, dass er alle wichtigen polynesischen Inseln abklappern will und heute gehe es weiter nach Huahine.

„Haben Sie nicht die Telefonnummer von der örtlichen Agentur – vielleicht sind Sie vergessen worden?", fragte ich ihn.

„Nur mal langsam", bremste er mich, „solche Verspätungen sind hierzulande noch normal."

Nach zehn Minuten konnte er aber seine Nervosität auch nicht mehr beherrschen und gab dem Mädchen am Tresen das Zeichen, jetzt anzurufen.

Sie nickte ein paar mal am Hörer und teilte mit: Der Transfer-Jeep sei unterwegs, ja, müsste eigentlich schon da sein.

Trotzdem vergingen noch gut zwei Minuten, bis ein Jeep zur Einfahrt hereinraste und mit einer staubenden Vollbremsung vor dem offenen Rezeptionspavillon stoppte. Ein verschwitzter Enddreißiger in Shorts und Shirt sprang heraus und rief laut: „Airport!"

Unser Kleinbus kommt zum Glück etwas pünktlicher und so

hoppeln wir nun erleichtert um ein Viertel der Insel, dem Fährhafen zu.

Wieder großer Rummel und Menschenauflauf, weil gerade unsere Fähre ankam und ihre quirlende Menschen- und Autofracht ergießt.

Ein weiterer, weißer, haushoher Katamaran kommt gerade mit lautem Triebwerksgetöse in den Hafen.

„Eh, schau mal, der ist ja ringsum, alle Relings, mit grün flatternden Palmwedeln geschmückt – ob da Prominente drauf sind?“, zeige ich auf die anlegende „Aremiti“, von der gerade ein junger Mann frech, fast einen Meter über Wasser, an Land springt, dort die Anbindeleine schnappt und seinem Kollegen an Bord zuwirft.

Später erfahren wir, dass eine Hochzeitsgesellschaft mit der Fähre überfahren soll.

„Ja, hello“, ruft Moni laut und lenkt mich von meiner Schiffsbetrachtung ab, „you are here?“

Unsere Kalifornier stehen breit grinsend und lachend neben uns. Nach dieser wiederholten Begegnung rege ich an, dass wir uns mal vorstellen und auf „du“ machen, indem wir unsere Vornamen sagen. Sie geben sich als Bob und Caroline zu erkennen. Er habe eine leitende Stelle bei einer großen Firma und sie hat gar den Dr. und ist Chefin von so einer Art Gesundheitsamt, soweit wir es richtig verstanden haben.

Doch, in ihrer Hotelanlage sei es sehr schön gewesen, berichten sie, während wir von der Masse langsam an Bord geschoben werden. Bei dem tollen Wetter wollen wir nicht in dem klimatisierten Hauptdeck mit Fernsehberieselung Platz nehmen und wählen die erste Reihe auf dem obersten Freideck, wo wir durch das Führerhaus etwas von dem doch recht starken Fahrtwind geschützt sind.

Vorwiegend junge Polynesier sind hier oben um uns. Nicht ohne Grund, wie wir bald bemerken. Denn als die Fähre mit ihren Flugzeugturbinen auf volles Tempo geht, ist der Fahrtwind, plus Gegenwind, diesmal so gewaltig wie mindestens

Windstärke 8, sodass niemand mehr mit Windkanalfrisur an der Reling steht, um das langdünige Schaukeln zu genießen. So sitzen alle brav in ihren Plastiksitzen und stemmen sich dem fönwarmen Sturmwind entgegen. Gegen den Protest von Moni krieche ich bald auf allen Vieren die paar Meter in den Windschutz der Steuerhauswand, weil es mich riesig reizt, ein Foto von uns und den windzerzausten Gesichtern zu machen.

„Ihr seht alle aus wie im Windkanal", rufe ich durch das Getöse den anderen zu, die grinsend versuchen die Nase gerade in den Fahrtwind zu halten. Überall verkniffene Augen und flatternde T-Shirts, wie wenn wir mit dem Motorrad bei 130 Sachen, ohne Helm und Leder, über die Autobahn brettern. Fast knalle ich auf den Boden, als ich versuche, mit einer schnellen Drehung wieder auf meinen Sitz zu fallen. Bob zieht gerade seine Sonnenbrille aus dem Handgepäck, um seine tränenden Augen gegen den Wind zu schützen. Doch eine Frage von Caroline lässt ihn kurz den Kopf zur Seite drehen und ... Fetz!, die Brille ist weg, ein Schrei von uns allen, dann schallendes Gelächter, denn wir sahen genau, wie es Bob die Brille förmlich von der Nase riss und diese als schwarzer wirbelnder Schatten über die Reling flog. Die schwarzen Lockenhaare der eingeborenen Vahines flattern heftig im Wind. Ein brauner Jugendlicher sitzt etwas im Windschatten des Steuerhauses am Boden, Kopfhörer auf und wippt unentwegt den Rhythmus seiner Musik mit dem stampfenden Schiff.

„Oh, schau, da liegt ja nicht nur die Windsong im Hafen von Papeete, rechts daneben liegt ja noch ein kleinerer Windjammer", deute ich auf die schnell näherkommende Hafensilhouette, rechts überragt von dunkelgrünen Hängen mit hellen Punkten, Villen und Ferienhäusern mit toller Seesicht.

„So was müsste man haben als Altersruhesitz", träume ich, „sieht aus wie am Lago Maggiore."

Das Traumwetter hast du da auch nicht immer, wenn du die schwarzen Wolken beachtest, die in den Bergen hängen", gibt Moni zu bedenken.

„Eh, das ist ja gar nicht die Windsong", rufe ich durch das Fernglas starrend ...

Wir mit Rosalin und Bob im Fahrtwind-Föhn,
Bob vom Wind entbrillt

Windstoßfrisur vor
Windjammer,
die riesige
Club Med II und
die „kleine"
Windsong

Die romantischen
Erinnerungen mit Joseph (re)
bleiben leider zurück

„Echt, was dann?"

„Moment, das Fernglas zittert so im Wind ..., nee auflegen geht auch nicht an der Reling, das Schiff vibriert so."

Nach weiteren zwei Minuten: „Jetzt..., gleich hab ich's entziffert: Club Med II – ach, die kommt vom Club Mediterrane, diesem exklusiven französischen Ferienclub-Veranstalter."

„Wirklich, haben die auch Schiffe?"

„Hab ich auch nicht gewusst. Vor allem so ein riesiger Hightech-Windjammer, ein Viermaster, dass die Windsong daneben, was ich jetzt auch entziffern kann, wie ein privater Kleinsegler aussieht."

„Wie teuer wird dort wohl eine Woche sein?"

„Die wird wohl allein so teuer sein wie unsere preiswerte Weltreise. Da bleiben wir lieber bescheiden und freuen uns, wenn alles klappt und da unten im Hafen eines der wenigen Autos unser Mietwagen ist."

Schon legen wir mit Düsengetöse und schäumender Gischt neben den Luxusklippern an.

Nach lebhaftem Abschied von Caroline und Bob im Gedränge der Aussteigenden streben wir die wenigen Schritte auf den Bürocontainer zu, wo wir auf der Hinfahrt unsere Karten gelöst hatten.

„Nein, Autos vermieten wir nicht", werden wir abgewiesen. Das sei im anderen Container, erfahren wir nach einigen Verständigungsschwierigkeiten.

Zehn Meter weiter sitzt ein etwas unbeteiligt wirkender Europäer hinter der Glasscheibe seines Blechdosenbüros und telefoniert endlos, d.h., er hört nur zu und sagt ab und zu „oui" in den Hörer.

„Ob der mit seiner Mama telefoniert", brumme ich bissig nach anfänglicher Geduld. Denn die Sonne brennt uns auf Kopf und Hals, die Rucksäcke ziehen und mit den Beinen halten wir Kontakt zu unseren Koffern, damit sie sich nicht selbstständig machen.

„Meine Güte, jetzt muss uns ausgerechnet ein Franzose die Gelassenheit der Südseementalität demonstrieren, im Trubel Papeetes – wenn wir wenigstens wüssten, ob wir hier richtig sind“, fahre ich fort.

Aber weder unsere Armbanduhrgymnastik noch unruhiges Fingertrommeln machen ihn nervös.

„Immerhin hat er uns mal mit einem leichten Nicken wahrgenommen“, macht Moni Hoffnung.

„Oui, oui ..., au revoir ..., oui, o.k., au revoir ...!“

Na, endlich, er legt den Hörer auf, muss aber noch etwas notieren.

Dann findet er bald die Buchung und gibt uns den Schlüssel. Auf unsere Frage, wo wir gegen Mitternacht Auto und Schlüssel abgeben können, erfahren wir voll Freude, dass wir das direkt am Flughafen können. Da sparen wir ja noch das Taxi dorthin, toll!

Nur suchen müssen wir unser Auto selbst. Nach seinem Daumenwink, rechts hinter sich. Als ich zurückkehre, weil ich den Kofferraum des vermeintlichen Wagens nicht aufbekomme, bewegt er sich sogar aus seiner Sardinendose und erklärt auch noch einige Armaturen auf meine Fragen.

Endlich „zuhause“ in einem eigenen Auto. Das Gefühl der Freiheit vieler Autofahrer, selbst bestimmen zu können, wann und wohin man fährt. Erleichtert lassen wir uns in die bequemen Sitze fallen, das Gepäck ist verstaut, ein Schluck aus der Wasserflasche und die Autokarte entfaltet.

„Wohin willst du – die Insel umfahren?“, kommt auch schon die Frage meiner treuen Globetrotterin.

„Vielleicht, aber ich bezweifle, ob die Zeit reicht. Es gibt unterwegs wohl einiges zu sehen. – Schau, die Insel Tahiti sieht aus wie eine Acht. Papeete liegt so halbrechts oben am dicken Teil. Wenn wir den umrunden, sind es schon ca. 150 km. Der kleinere obere Teil gilt als wilder und weniger erschlossen, also zu viel für einen Halbtagesausflug. Ein Muss soll das Gauguin-

Museum sein. Das liegt etwa bei Kilometer 25 von hier, gegen den Uhrzeigersinn. Tahiti ist ringsum mit Kilometersteinen bestückt, so kann man relativ leicht finden was man sucht. Also fahren wir am besten erst mal dorthin und danach sehen wir, wie viel Zeit uns noch bleibt ..."

„Eben, man muss ja immer mit der frühen Dunkelheit rechnen."

Weil Gas- und Kupplungspedal noch ungewohnt sind, fädeln wir uns ruckelnd in den lärmigen Verkehr der Moana-Avenue ein.

Entlang des Yachthafens wundern wir uns über die vielen Boote, denn Südsee-Ruhe und -Romatik finden die hier nicht.

„Eh, schau, da ist wohl eine Hochzeit", ruft Moni begeistert und deutet zur Kirche links der Straße.

Richtig, festlich gekleidete Damen und Herren, teils in bunten Kleidern, strömen aus Autos und Taxis in die Kirche zu feierlichem Glockengeläute.

In diesem Fall ist Moni sofort einverstanden, als ich spontan entscheide, „das gucken wir uns an", und dabei den Blinker setze, um in die Seitenstraße neben der Kirche einzubiegen.

„Ach, du liebe Güte, auch hier geht es nicht ohne Parkuhren", stöhne ich, aber wirf mal nichts ein, weil wir nicht wissen, wie lange wir bleiben.

Die äußerlich alte Missionskirche ist innen wieder recht modern gestaltet. Die Orgel neben dem Altar. Die teils bunten Fenster alle gekippt, was eine angenehme Luftzirkulation verursacht. Andererseits stört der brausende Verkehrslärm.

Die Gesänge sind wirklich wieder toll. Wenn auch eher französische Kirchenlieder, klingen sie doch irgendwie polynesisch, weil die Gläubigen in den Kirchenbänken wieder mehrstimmig, im typischen Südseesound mitsingen. Perfekt wie ein Kirchenchor, nur ohne Dirigent, sodass ich froh bin, meinen Minirecorder im Handgepäck dabei zu haben, der jetzt auf der Kirchenbank fleißig aufzeichnet. Nicht perfekt, aber eine unvergessliche Erinnerung.

Nun steht das Brautpaar auf und tritt zu dem Geistlichen vor den Altar, sodass wir endlich etwas sehen können von unseren hinteren Plätzen.

„Aha, interessante Mischung“, denkt es in uns. Sie eine dunkelhäutige Polynesierin mit schwarzen Locken unter dem weißen Brautschleier. Er ein blasser junger Franzose mit kurzem Haarschnitt.

Ei, was gibt das denn? Beide stehen sich gegenüber und müssen sich gegenseitig einige vom Pfarrer vorgetragene Fragen beantworten, bevor das erlösende Ja-Wort fällt. Sicher gibt es das bei uns auch so ähnlich, aber meistens sind die zaghaften Worte des Paares kaum zu hören. Aber hier, trotz konservativen Ambientes hat jeder ein dickes Mikrofon in der Hand, sodass jedes Wort in reinem, klaren Französisch, auch das Entscheidende „Oui“, bis in die letzte Reihe hallt.

Welch moderner, fernsehreifer Auftritt am Ende der Welt. Etwas ungewohnt, aber für die Gäste in der vollen Kirche sehr befriedigend. Vor allem wohl für das vorwiegend weibliche Publikum vor uns, das zwar gut gekleidet, aber sichtlich nicht zum geladenen Verwandtschaftstross gehört.

Moderner als auf den Cookinseln tragen die reifen Damen zwar auch duftig bunte, weite Kleider, jedoch weniger diese konservativen, breitkrempigen, weißen Strohhüte. Dafür die jungen Frauen sehr stil- und geschmackvoll mit echten Blumen im Haar. Währen der wieder einsetzenden, sehnsuchtsvollen, melodischen Gesänge genießen wir in der Reihe vor uns den Anblick zweier hübscher junger Mütter, die ihr hochgestecktes Haar mit echten Orchideenrispen geschmückt haben. Einfach bildschön, diese zurückhaltende, natürliche Eleganz, zartbraunes schlankes Gesicht, schöne Augen und die Orchideen im glänzend schwarzen Haar. Einfach perfekt, titelblattreif für ein Make-up-Magazin, ohne künstlichen Schmuck.

„Das ist das, was mich an der Südsee so fasziniert, trotz aller

Technik und Europäisierung schmücken sich die Menschen mit Blumen", tuschle ich zu Moni. Weder die billigen Glasklunker früherer Eroberer noch heutiger Modeschmuck bringen sie davon ab. Auch nicht die teuren, schwarzen Zuchtperlen, die auch hier fleißig an Touristen verkauft werden. Der Blick für die Schönheit und die Farben der Natur ist ihnen geblieben. Hier ergänzt sich ideal französische Eleganz mit der verschwenderischen Schönheit der Natur.

Dass Franzosen auch Kitsch lieben, zeigt sich beim Auszug aus der Kirche. Weiß gekleidete Schulkinder stehen Spalier – vielleicht die Schüler der Braut? – in den Händen, bunt, spiralförmig bemalte Stäbe über das Brautpaar haltend, von denen fröhlich meterlange, schmale Stoffbändel flattern. Vorwiegend in den französischen Farben blau-weiß-rot. Zuckersüß trippeln sie voraus, verlegen lächelnd, zwei Blumen streuende kleine Mädchen. Kugelrund, in pfirsichfarbenen Tüll und Spitzen verpackt, sehen sie aus wie zwei bunte Schneeflocken. Nur die milchschokoladenbraunen Puttengesichtlein der Zwillinge unterscheiden sie von Nippes-Porzellanfigürchen im Pompadourstil.

„Jetzt können wir die Insel-Tour aber abschreiben, weißt du, dass es schon zwei Uhr ist?", fragt Moni mahnend, als wir wieder im Auto sitzen – kein Strafzettel – und ich die Karte entfalte: „Schon klar, hat sich aber gelohnt, oder? Das war doch fast Fügung, dass wir einer Südsee-Hochzeit beiwohnen durften, wo wir auf Silberhochzeits-Reise sind. Ein romantischer Höhepunkt zum Abschied von hier."

„Natürlich war's schön. Mich wundert nur, dass du nicht unbedingt dein Programm durchziehen willst."

„Ach, wenn's für's Museum reicht, ist gut, wenn nicht, auch egal. Gauguin kann man überall sehen, aber nicht das wirkliche Leben, wie eben hier. Solche Zufälle ziehe ich jederzeit vor. Außerdem spiegeln die meisten seiner Motive viel von seiner eigenen Melancholie. Ich kenne keines seiner Bilder, das die zwanglose Heiterkeit der hiesigen Ureinwohner wiedergibt. Auch kein Bild, wo eines seiner vielen Mädchenmodelle strahlt oder wenigstens lächelt. – Und außerdem", kommt mein kritischer Geist wieder in Fahrt, „verstehe ich nicht, dass seine Bilder die typischen Farben der Südsee wiedergeben sollen, wie oft geschrieben wird? Wir sehen hier doch hauptsächlich viel grün und die unendlich vielen Blau- und Türkisvarianten des Meeres und der Lagunen. Gerade diese typischen, leuchtenden Blautöne sah ich noch auf keinem seiner populären Bilder. Dafür vorwiegend Gelb- und Brauntöne, was mich von der Stimmung her mehr an Afrika erinnert."

„Kann schon sein, aber wenn du weiter Kunstkritiker spielst, brauchen wir nicht mehr loszufahren – und ich hab langsam Hunger", holt mich Moni auf unsere vier Räder zurück.

„Okay, suchen wir uns einen netten Picknickplatz am Ufer", willige ich und starte das Auto.

Gar nicht so einfach, wie ich dachte. Obwohl schon eine halbe Stunde gefahren, war noch keine Chance ans Meer zu kommen. Wie in Europa sind alle Ufergrundstücke neben der Straße mit privaten Villen, Häusern und Hecken abgeriegelt. Nach weiteren Kilometern finden wir einen wenige Meter breiten Wasserzugang. Ein Bootstrailer auf der kleinen Wiese davor verrät, dass der Eigentümer hier sein Boot zu Wasser lässt. Für unsern Wagen ist gerade noch eine Lücke frei.

So sitzen wir halb auf der Motorhaube unseres Renault, futtern Bananen und Kraftriegel, während wir bescheiden den schmalen Meerblick genießen. Der Himmel hat sich leider eingetrübt, aber die Berge von Moorea am Horizont sind im Dunst noch zu erkennen.

Ich setze mich ans Steuer und blicke auf die Uhr: „Na also, das Problem hat sich von selbst erledigt, Museum können wir vergessen. Schon viertel nach drei, und im Führer steht, das Museum schließt um 17 Uhr. Wenn, dann sollte man schon genug

Zeit haben, denn ein schöner Garten ist ja auch noch dabei."

„Was willst du dann tun?"

„Das echte Tahiti suchen. Es gibt auf der Karte hier einige Seitentäler. Vielleicht findet man dort die malerischen Wasserfälle, wie auf den Ansichtskarten mit den badenden Hulamädchen davor."

„Aha, du glaubst, die stehen immer noch dort?"

„Wäre auch nicht schlimm", grinse ich, „aber schau, vielleicht wäre dies das richtige Tal. Geht schön tief rein in die grünen Berge, viele Kurven, ein Bach fließt da wohl auch", zeige ich mit dem Finger auf der Karte, „und es liegt schon auf dem Rückweg. Ist also von der Zeit her kalkulierbar."

Das Tal zeigt sich auch wie erwartet, still und einsam. Steile, bizarre Bergflanken auf beiden Seiten, dicht mit grünem „Filz" überzogen. Aber alles etwas trüb und dunstig durch den bedeckten Himmel. Und ein Wasserfall zeigt sich auch keiner, obwohl die Landschaft immer unbewohnter wird. Das letzte Bauernhaus liegt weit zurück.

„Vielleicht nach der nächsten Biegung", mache ich mir zum wiederholten male Hoffnung – und gebe sie auch gleich auf, als wir ein seichtes Bachbett queren müssen und der Weg sich im Matsch verliert, getränkt durch Wasser das aus überhängenden Felsen trieft.

„Hier wäre ein Rover nötig, und eine Panne wollen wir in dieser Einsamkeit nicht riskieren. Auch die Wendemöglichkeiten sind äußerst selten, bei den vielen Zäunen und Straßengräben."

Zum Glück finden wir bald ein Stück Wiese mit Einfahrt, sodass wir das schon sehr dämmrige Tal zurück rumpeln. An der Hauptstraße ist es wieder heller und Moorea liegt in milder Abendsonne uns gegenüber.

„Schau, Moorea in der Abendsonne. Nur dumm, dass überall Hecken und Häuschen die Sicht verdecken", bedauere ich und biege bei nächster Gelegenheit rechts ab. Die Straße führt in Serpentinen den Berg hoch. Bevor sie uns ins Hinterland zieht, parken wir an einem unverbauten, etwas verwilderten Grundstück und blicken zwischen Bäumen auf's Meer, wo schon an den Flanken von Moorea das Orangerot der Abendsonne in blassrot übergeht. Die Gipfel bedeckt von grau-blau schimmernden Wolkenschichten. Ein Hahn kräht in der Ferne. Doch ausdauerndes Hundegebell stört die Romantik.

„Jetzt ist die Sonne auch weg", stellt Moni bedauernd fest, während die nun mausgraue Insel sich von ihren Wolken kaum mehr unterscheidet.

„Erst halb sieben, zum Essen noch zu früh, wenn wir noch bis Mitternacht warten müssen – was machen wir jetzt?", ist ihre Frage.

„Gerne hätte ich das große Hotel noch kennengelernt, von dem wir den Wegweiser sahen. Es sind nur wenige Kilometer von hier."

„Wie willst du dort reinkommen?"

„Kein Problem, denke ich. Wir stolzieren wie Hotelgäste durch die Lobby und gehen in den gepflegten Gartenanlagen spazieren, bis es ganz dunkel ist – Wo sonst kommt man auf dieser verbauten Insel noch an ein freies Ufer?"

Dann der Verkehr! – Dicht an dicht rollen die Autos auf der Hauptstraße in beide Richtungen wie die Ameisen, sodass wir uns nur mit Karacho in eine kurze Lücke einfädeln können, nachdem wir die Nebenstraße heruntergerollt waren.

Wenige Minuten weiter wird unsere Kolonne gestoppt, während am Straßenrand plötzlich überall Leute gehen.

„Wo wollen die denn alle hin", murmle ich vor mich hin, als wir in der Hochdämmerung weiterrollen und plötzlich von blitzenden Taschenlampen gestoppt werden.

„Was jetzt? – Das sind ja Polizeiuniformen?", erkenne ich im schummrigen Dämmerlicht.

„Ach, die lassen nur die Leute über den Zebrastreifen", beruhigt mich Moni.

„Hey, dann muss da ein Fest oder so sein – da vorne rechts kann man glaub ich parken."

Tatsächlich finde ich noch eine Lücke und wir lassen uns dann von den Polizisten über die Straße geleiten.

„Ach, das ist ja wieder eine Kirche – aber ne moderne", stellen wir fest, als wir den großen, dunklen Schatten eines Rundbaus mit pyramidenähnlichem Dach erkennen. Viele junge Leute stehen an den Holzzäunen um die Kirche. Im Dunkel leuchten die Mädchen in ihren schneeweißen, bodenlangen Kleidern. Teilweise schäkern sie mit feurigen Jungs. Einige wie leuchtende Engel auf der Eingangsterrasse, die Handzettel verteilen. Und wieder diese romantischen Kirchengesänge, die uns in das leuchtende Innere durch die weit offenen Türen locken.

„Wieder rammelvoll", flüstere ich während wir uns an der Rückwand in die zwei letzten Stehplätze zwischen den Einheimischen einfügen.

Links vom Altar agiert ein lebhafter Kirchenchor mit Blick zum Publikum. Rechts ein dunkelhäutiger Organist an einer Art Hammondorgel. Originell: Über ihm, auf einer großen Leinwand, wird der aktuelle Liedertext projiziert, den die Gläubigen, trotz des aktiven Kirchenchores, lautstark und mehrstimmig mitsingen. Den schlichten Altartisch kann ich nur auf Zehenspitzen zwischen den Köpfen der vor mir stehenden etwas erkennen.

Aha, jetzt ein ebenfalls dunkelhäutiger Priester im Messgewand, stimmt ein Lied, ähnlich unserem „Heilig, heilig, heilig ...", an, also ist es eine katholische Kirche. Bei der Opferung verteilen die weißgekleideten Mädchen überall Sammelkörbe.

Trotz unbequemen Stehens genießen wir die gefühlsstarken Gesänge. Auch wenn die französischen Kirchenlieder schöner als Deutsche klingen, können sie den polynesischen Folkloreliedern nicht das Wasser reichen, die wesentlich mehr an lebensfroher Ausstrahlung durch Melodie, Energie, Rhythmus und Begeisterung rüberbringen. Mit meinem Minirecorder nehme ich wenigstens etwas von der Stimmung auf. Die Kommunionverteilung zieht sich hin, weil gut die Hälfte der rund dreihundert Gläubigen nach vorne geht. Beim Friedensgruß fassen sich plötzlich alle bei den Händen, während einer der drei Geistlichen etwas vorsingt. Obwohl nicht mehr katholisch, finde ich das nett und ergreife die des etwa zehnjährigen Mädchens neben mir, weil auch die umstehenden sich alle an den Händen fassen. Aber so schnell wie bei uns, mit einem kurzen Händedruck, geht das hier nicht, denn auf den Vorsänger antwortet das Volk mit eigenen Melodien, und die ganzen Menschenketten halten dazu ihre Hände in die Höhe. So muss ich natürlich auch mitspielen und bin erleichtert, als nach der Melodie alle ihre Hände sinken lassen. Aber die kleine Mädchenhand lässt mich nicht los und ich sehe, dass sich die Erwachsenen auch festhalten, während der nächste Vorbeter etwas vorsingt. Danach wieder das Volk und ... alle Arme wieder hoch, und das drei mal.

„Mitgefangen – mitgehangen", grinse ich verlegen zu Moni hin, als es mir langsam zu viel wird und die Arme zittern.

Jedenfalls war es ein eindrückliches Erlebnis, allein unter den vielen Tahitianern deren religiöse Stimmung mit zu erleben.

Als wir gegen halb acht wieder ins Auto steigen, gibt es nur noch eine Parole: Futterquelle suchen! Schon bald sehe ich links die Leuchtreklame eines China-Restaurants entgegen kommen, an das ich mich noch von der Hinfahrt erinnere, weil es fast das einzige Lokal an der Strecke war.

„Warum nicht mal chinesisch nach soviel polynesischer Fischküche", beschließen wir, müssen aber ein Stück weiterfahren, um bei dem nicht abreißenden Verkehr eine Wendemöglichkeit zu finden.

Das Lokal ist auch recht gemütlich eingerichtet, nur echt vegetarische Gerichte finden wir nicht auf der Karte. Auch hier ist alles, wenn nicht auf Fleisch, dann mindestens auf Fisch und

Meeresfrüchte eingestellt. Nun, wenn schon wieder Fisch, dann wenigstens frittiert in süß-saurer Soße und endlich wieder mal Pommes statt Reis. Und hoffentlich perfekt französisch produziert. Moni bleibt bei Reis mit Gemüse und Shitake-Pilzen, weil ihre Galle auf die fetten Stäbchen feindlich reagiert.

Zu den Pommes passt auch mal wieder ein zischend kühles Bier. Und wenn schon, dann von einer original tahitianischen Brauerei. Es schmeckt auch überraschend gut. Fast noch mehr begeistert mich das Bierglas mit einer knienden Vahine drauf. Einem schwarzhaarigen Südseemädchen in buntem Pareo, ein schönes Brauereisymbol für die Südsee.

Mit dem Heißhunger eines Schiffbrüchigen schlinge ich die knackigen Pommes runter. Als der mandeläugige ältere Wirt fragt, ob alles okay sei, reagiere ich fleißig kauend mit heftigem Kopfnicken und versuche mit meinen Englischbrocken zu fragen, ob ich das Bierglas als Souvenir kaufen könnte. Die Brocken nutzen leider nichts, denn wir sind hier weit weg vom Touristenzentrum und so ist er voll auf die Amtssprache Französisch programmiert. Sein Englisch ist offenbar mindestens so bescheiden wie meines und er versteht nicht, was ich will. So meint er immer wieder, ob ich noch ein Bier will und nicht das Glas.

Plötzlich höre ich vom Nebentisch deutsche Worte in französischem Slang: „Sie wollen kaufen das Bierglas, kann ich Ihnen helfen?“

Ich schaue den freundlichen Herrn an, der mit seiner lächelnden Gattin am Nebentisch speist.

„Ja, natürlich, sprechen Sie deutsch?“

„Ja, nur ein wenig“, antwortet er entschuldigend und erklärt dem verwirrt schauenden Wirt, was ich will.

Fast ungläubig winkt dieser ab und brummt etwas, das der Franzose übersetzt mit: „Das Glas könne ich so mitnehmen, dafür wolle er nichts“, während sich der Chinese nickend, mit einem knappen Lächeln, wieder zum Tresen entfernt.

„Ja, sagen Sie ...", wende ich mich an das französische Paar, „woher können Sie denn deutsch – machen Sie auch Ferien auf Tahiti?"

„Nein, ich lebe schon sechzehn Jahre hier. Ich arbeite als Kinderarzt."

„Na, sowas, und meine Frau", deute ich auf Moni, „war früher Kinderkrankenschwester."

„Ach ja?!"

„Brauchen Sie nicht eine Arzthelferin, dann bleiben wir gleich hier?" füge ich scherzend hinzu. Lachend antwortet er: „Danke, das macht schon meine Frau."

„Ach, wie schade!", lachen wir zwei.

„Das Deutsch", fährt er dann zögernd fort, „habe ich in meiner Militärzeit gelernt – das ist lange her. Da war ich in den fünfziger Jahren am Bodensee stationiert – kennen Sie Konstanz?"

„Nein, wirklich – das gibt's ja nicht", rufen wir fast aus einem Mund, dass sich das ganze Lokal nach uns umdreht, „... in Konstanz? – Wir sind aus Konstanz!", jubeln wir das völlig verdutzte Paar an, während er ungläubig den Kopf schüttelt und es nebenher seiner Frau übersetzt, die darauf auch mit aufgesperrtem Mund den Kopf schüttelt.

„Also so ein Zufall, ein Superzufall, ein Hyperzufall", müssen wir uns selbst immer wieder bestätigen. „Und das zum zweiten mal auf dieser Reise. Weißt du noch den Balinesen, der in Radolfzell studiert hatte, und jetzt noch diese Steigerung am Ende der Welt."

Eigentlich glauben wir ja nicht an Zufälle, sondern dass alles Fügung oder Führung ist, oder besser Anziehung durch gleiche Schwingung. Es fiel uns zu, wie der Begriff sagen will.

Trotzdem sehen wir davon ab, es als Zeichen zum Auswandern zu deuten. Zu viel bindet uns schon zu Hause. Auch sind wir realistisch genug zu sehen, dass das Leben hier auch nicht nur aus Müßiggang und Hula-Tänzen besteht. Denn sowohl das abgasgeschwängerte Papeete als auch Honolulu auf Hawaii mit seinen Hochhaushotels bis an den schmalen Waikiki-Strand haben weniger Reiz als unsere Heimat am Bodensee. Und stillere Südseeinseln, wie die Cookinseln, hier Moorea und Huahine, sind sicher toll, um ein paar Wochen Ruhe und das Flair zu genießen, aber auf Dauer doch zu ruhig und zu einseitig für uns abwechslungshungrige Europäer. So verabschieden wir uns herzlich von den Franzosen und fahren wieder nach Papeete.

„Guck, das ist schon der Flughafen. Den lassen wir aber links liegen, denn es sind immer noch drei Stunden bis Mitternacht. Schauen wir mal, was Papeete bei Nacht zu bieten hat."

Erst mal wie am Tage so in der Nacht, genauso lärmig mit Autostau an der Hafenpromenade. Dazu lärmige Discomusik aus wenigen, neonblinkenden Nachtlokalen.

„Wow, schau mal, die Windsong liegt noch am Kai!"

„Und rundum toll beleuchtet, wie ein Märchenschiff."

„Da hat es sogar freie Parkplätze!"

Nur zwanzig Meter neben dem tollen Schiff steigen wir aus dem Auto. Wir stellen uns zu anderen Zaungästen an die Absperrung und beobachten das geschäftige Treiben vor dem eleganten Windjammer. Er sieht jetzt wirklich wieder stolz und gewaltig aus, nachdem die „Club Med II" nicht mehr neben ihr liegt. Ähnlich gelassen und scheinbar stolz schauen die Passagiere, locker auf die Reling gelehnt, auf uns herab. Fast weihnachtlich illuminiert durch hunderte kleiner Halogenstrahler, die das Deck dezent beleuchten. Es treten immer mehr Menschen an die Reling.

„Du, ich glaub, die legen bald ab. Am Fallreep ist es auch ruhig geworden und die zwei Matrosen scheinen die Verankerung an den Treppen zu lösen."

„Ja, und der Verkehr hinter uns nimmt laufend zu", antwortet Moni.

„Richtig, der Parkplatz ist ja plötzlich randvoll und jede Menge Scheinwerfer stehen Schlange an der Straße, die auch hier parken wollen."

„Was ist denn los, um uns drängen sich auch plötzlich lauter schnatternde Polynesier?"

„Ja klar, jetzt geht mir ein Licht auf, die sind auch alle wild darauf, dieses seltene Traumschiff ablegen zu sehen – ein richtiges Seefahrervolk eben, sonst haben die ja nicht viel Abwechslung auf dieser kleinen Insel", stelle ich fest.

Fast unmerklich ertönt leise romantische Musik an Bord, während sich das Heck des weißen Clippers feierlich und lautlos von der Kaimauer entfernt, dann langsam der Bug nachschwenkt. Das ganze Schiff glänzt und glitzert wie ein sich drehender Weihnachtsbaum, während sich die Musik dramatisch steigert und wir beide die Melodie erkennen: „Conquest of Paradise", strahlen wir uns an und summen gerührt die Melodie mit.

„Mann, muss das ein Genuss sein für die Gäste an Bord, mit dieser Melodie in die Nacht der Südsee zu gleiten und morgen früh die Lagune von Bora-Bora vor sich erstrahlen zu sehen", schwärme ich, während sich das Märchenschiff, wirklich glitzernd wie im Traum, mit ihren riesigen, angestrahlten Mastkreuzen majestätisch im Dunkel entfernt und sich die turmhohen Mastspitzen irgendwo im Schwarz der Nacht auflösen.

Fast ehrfürchtig flüstere ich: „Diese Musik, diese Dramatik – ein berührender Höhepunkt unserer Silberhochzeitsreise und Abschied aus der Südsee."

„Oh ja, wie eine Opernszene", bekräftigt Moni, „und wenn wir in Zukunft diese Melodie hören, denken wir nicht mehr an den Kolumbusfilm, sondern nur noch an den Abschied der Windsong von Tahiti."

Hollywood

Ernüchternd und ermüdend dann wieder das Rumhängen auf dem Flughafen Taa, bis wir aufgerufen werden. Das Auto ist abgegeben, nachdem wir erst nach längerem Suchen den Schalter unserer Autovermietung fanden, der aber leer stand. Auch die Zufahrt zur Tankstelle fanden wir erst nach zwei Ehrenrunden. Nach rumfragen an anderen Schaltern tauchte endlich eine junge Frau im Pareo-Look auf und erklärte sich für zuständig, unser Auto abzurechnen. Nach einigen Fehlversuchen am PC fand sie endlich unsere Daten. Sie vergleicht den Kilometer-Stand und rechnet wie vereinbart noch eine Km-Pauschale dazu. 60 Kilometer dünken mich zwar etwas viel – dummerweise hatten wir anfangs den Km-Stand vergessen zu notieren – aber bei der vielen Rumsucherei kann sich das geläppert haben.

Ähnlich ein Amerikaner, der sich gerade laut aufregt. Er kam dazu, als die Mademoiselle gerade unsere Daten suchte. Wir begrüßten uns mit „Hallo", weil wir uns noch von der Inselrundfahrt auf Rarotonga flüchtig kannten. Er und seine Frau seien aus Arizona, falls wir uns noch erinnerten. Nun schimpft der Riese weiter auf die kleine Frau und deren Kollegin ein, die inzwischen zu Hilfe kam. Nebenbei erklärt er uns, das seien Betrüger, sie hätten den Tacho manipuliert. Er habe seine Kilometer genau auf der Karte nachgerechnet und sein Tacho gebe jetzt fast das Doppelte an – ob uns das auch passiert sei?

Ich zucke mit den Schultern, und meine, dass es mir auch viel vorkomme, „aber wie will ich das beweisen?", und zu Moni gewandt: „Außerdem bin ich zu müde, um zu streiten, und will Tahiti nicht mit einem nutzlosen Missklang in Erinnerung behalten. Echt, ein Bett wäre uns jetzt wichtiger und außerdem haben wir ja immer noch Pazifik-Franc übrig, die man nirgends mehr einwechseln kann. Also müssen die jetzt erst mal verputzt werden."

Aber nicht für teure Alkoholika und Parfüms, wie sie auf allen

Flughäfen gleich angeboten werden, sondern ein toller Bildband von Polynesien soll es sein, den wir gerade an der Kasse entdeckt haben. Für einen sehr schönen Fotokalender reichen dann die wenigen Münzen, die wir auch gern als Souvenir behalten wollten, dann doch nicht.

„Was soll's", entscheide ich nach zehn Minuten Herumhängens, „wann findet man zu Hause solch tolle Südseemotive?" Also kaufe ich ihn auch noch mit Travellerschecks. Das macht die Verkäuferin widerwillig. Wegen der Gebühren nehme sie sonst keine Reiseschecks bei Preisen unter 20 $.

Endlich sitzen wir wieder an Bord. Die blassen Lichtpunkte der schlafenden Insel unter uns verschwinden schnell während des Steigfluges. Unser Blick richtet sich wieder auf den Monitor über uns, wo sich das Fliegersymbol nach einer roten Startkurve über dem kleinen Tahiti auf die endlos blaue Weite des Pazifiks, Richtung Nordost, einwackelt und bald eine gerade Linie zieht. Na ja, sieben Stunden Flug nach Los Angeles sind zum Glück nicht so lange wie von Bali nach Neuseeland, aber doch eines unserer längeren Teilstücke. Eigentlich gleich der Entfernung Deutschland – New York.

Zur Müdigkeit und zum Frust vor der langen Strecke kommt die Trauer, die Melancholie, dass das Hauptziel, der Höhepunkt unserer Reise, das kurze, aber herrliche Südsee-Abenteuer hinter uns liegt. Dass wir unweigerlich auf dem Rückflug sind, auch wenn wir noch die halbe Erdkugel umrunden müssen.

„Your Special-Meal, please!", schreckt uns die Stewardess aus unserer Dämmer-Grübelei.

„Was, schon Frühstück? – Nachts um halb zwei – wir haben doch noch gar nicht geschlafen", protestiere ich nutzlos, während Moni verschlafen nickend die Alufolie von der Futterschale zieht.

Immerhin bringen sie anschließend nicht gleich einen Spielfilm. Jeder quält sich auf den engen Sitzen in eine Kuschelposition und versucht den überfälligen Schlaf zu finden. Bei mir bleibt es eine endlose Döserei von drei bis sieben Uhr morgens.

Wir fliegen dem Tag entgegen. Irgendwann in der Nacht sah ich einen feuerroten Streif am Horizont, der die Morgendämmerung ankündigte. Aber alle haben ihre Fensterrollos dicht gemacht und wollen noch nichts vom neuen Tag sehen.

Nun bringen die Stewardessen wieder Unruhe in die fliegende Zigarre, blenden uns mit hellem Neonlicht und verteilen heiße Tücher. Da und dort gehen jetzt auch die Rollos hoch und Tageslicht knallt durch die Fenster. Glitzerndes Meer unter uns.

Das „Mittagessen" wird serviert. Ja, so ist das halt: Die Zeit verging langsam, aber im Flug. Den amerikanischen Morgen haben wir verschlafen und in Kalifornien ist jetzt Mittagszeit. Der kleine Flieger auf dem Monitor ist seinem Ziel schon nahe und hat einen langen roten Strich, quer über den Pazifik gezogen.

Fast eine halbe Stunde kreisen wir tief über dem Häusermeer von Los Angeles. Ich filme runter, im Vordergrund als Kontrast, die gelbe Tiare-Blüte auf meiner Fenstermulde, die ich noch von der südseetypischen Frühstücksdekoration aufbewahrt habe.

Auf 13:30 Uhr sollen wir unsere Uhren stellen, heißt es nach der pünktlichen Landung. Heute ist Sonntag, der 22.9., und wir stehen schon zehn Minuten in einer der fünf Warteschlangen der Zollkontrolle – und es bewegt sich viel. Die Amis sind wohl wieder am pingeligsten. Und wie im Supermarkt haben wir das Gefühl, wir sind in der langsamsten Schlange. Undefinierbare Bewegungen von Beamten und Beamtinnen zwischen den Schaltern. Schließlich werden Stimmen laut, es kommt Unruhe in unsere Reihe. Die Leute schauen sich an und schütteln murrend den Kopf, fangen an, auseinander zu gehen. Tatsächlich, andere Mitreisende bestätigen es: Unser Schalter wurde ohne Begründung geschlossen. Mit mürrischer Geste hatte ein Beamter angedeutet, was wir nicht glauben wollten: Unsere Kolonne von rund 50 Leuten soll sich an die anderen Schalter aufteilen! –

„Danke, Amerika, für die freundlich Begrüßung", zische ich

ironisch durch die Zähne. Die grimmigen Gedanken und Bemerkungen der Andern will ich gar nicht wiederholen, während wir uns an eine andere, ebenso lange Reihe hinten wieder eindrängeln. Übernächtigt und müde sind wir erst nach einer halben Stunde wieder so weit wie zuvor in der aufgelösten Schlange. Trotz wiederholter Stempelgeräusche haben wir das Gefühl, es bewegt sich fast gar nichts.

Ein junger Mann hinter uns mit alternativem Bart spricht mich an, nachdem er mitbekam, dass wir uns in Deutsch unterhalten: „Ihre Blüte würde ich lieber verschwinden lassen."

Ach ja, ich hatte meine Tiare-Blüte, in noch euphorischer Südseestimmung beim Aussteigen hinters rechte Ohr (verheiratet) geklemmt, wie es auf den Inseln überall als Alltagsschmuck praktiziert wurde.

„Aber nein, nicht nur das Obst aus dem Flugzeug ist strafbar einzuführen, auch jede Art von Pflanzen und Samen", entgegnet er auf meine Zweifel und erzählt Beispiele aus eigener Erfahrung und was er schon alles hörte. So bekomme ich angesichts dieser schickanösen Abfertigung langsam Schuldgefühle über meinen lieblich duftenden Südseegruß. Gern hätte ich die unschuldige Blüte den humorlosen Beamten, trotzig und mutig, als Gruß aus der Südsee, zur Schau gestellt. Der junge Mann hat mich jetzt aber stark verunsichert durch die übertriebenen, ja fast mittelalterlichen Strafandrohungen, dass ich schon suchend nach einem Abfallkorb Ausschau halte. Ich finde aber nichts in der nüchternen Halle. So lege ich sie unauffällig auf den schmalen Sockel einer Betonsäule neben uns, nachdem ich noch mal einen tiefen Schnupperzug von ihrem betörenden Naturparfüm genommen habe. Ich fühle mich fast wie ein Verräter, wie ich diesen Gruß aus dem Paradies so feige im Stich lasse. Aber vielleicht kann sich noch manch Wartender daran erfreuen.

Nach einer geschlagenen Stunde Schlange stehen sind wir endlich durch. Das Koffer holen war ein Klacks dagegen. Dafür stehen wir nun unter der Sonne Kaliforniens vor dem Flughafengebäude und warten auf den Shuttlebus, der uns für saftige 15$ – laut Reisebüro – nach Hollywood in unser „Holiday-Inn-Hotel“ bringen soll. Leider ist in den USA der Transfer nicht inklusive wie in den bisherigen Ländern. Da stehen wir uns schon weitere 20 Minuten die müden Beine in den Bauch, nachdem wir, bei den vielen Sammeltaxis, die schon hielten, von dem polizeiähnlich Uniformierten jedes mal ein energisches „No, Quark, Kartoffel, Quark ...“ oder so ernteten, wenn wir hofften, es wäre unseres. Auch wenn ich mehrfach seine Erläuterungen wiederholen ließ, verstanden wir kaum ein Wort von seinem „Kartoffelslang“.

Endlich winkt er uns, als ein Kleinbus vom „Appolo-Service“ vorfährt. Ein drahtiger dunkler Typ springt heraus, Italoamerikaner, wie wir später erfahren. Auf unsere Frage, ob wir bei ihm richtig seien, winkt er gleich wieder ab, dass wir noch warten sollen. Er wechselt einige Worte mit dem „Sheriff“, springt wieder ins Auto und fährt weg. Kommt nach zwei Minuten ovalen Rundkurses – der hier „Island“ heißt, weil es von hier zu allen Flügen gleich weit ist – wieder angebrettert und hält mit Vollbremsung bei uns. „Nein, noch nicht“, wehrt er ab, kurz darauf winkt er doch, schnappt unsere Koffer und die zweier hinzugekommener Reisenden und fährt mit uns los, aber nicht die Ausfahrt, sondern die Runde wieder zurück, langsam suchend, gibt wieder Gas, wieder an der Ankunftshalle. Nachdem er drei mal mit uns im Kreis fuhr und noch drei Gäste zuladen konnte, ist meinem übernächtigten Hirn klar, dass er so viel wie möglich zahlende Leute mitnehmen will, er aber nur kurz zum Beladen halten darf – so müssen wir gratis, gegen weiteren Zeitverlust Karussell fahren.

Endlich verlässt er den Kreisel und flitzt los, über verschlungene Autobahnknoten, erst auf acht-, dann zwölfspurigen Highways der langsam sinkenden Nachmittagssonne entgegen. Wie ein Berserker, oder von der Polizei gejagt, rast und überholt er mal links, mal rechts auf den sechs Spuren unserer Fahrtrichtung, biegt ab in die Pampa auf eine „normale“ Autobahn. Dürre Landschaft, kahle Felsberge, die Stadt weit hinter uns ...

„Wo der uns bloß hinfährt“, fange ich an zu zweifeln, „nach meinem kleinen Stadtplan ist Hollywood als Stadtteil direkt mit LA zusammengewachsen, ohne Pampa dazwischen – hoffentlich hat er uns richtig verstanden. Wär’ ja peinlich, wenn wir in einem falschen Bus sitzen.“

„Vielleicht lädt er die anderen zuerst irgendwo ab?“, versucht mich Moni zu beruhigen. Immerhin scheint die Sonne jetzt wieder hinter uns, folglich entfernen wir uns nicht mehr weiter von LA. Nach kahler Wildwestlandschaft mit schroffen Felsen tauchen endlich wieder Häuser und Gehöfte in der trockenen Landschaft auf.

Plötzlich, ca. 300 Meter neben der Piste, ragt hinter einem Hügel der Schriftzug eines mehrstöckigen Hauses hervor. Ja, tatsächlich: „Holiday-Inn“, kann ich beim Näherkommen entziffern.

„Das kann wohl nicht sein, mitten in der Pampa“, brumme ich, nutze jedoch die Gelegenheit, unseren nervigen und abweisenden Fahrer provokativ zu fragen: „Is this our hotel?“

„Sir“, antwortet er in schneidendem Ton, dass es mir schier Gänsehaut auslöst, „... es gibt hunderte Holiday-Inns auf der Welt ...“ Und ich werde schon noch erwarten, bei unserem anzukommen, meine ich zu verstehen.

Mann, denke ich, noch nie hat mich im Leben jemand mit „Sir“ angesprochen, aber dann gleich in diesem vernichtenden, kalten „Dracula-Ton“?! – Was muss der Mann für einen Tag haben? Möglicherweise hat ihm seine Frau heute morgen die Scheidung auf den Tisch geknallt, die Freundin ihn rausgeworfen und das Finanzamt ne hohe Nachzahlung gefordert? Denn nur eine dieser Möglichkeiten kann nicht derart gereizt und aggressiv machen, war unsere Meinung.

Dabei haben wir nur sympathische, aufgeschlossene Amerikaner in Erinnerung – eigentlich mehr davon gehört, denn außer unserer ersten Weltreise vor 23 Jahren waren wir noch nie in USA.

Damals kamen wir von Hawaii nach San Francisco. Das Hotel war noch im muffigen dreißer-Jahre-Stil eingerichtet. Dunkle, schwere Vorhänge, altmodische Stehlampen, wo wir den Schalter erst nach Stunden unterm Lampenschirm, direkt an der Birnenfassung fanden. Erst suchten wir den Schalter am Kabel, das auf dem speckig-filzigen Teppichboden unter dem Bett verschwand. Beim Blick unters Kingsize-Bett würgte es uns, als wir Dutzende zerknüllter Kleenex-Tücher darunter erblickten ...

Aber eigentlich wollte ich erzählen, wie wir abends, nach der rumpelnden, klingelnden Cabelcar-Fahrt im legendären „Fishermans-Warf No. 9“ essen gingen. Mit den vier anderen Mitreisenden berieten wir laut, was wir außer dem kalifornischen Wein bestellen sollten. Eine Familie in der Eckbank nebenan sah neugierig herüber, vor allem die Amerikanerin. Sie grinste uns herausfordernd an und fragte bald, woher wir seien, wie wohl so jedes Gespräch in Amerika beginnt. So erfuhren wir im Gespräch, dass heute der wichtige „Thanksgiving Day“ sei, das groß gefeierte Erntedankfest in den USA, und sie aus diesem Anlass Essen gingen – ach ja, es war November. Jedenfalls haben wir uns mit ihnen bestens unterhalten und Späße gerissen wie alte Bekannte. Das wäre bei uns in Old Germany nicht vorstellbar, mit Gästen am Nebentisch so schnell eine kumpelhafte Unterhaltung zu führen, und das in einem besseren Lokal. Das ist die aufgeschlossene amerikanische Lockerheit – die unserem Fahrer hier völlig abgeht.

Aha, langsam kommen wir wieder in Stadtgebiete und die Häuser werden immer höher, bis unser Driver vor einem sehr hohen Kasten in einer Nebenstraße hält, raus springt, uns die Koffer vor die Füße knallt, bevor wir richtig ausgestiegen sind. 20 $ fordert er, während ich den Geldbeutel öffne. Da ich noch keine Dollars habe, biete ich ihm meine US-Dollar-Reiseschecks an. Obwohl passend, schüttelt er den Kopf. Als letzte Alternative zeige ich ihm meine EC-Card, auf die er natürlich erst recht abwinkt. Auf Travellerschecks müsse er Gebühren bezahlen.

Um nicht draufzulegen, müsse er uns die 5%, also einen Dollar dazu verlangen. Da meine kleinsten Scheckwerte 5 $ sind, biete ich ihm 25 $ an, damit er mir vier raus gebe. Jetzt wühlt er in beiden Hosentaschen, zeigt einige große zerknitterte Dollarscheine und meint schulterzuckend, und das erste mal breit grinsend, er habe kein Kleingeld. Die wortkargen Mitreisenden im Wagen zucken auch nur mit den Schultern, bei der Frage nach Wechselgeld und der Fahrer drängt wieder hektisch zur Eile. Er könne uns die vier Dollar morgen auf der Rückfahrt wieder geben. Der Glaube mein Rückgeld, wiederzusehen schwindet noch mehr, als er meine Bitte um eine Quittung des bezahlten Betrages nicht verstehen will und klatscht, schon wieder frech grinsend, mit knappem Gruß die Wagentür zu, und schon flitzt der schwarze Wagen um die Ecke.

Warum er uns am nüchternen Hintereingang des Hotels „rausgeworfen" hat, fragen wir uns, als wir mit unseren Koffern in die große Lobby des diesmal richtigen Holliday-Inn rattern. Der repräsentative Haupteingang mit Palmen, Blumen und Butler liegt gerade um die Ecke, was kein Umweg für unsern „Mafiosi" gewesen wäre.

Dafür ist der Rezeptionist wieder locker und freundlich und findet sofort unsere Buchung. Als er uns die Schlüssel aushändigt, bitte ich ihn, einen Gruß nach Germany in die Videokamera zu sprechen, was er auch ohne zu zögern tut.

„Super, der zwanzigste Stock, das ist das oberste Stockwerk, das die haben", stellen wir begeistert fest, als wir den Aufzugknopf drücken und kurz darauf mit spürbarer Power hoch gesaugt werden. „Uii..., der lässt einen ja abheben", ist die nächste Reaktion auf das heftige Abbremsen.

Aber dann das Öffnen der schweren dunklen Vorhänge: Wie im Kino erstrahlt in gleißendem Licht das ganze Häusermeer von Los Angeles zu unseren Füßen. Links in der Ferne die Hochhäuser der City. Vor uns unten ein kleineres Hochhaus, von dessen Stirnseite uns in voller Haushöhe ein Teilportrait von Marilyn Monroe mit sinnlich rotem Kussmund anhimmelt – also sind wir wirklich in Hollywood. Zwischen einer Häuserlücke sehen wir die Teilfassade eines altmodischen Kinopalastes. Wo viele Leute auf- und ab flanieren.

Die großen Betten laden ein, sich draufzuwerfen. Mir fallen fast auf der Stelle die Augen zu ..., nein, ich springe wieder auf, nicht jetzt. Es ist erst gegen 17 Uhr, wenn wir jetzt schwach werden, geht es uns wieder wie auf Neuseeland und wir wachen heute Nacht oder morgen früh erst wieder auf. Also räumt Moni erst mal die wichtigsten Dinge ins Bad. Wir machen uns frisch und ziehen uns um. Kameras umgehängt und runter mit dem Schnellaufzug, der uns unten wirklich fast in die Knie zwingt.

„Ja, schau mal, da sind ja schon die Sterne ...“, deutet Moni nicht an den Himmel, sondern auf den Boden, als wir von unserer Seitenstraße in die Hauptstraße mit dem lebhaften Fußgängerrummel einbiegen, „... das sind wohl die Sterne der berühmten Stars, die als Mosaik in den Gehweg eingelassen werden.“

„Richtig“, stelle ich fest, „wie heißt denn die Straße – ach, da steht's: Hollywood Boulevard. Dann wohnen wir tatsächlich ganz nahe an dem berühmten „Walk of Fame“. Das hatte das Reisebüro gar nicht erwähnt, dass wir so zentral und prominent wohnen, nur dass das Hotel in LA sei.“

Und schon starren wir, wie die anderen Passanten, nur noch auf den Boden und bleiben bei dem einen oder der anderen Prominenten stehen, bis wir vor einem chinesisch gestalteten Palast stehen, mit vielen Menschen im Innenhof. Es scheint der populärste Kino-Palast zu sein, der gerade gegenüber dem altmodischen liegt, dessen Leuchtreklame wir schon von unserm Hotelzimmer aus sahen. Weil alle gebückt dastehen, lenken wir unseren Blick wieder weg von der bombastisch, kitschig, chinesischen Dekoration, wieder auf den Boden. Ja, da sieht man die vielen Hand- und Fußabdrücke der berühmtesten Stars, die sich hier einst in frischen Betonplatten verewigen durften. Außer den „Dinos“ der Filmgeschichte, wie James Dean, oder Sophia Loren findet man auch die Abdrücke imaginärer Stars, wie die drei Finger von Mickey Maus oder die Watscheln von

Donald Duck.

Im Übrigen bietet fast jeder zweite, der vielen Souvenirläden den gleichen Kitsch und Flitter der Star-Welt. Vor allem die Superstars der Filmgeschichte, wie Marilyn Monroe und Elvis Presley, blicken einen in tausenden Varianten an. Vom Poster zum Badetuch. Vom Trinkbecher bis zum bewegten Püppchen.

„Ach, was war die Natur noch herrlich und geschmackvoll die letzten Tage, und hier nichts als Plastik und Plunder“, stöhne ich nach einer anstrengenden Stunde. Einerseits sind wir froh, dass hier alle Geschäfte sonntags geöffnet haben, sonst wäre dieser Zwischenstopp nicht den Aufwand wert gewesen. Andererseits käme für uns ein Direktflug von 24 Stunden ohne eine entspannte Bettruhe auch nie in Frage. Da hat unser Reisebüro für diese Zwischenlandung doch noch den unterhaltsamsten Ort ausgesucht.

„Da ist er endlich“, ruft Moni begeistert, „guck, der Elvis!“

Natürlich nur als Stern im Boden, allerdings schon beschädigt, wohl von Souvenirjägern, die ihn rausmeißeln wollten. Endlich, nach langem Suchen, am etwas dunkeln und gammligen Anfang des Strips, haben wir unsern Jugend-Star endlich gefunden. Das war echt Arbeit, nachdem wir den Boulevard und die Palmenallee, links und rechts, mit gesenkten Häuptern zwei bis drei Kilometer abgesucht haben, werden unsere Knie zittrig und die Köpfe schwirren von hunderten mehr oder weniger bekannten prominenten Namen.

Nun merken wir auch, dass es schon sehr dämmrig wurde und die Leuchtreklamen heller leuchten als das Abendrot am Ende der Straße. Sofort sind wir uns einig, dass es reicht und der Körper neue Energie braucht. Aber nur was Kleines, denn die Müdigkeit ist stärker als der Hunger. Da kommt uns, unweit vom Elvis-Stern ein kleines Chinalokal gerade recht. Eher ein Schnellimbiss als gemütlich. Hat aber einen kleinen Gastraum mit weiß gedeckten Tischen und durch die große Fensterscheibe können wir nebenher schön die abwechslungsreichen Passanten beobachten.

Blick vom Holiday-Inn auf Los Angeles

Das berühmte Chinese Theatre am Walk of Fame

Moni hat unter über 2.000 Stars
den Elvis-Stern gefunden

Bei der chinesischen Oma mit großer Zahnlücke bestellen wir das vegetarische Menü für 8,95 $, das uns von draußen rein lockte. Die heiße Kraftbrühe tut dem irritierten und vernachlässigtem Magen auch sehr gut. Nach den drei kleinen Frühlingsrollen kommt der Hauptgang: schwarzes Chiligemüse mit Reis.

„Mann, oh Mann, ist das scharf", stöhne ich wiederholt und muss mit Serviette und Taschentuch gar Tränen von den Augen und Schweiß von der Stirn wischen.

„Ist es bei dir so schlimm?", wundert sich Moni.

„Es ist schon sehr deftig scharf, aber so wie dich nimmt es mich nicht mit. Wobei, ein zweites Bier ist schon nötig."

„Eigentlich halte ich schon einiges an Schärfe aus, aber das ist ja doller als einst in Thailand, wo ich auch schon Schweißausbrüche auf Grund der Schärfe hatte, aber weinen musste ich noch nie deswegen. Vielleicht hat die Küche bei mir einige Chilikerne mehr mit ins Essen gebröselt?"

Mein Angebot, ob sie mal bei mir probieren und vergleichen will, lehnte sie dann doch ab, weil ihr Gaumen so schon glühe.

„Schau, jetzt schaut schon wieder dieser Chinese zur Scheibe rein und geht wieder weiter, wenn ich ihn beachte", hechle ich mit brennendem Rachen.

„Diesmal fiel er mir nicht auf."

„Doch, das war das dritte mal, der sucht hier was. Ich glaube, wir stören den, denn jedes mal ging er weiter, wenn er uns als einzige Gäste im Lokal sah, und mal kam er von links, dann wieder von rechts."

Die Oma, die den Laden offenbar alleine wirft, macht auch einen geheimnisvollen Eindruck. Weniger das kleine beleuchtete Hausaltärchen an der Thresenecke mit einem konfuziusähnlichen Standbild, sondern die Art, wenn sie nicht gerade in der Küche rumschnattert, viel telefoniert und dann mit den zwei stillen Chinesen in der Ecke herumtummelt.

„Da ist er wieder!", platze ich raus, während ich das letzte

Feuer vom Mund wische und zum Glücksgebäck greife.

„Tatsächlich“, erkennt ihn Moni, „jetzt kommt er ...“

Der etwas rundliche Dreißigjährige drückt entschlossen die Tür auf und geht schnurstracks nach hinten. Wir hören eine teils lautstarke Unterhaltung aus der Küche. Nach fünf Minuten geht er wieder. Das dünkt uns recht merkwürdig. Ob da Drogen mit im Spiel sind, bleibt eine Vermutung.

Jedenfalls sind wir pappsatt von den großen Portionen und den vier Bierchen, zahlen 30$ und sinken bald darauf erschöpft in unsere Kingsitze-Betten. Aber nicht ohne zuvor noch das traumhafte Lichtermeer von LA durch unsere Panoramascheiben genossen zu haben.

„... piep – baba – piep – baba ...“, welch ungewohnter Alarm reißt uns mitten in der Nacht aus dem Schlaf? – Ach der verflixte Hotelwecker – 6:30 Uhr zeigt er erst an!? So ne Gemeinheit, den hatten wir gar nicht gestellt und wollten lieber unserem eigenen Wecker vertrauen – der piepst brav zwei Stunden später um 8:30 Uhr. Nach dem Duschen sind wir wieder fit und rauschen hinunter zum Frühstück. Du meine Güte, welch ein eng verschachtelter Frühstücksraum und überall drängeln sich laut amerikanisch „gurgelnde“ Leute. Es dauert einige Zeit bis wir einen Platz haben und durchblicken wie das hier abläuft. Man bestellt wohl á la Carte? Auf das teure amerikanische Breakfest, mit dem fetttriefenden Speck, verzichten wir gerne. So bestellen wir das Continental Breakfest, also nur Kaffee mit Marmeladenbrot, für den Komfortpreis von 6,95$. Ein Ei hätte ich aber schon gern dazu, macht 1,25$ extra und von den zwei labbrigen Toastscheiben werden wir auch nicht satt, also bitte noch zwei Toast-Lappen extra! Dieser wahrhaft bescheidene Wunsch wird für weitere 1,95$ extra pro Person (!) erfüllt – ho, hoo – zum Glück haben wir vom Chinesen gestern Abend noch was im Bauch. Das merken wir auch, als beim Hochfahren im Sekundentakt die Stockwerke vorbeiblinken und bei der Vollbremsung oben, Kaffee und Ei den Schwung beibehalten und sich aromatisch aufstoßend, in der oberen Speiseröhre wieder bemerkbar machen. Nur schnelles Gegenschlucken verhindert die Wiederkehr des Frühstücks.

Da die Koffer kaum berührt wurden und wir erst um zwölf Uhr räumen müssen, sind wir schnell wieder am Hollywood-Boulevard, wo mich Moni schon bald in einen großen Levis-Jeans-Shop zieht. Dort packt uns der Kaufrausch angesichts der günstigen Markenprodukte und der freundlichen, sachkundigen Beratung eines Verkäufers. Der zaubert für mich eine Zwischengröße hervor, die so gut sitzt wie noch nie ne Jeans zuvor, sodass ich ausgemachter Kleidermuffel sogar gleich zwei Stück für je 29 Dollar kaufe. Dazu kommt zwar noch ne Tax, doch als wir weiter drei Paar für Frau und Kinder kaufen, gibt er uns großzügig Rabatt, sodass wir nur 25$ inklusive Steuern pro Levis bezahlen. In meinem Überschwang kaufe ich im nächsten Geschäft noch einen Vierer-Pack LA-T-shirts für 10$.

Um viertel vor zwölf sind wir wieder brav im Hotel und pressen die neuen Textilien in die Koffer. Zu unserer Überraschung wird uns dann an der Rezeption noch ein Fax von unserem Sohn Udo überreicht, in dem er uns die letzten News von zuhause meldet und uns einen schönen Rückflug wünscht.

Auf unsere Frage, wo wir denn unsere Koffer bis halb zwei noch unterstellen können, verlängert uns der Concierge, wie amerikanische Hausmeister bzw. Rezeptionisten genannt werden, bis dann unser Zimmer kostenlos. Toll, so sind wir nach dem Ärger mit dem Wucherfrühstück wieder versöhnt. Er ist dann wieder beeindruckt, als ich ihm sein eigenes, handgeschriebenes Rückfax zeige, worauf er auf unsere Anfrage nach dem Flughafen-Shuttle vor vielen Wochen geantwortet hatte. In dieser Beziehung fragen wir, ob der heutige Shuttle nochmal extra bestellt werden muss. Das ginge in Ordnung, er kümmere sich darum.

Als wir dann vom Fotobummel am Hollywood-Boulevard zurück kommen, sind wir dann doch überrascht, dass schon ein Shuttle-Fahrer nach uns fragt. Wir sind erleichtert als wir sehen, dass es nicht unser hektischer Italiener ist, obwohl wir ihm ungern das Rückgeld schenken. Der ist nun das glatte Gegenteil, ruhig und gemütlich, fast zu sehr. Als er nämlich in einem unübersichtlichen Villenvorort nach einem Fahrgast sucht, erst das Haus nicht findet, dann auf sein Klingeln niemand öffnet, fängt er an, geduldig das Haus zu umlaufen – da läuft uns die Zeit zu schnell.

Schließlich kommt mit lautem Geschnatter eine alte Lady mit viel Gepäck, das der Fahrer einzeln holen und schleppen muss. Unterwegs erzählt sie uns ihr ganzes Leben und ihre Krankengeschichte. Sie erklärt leutselig, für was ihr Türkisstein am Hals ist, zeigt dann ein Lourdesamulett aus der Bluse, das sie bisher vor allem geschützt habe. Den Schutz brauchen wir jetzt, mischt sich der Fahrer ein, denn er müsse noch in einem kriminellen Viertel Gäste aufnehmen.

„Uii, jetzt wird es doch wieder spannend“, sage ich zu Moni auf dem Rücksitz.

Es sind dann aber zwei aufgetusste Girls, die es wichtig mit einem Marylin-Poster haben und dauernd am kichern sind. Ein stiller junger Mann, der noch zustieg, ist weniger definierbar, eher schüchtern.

Up and away ...

„So, endlich wieder in Sicherheit, im Abflugbereich. Dort auf der Anzeige steht auch schon unser Flug nach Frankfurt um 6 p.m. – jetzt kann nichts mehr schiefgehen. Nur noch ein großer Hüpfer über Amerika und den Atlantik, und unser großes Abenteuer der zweiten Weltumrundung ist erfolgreich, ohne große Pannen, dafür mit vielen tollen Erlebnissen und Eindrücken, zu Ende gegangen."

„Nein, schau mal da links von uns", zische ich zwischen den Zähnen, „das ist er doch!? – Da, nur fünf Meter neben uns, schau ihn nicht an!"

„Ach ja, – ist er das?"

„Natürlich, unser Mafiosi, womöglich sucht er uns ..."

„Wieso?"

„Womöglich wollte der uns selbst abholen und will nun von uns die Kohle für die verpasste Fahrt – oder glaubst du, dass er uns nachfährt, um uns das schuldige Rückgeld zu bringen?", frage ich, während wir uns dezent mit großen Schritten aus seiner Nähe entfernen. Er steht immer noch mit angespannt suchendem Blick in der Halle umher „... uff, jetzt hat er hergeschaut ..."

„Er geht aber weiter."

„Offenbar kennt er uns nicht mehr richtig, um uns aus dem Menschengewimmel rauszupicken?"

„Wer sagt denn, dass er uns sucht?", wiegelt Moni meine Vermutung ab, „schau, unser Schalter scheint nun geöffnet zu sein. Geben wir endlich unsere Koffer ab."

„So, die sind mal weg", stellen wir wenig später erleichtert fest, „aber ich möchte nicht schon durch den Zoll, wir haben ja noch fast zwei Stunden bis zum Abflug", fahre ich fort, während ich den Rucksack auf eine Sitzbank stelle. Kaum ausgesprochen, bauen sich zwei respekteinflößende Uniformmänner, die „Airport Security", vor uns auf.

„Was ist jetzt schon wieder?“ Ich schaue Moni fragend an, weil ich nicht verstehe, was der uns mit seinem „Kartoffelslang“ sagen will.

Jetzt zeigen beide auf einen Beauty-Koffer, der zwei Meter von uns neben der Sitzbank steht.

„Ach der – no, no ..., der gehört nicht uns“, versuchen wir kopfschüttelnd und mit beiden Händen abwehrend zu erklären, während ich meinen Rucksack und die Kamera wieder aufnehme. Das scheint langsam zu überzeugen, nach einigen misstrauischen Blicken zwischen uns und dem Köfferchen.

„Jetzt reicht’s mir auch – gehen wir durch den Zoll ins Wartegefängnis, da sind wir sicher“, flachse ich, während sich die zwei Securitys vorsichtig mit dem vermeintlichen Sprengstoff-Köfferchen beschäftigen, wie wir beim Zurückblicken noch mitkriegen.

„Jetzt habe ich aber Hunger. Wir haben seit dem kargen Frühstück nichts mehr gegessen“, klagt Moni, nachdem wir die Leibesvisitation hinter uns haben.

„Stimmt, aber durch die dauernde Ablenkung habe ich nicht mehr ans Essen gedacht. – Nur ein Problem ist, wir haben unsere Dollars inklusive Shuttlefahrt bis auf den letzten Cent aufgebraucht. Vor lauter Jeans-Begeisterung habe ich ganz vergessen, noch etwas Essensgeld einzuplanen.“

„Du bist ja gut, das dauert mindestens vier bis fünf Stunden bis wir im Flieger unser Abendessen bekommen“, ist ihre grimmige Reaktion.

Aber unsere Schutzengel können uns nicht so lange hungern sehen. Die Amis an der Snackbar sind so flexibel, dass sie sogar unsere EC-Karte akzeptieren für die bescheidenen 11$, die wir konsumieren. Das gibt einen Sandwich mit Cola für Moni, während ich keinen Bock auf Fastfood habe und – man glaubt es nicht – eine Schweizer Rüeblitorte made in USA mit einem riesen Plastik-Kaffeebecher an einen Bistrotisch trage.

„und das reicht dir?“, fragt Moni mit zweifelnder Miene.

„Doch, du weißt, ein richtiges Essen will ich genießen, aber das kann ich nicht in dieser Umgebung und krieg's auch nicht. Aber die Rüeblitorte sättigt und reicht mir zur Überbrückung – prost!", erkläre ich und hebe schwungvoll mit beiden Händen den riesigen Kaffeebecher in die Höhe – und schwupp ... spritzt der Kaffee in einem Schwall in alle Richtungen. Große Suppe auf Tisch und Tablett und meine Oberschenkel fühlen sich sehr heiß und nass an.

„Ja, sag mal, bist du schon so schwach, dass du den Becher nicht mehr halten kannst", spottet Moni laut lachend, während mich zwei Gäste am Nebentisch missbilligend anschauen.

„Im Gegenteil, das ist der billige Becher, den habe ich zu fest gepackt, dadurch ist das dünne Material in der Mitte eingeknickt und der Kaffee wegen der plötzlichen Enge nach oben entwichen. Oh, diese amerikanische Plastik-Ess-Unkultur", muffle ich, während ich mit allen greifbaren Miniservietten die feuchte Bescherung auftupfe. Am ärgerlichsten ist, dass der Becher durch den explosiven Schwupp halb gekippt ist, und ich nun nur noch ein Drittel des einstigen XXL-Kaffees zu meiner trockenen Rüeblitorte genießen kann. Immerhin braucht man für das Leitungswasser, mit dem ich später unsere Wasserflasche auftanke, keine EC-Karte. Schmeckt auch scheußlich nach Chlor – so ist der Magen wenigstens mal chemisch gereinigt. Es lebe das deutsche Leitungswasser, vor allem am Bodensee!

Endlich wird unser Flug aufgerufen. Beim Abreißen der Bordkarten äußere ich wieder meine Verwunderung über das hohe Durchschnittsalter der Air-Neuseeland-Crew. Kaum eine Stewardess unter vierzig. Die Chef-Stewardess mit hagerem Gesicht, Omabrille und krausem weißem Haar, wirkt gar weit über sechzig.

„Das darf doch nicht war sein! – Langsam bereue ich unseren Stopover in Amerika. Jetzt sitzen wir schon über eine halbe Stunde in unserer Kiste und wissen nicht, wann wir endlich abfliegen", mache ich meinem Ärger Luft. Vor zehn Minuten hatte der Pilot noch durchgegeben, dass sich der Abflug verzögert wegen eines technischen Fehlers an der Fahrwerksbremse – der Fehler werde noch gesucht – „danke!“ Techniker im roten Drillich sehen wir sich immer wieder an der Maschine bewegen – allerdings ohne große Eile, während die Abendsonne die Gebäude gelb bestrahlt.

Immerhin, nach einer Dreiviertelstunde die optimistische Stimme des Kapitäns, der Fehler sei gefunden und werde sicher bald behoben sein. Das „bald“ zieht sich dann zu einer halben Stunde hin.

„Mann, normal würde jetzt das Essen serviert ...“

„Gell, jetzt hat deine Rüeblitorte ausgedient“, spottet Moni.

Immerhin filme ich noch einen schönen Sonnenuntergang. Glutrot blendet uns die Sonne in die Kabine, während wir zur Startbahn einschwenken.. Die rote Kugel liegt optisch fast genau auf der Rollbahn. Und schon heben wir ab. Die graue Häusermasse von Los Angeles, mit teils rot blitzenden Fenstern, breitet sich immer weiter unter uns aus, als die Maschine wegkippt, sich nach Osten wendet und in die Dunkelheit fliegt. Aber noch sehe ich unter uns noch gut die langen Schatten der wilden Berglandschaft, scharfkantige Berggipfel im „Alpenglühen“. Verschlungene Flussläufe, wie schwarze Schlangen im Halbdunkel. „Das sieht stark nach den Grand Canyons aus“, brumme ich, mit Kopf und Kamera an die Scheibe gepresst, die sich vor Begeisterung beschlägt. Stimmt auch, wie ich später auf der Flugroute sehe.

Küchendüfte! – Endlich, das Abendessen, nachdem unsere Mägen schon stundenlang knurren. Unser Spezial-Menü: Gemüselasagne, Spinat und Kuchen. Die anderen typisch amerikanisch: Hamburger, dazu untypisch, Grünspargel und gelbes Zucchinigemüse. Dazu australischer Weißwein, auch wenn das kein Schlafmittel ist, aber der Stuart hatte keinen Roten. Immerhin kommt er vor dem Abräumen doch noch mit einen Roten vorbei, der uns vielleicht doch noch entspannt. Denn diese 16 Stunden Rückflug sind schon ein dicker, quälender Brocken als Abschluss unserer Traumreise. Eingequetscht auf meinem Sitz und auf der Futterklappe schreibend, mit der zittrigen Schrift eines Neunzigjährigen durch die Fliegervibration, dann auf dem angezogenen Knie, mit hoffnungslosem Abrutschen. Schließlich, resigniert, die gleiche Übung zum Schlafen: Füße gerade, ich rutsche nach vorne, Kopf kippt vor. Nee, wir haben ja Übung. Also Po nach vorne, ein Knie, mal links, mal rechts am Vordersitz abgestützt und wenn die Beine mal vor mir einschlafen, beide Knie hoch. Oh, schon bald tut das Kreuz weh von der Krummrückenstützhaltung. Kopf links an die kalte Plastikwand. Kopf rechts, fällt trotz Nackenhörnchen runter ..., und das Ganze wieder von vorn. Im Eindösen erinnert mich das an ein Massenzuchthuhn auf seinem DIN-A4-Gitterrostplatz im dunkeln KZ-Stall. Und das lebenslang, das tröstet, wir nur eine Nacht.

Nach stundenlangem Kampf- oder Krampfdösen schiebe ich mal den Rollladen etwas hoch, weil ich auf dem Monitor sehe, dass wir an der Südspitze Grönlands vorbeifliegen. Tatsächlich, es blendet, es ist schon wieder Tag und unter dem tintenblauen Allhimmel leuchtet grellweiß bis an den Horizont das Riesendreieck von Schneebergen herauf. Das ist ja schon beeindruckend und lässt einen auf eine sonnige Heimkehr hoffen. Aber schnell mache ich wieder den Laden runter, weil einige gestört im Schlaf grunzen. Auch später eitel Sonnenschein, als wir die englische Ostküste auf's Meer Richtung Holland überqueren.

Aber dann, armes Deutschland, über'm Ruhrpott alles graue Wolken, in die wir gleich eintauchen werden und in Frankfurt um die Mittagszeit bei düsteren tiefhängenden Wolken, die vor Freude über unsere Rückkehr weinen, was das Zeug hält ...

Nein, nein, das wissen und wollen wir eigentlich noch nicht wissen! Wir sind noch über'm dunkeln Amerika und zippeln unsern Rotwein.

„Zum Glück haben wir das schon bei Tag erlebt, den wilden

Westen zu überqueren“, hole ich Moni aus ihrem Dösen.

„Oh ja, damals von San Francisco kommend, beeindruckt von der Golden-Gate-Bridge, der urigen Cable-Car und dem Blick vom Twin Peak, flogen wir bei Sonnenschein über die Rocky Mountains und endlose Pampas ...“

„Ja, und weißt du noch, wie ich mich überwand, die Stewardess zu fragen, ob ich mal ins Cockpit schauen dürfte, und ich durfte?“

„Ja, das ist heute eigentlich unvorstellbar, schon gar nicht bei einem Linienflug. Aber wir hatten ja eine Sondermaschine nur für unsere Gesellschaft und kannten die Crew und die uns vom sehen, schon drei Wochen.“

„Mann, war das toll, dieser Panoramablick auf die weite Landschaft mit glitzernden Flussläufen, über die Köpfe der Piloten hinweg. Der alte freundliche Käpten erklärte mir den „Wilden Westen“ von oben, während ich mir es nicht verkneifen kann, mit meinen wenigen Englischbrocken zu erklären, dass ich während meiner Wehrpflicht, wo ich noch lange 18 Monate abdienen musste, als Flugzeuginstrumenten-Mechaniker beschäftigt war. Begeistert erklärt er mir darauf die Wichtigsten der vielen Instrumente. Mit rotem Kopf sagte ich immer brav: yes, ah und oh, obwohl ich von seinem Fachenglisch kaum etwas verstand.“

„Ja, und dann sind wir ja noch nur für drei Stunden bei den Niagarafällen gelandet.“

„Richtig, mit dem Bus gleich über Grenze nach Kanada, wo wir von der hohen Brücke erst die amerikanischen Fälle sahen und dann wenig weiter die kanadischen Hufeisenfälle. Die waren schon „great“, wie der Ami sagt.“

„Und an den Hotels riesige Leuchtschriften, wo mit „King-Sitze-Betten“ vor allem Hochzeitspaare angelockt wurden“, erinnert sich Moni belustigt.

„Danach ein kleiner Flughopser von einer Stunde und schon waren wir in New York. – Weißt du noch, das alte Hotel Edison am Times Square in der Seitenstraße?“

„Ja, die voll bemalten Feuerleiter-Fassaden eines großen Theaters gegenüber – und die ganze Nacht das Gejaule der Polizeiautos: wiuh – wiuh – wiuh.“

Was uns am meisten wunderte: Von wegen modernem Amerika. So wunderten wir uns beim Blick aus dem Fenster über die vielen altmodischen Dinge, wie die runden, hölzernen Wasserbehälter auf den Nachbardächern der Hochhäuser. Aber auch hier, wie in San Francisco, uralte Zimmereinrichtungen im 30-er-Jahre Stil. Ob das in den alten Schuppen immer noch so ist? Wir erinnern uns an die Stadtrundfahrt durch Chinatown, den Blick auf die Freiheitsstatue, die unzerstörten Zwillingstürme des WHO-Centers, wovon einer noch nicht vollendet war, den Blick vom Empire- und Rockefeller-Center. Oder die Fahrt durch Harlem, mit endlosen Marktständen, wo typisch 70er-Jahre, die wuschligen Krauslockenperücken verkauft wurden. Aber auch an die riesigen fast „Klodeckelgroßen“ Steaks, welche die Amis vertilgten. Nur die Essmanieren in den Steak-Häusern grausten uns. Ob Penner oder grell geschminkte alte Ladys, wurde auch mit fettigen Fingern gegessen, der Mund vollgestopft, dass beim Quatschen die Hälfte wieder herausfiel, usw. ...

„Am Nachmittag sind wir dann selbst los“, fährt Moni fort, „und sind über eine Stunde in der Warteschlange der „Radio-City-Music-Hall“ gestanden, um die Weihnachtsshow in diesem riesigen Theater zu erleben. Wenn es in der langen Zickzackschlange nicht vorwärts ging, beruhigten wir uns immer wieder und sagten uns, wenn die Amis so viel Geduld haben, muss es sich ja lohnen – und es lohnte sich.“

„Obwohl“, sinniere ich, „der Friedrichstadt-Palast in Berlin durchaus von Größe und Programm konkurrieren könnte. – Mann, bin ich müde, ein Königreich für ein bequemes Bett. Aber wir müssen ja wieder sparen für die nächste schöne Reise.“

„Ja, das war echt toll, ich bin schon auf die Bilder und Videos gespannt“, antwortet Moni, „was haben wir alles erlebt? Wenn ich zurückdenke an Dubai, wo die Menschen im Pizzaofen leben und kein kühles Wasser im Meer kennen."

„Aber echt, ich hab das Gefühl, es liegt schon ein halbes Jahr zurück."

„Ja, erinnerst du dich noch an den unwirklich traumhaften Blick auf die türkisfarbenen „Fettaugen" beim Anflug auf die Malediven?"

Oh ja, dann die paradiesische Landschaft in Bali. Nur am Zoll, als wir ne Stunde die Füße in den Bauch standen nach dem langen Flug, genauso wie in LA, vergess ich lieber. Aber Bali wär' schon noch mal ne Reise wert. Die drei Tage waren zu kurz. Vor allem unser Lieblingslokal ohne Wände mit den engelhaften Bedienungen und dem himmlischen Essen – das wäre der ideale Abschluss unserer Reise gewesen."

„Statt Sandwich und heißem Kaffee auf der Hose", spöttelt Moni.

„Ja, das war nicht so schön, so wie auch Auckland ziemlich enttäuschend war. Nicht heiß wie der Kaffee, sondern zu kalt und nicht die Landschaft, die man von Bildern kennt."

„Eben, das haben wir gelernt, dass die auf der Nordinsel, die eigentlich auf dem gleichen Breitengrad unten, wie Sizilien oben liegt, aber im Frühling, trotzdem nicht das milde Mittelmeerklima haben, wie wir uns das vorgestellt hatten."

„Richtig, denn die schönen Landschaften sind auf der noch kühleren Südinsel, die man im dortigen Sommer besuchen sollte."

„Aber die Südsee", schwärmt Moni weiter, „da möchte ich schon mal wieder hin – die netten Menschen, die traumhaften Lagunen mit ihren glasklaren Blautönen."

„Vergiss nicht die Palmenstrände! Ohne die eleganten Kokospalmen wären die Inseln auch nicht romantischer als Sylt oder Langeoog – Pardon, liebe Nordlichter! – Nur die Cookinsulaner mit ihren oft zu „wohlhabenden" Figuren und ihren eher derben, negroiden Gesichtern haben mir nicht so gut gefallen wie die meist grazilen Polynesierinnen mit fein geschnittenen Profilen, milchkaffeebrauner Hautfarbe und den langen Haaren."

„Du denkst natürlich nur an die jungen Mädchen ..."

„Ha haa, ich will sagen, dass die eher von einer westlichen Rasse abstammen und niemals von China oder Australien die Inseln besiedelt haben, wie immer noch von Völkerkundlern behauptet wird. Dabei hatte schon Thor Heyerdal vor fünfzig Jahren mit seiner Kon-Tiki bewiesen, dass Wind und Strömung von Südamerika her kommen und diese Rasse ähnelt mehr den Polynesiern. Während die kraushaarigen, negroiden Cookis und auch die Samoaner eindeutig den Aborigines gleichen. Die Aborigines erzählen auch, dass ihre Vorfahren sich über 3.000 Kilometer mit ihren Booten zwischen Neuseeland und Samoa ausgebreitet hatten. Wobei noch zu klären wäre, ob die Aborigines einst von Afrika her kamen, was ich aber nicht glaube, denn Körperbau, Schädelform und Bartwuchs unterscheiden sich wesentlich von den Afrikanern. Sicher sind sie eine eigene Rasse, während kein Südseestamm den Chinesen ähnelt, wenn die Besiedelung von Westen her erfolgt sein soll."

„Denen hast du es aber jetzt gegeben, den Wissenschaftlern, nur sie hören es nicht. – Aber mit der kleinen negroiden Tänzerin auf Rarotonga hast du doch getanzt?"

„Natürlich, ich achte alle Rassen und werde in meinem Alter

niemals einer Dame einen Korb geben. Außerdem hätte ich nie erfahren, dass ich Talente im Tamure-Tanz habe und durch sie kleiner „Vizeweltmeister“ wurde. – Nur bin ich immer noch neugierig, ob ich einen Preis oder eine Silbermedaille verschenkt habe?“

„Müssen wir halt wieder mal hin“, provoziert Moni, „vor allem die Bungalow-Hütte in Moorea vergess ich nie. Diese Ruhe in der Anlage, die bunten Blüten, die familiäre Atmosphäre im Restaurant mit unser’m fröhlichen Joseph, unser’m Toni-Marshall-Fan, ho-jahoo!“

„Genau, ich meine ihn schon wieder zur Gitarre singen zu hören, wie er Bora-Bora eh .. säuselt, oder den sehnsuchtsvollen Moorea-Song. Und wenn ich die Augen schließe, sehe ich ihn gerade vor mir, im Schummerlicht am Strand mit seinem Freund, mit Blüte hinter’m Ohr und den braun-glänzenden Schultern in der wohlig warmen Südseenacht – oh, die Melodien gehen mir so unter die Haut, ich krieg schon feuchte Augen vor Sehnsucht.“

„Oder gar Heimweh? – Du warst sicher schon hier inkarniert und ich könnte es von mir auch vorstellen, weil mich die Melodien ebenso rühren.“

„Oh, bestimmt! – Wenn wir in Rente sind, müssen wir uns hier mal mehr Zeit nehmen, für unsere Heimat der Sehnsucht. Vor allem für die kleineren, weniger bekannten Inseln, wo vielleicht – vielleicht die Zeit noch etwas stehen blieb und aus Freude getanzt und gesungen wird, wie die Kinder und jungen Mädchen auf Rarotonga ...“

„Oh ja, der rührende Rarotonga-Song, braune Haut, Blumenkränze, Palmen, türkisblaue Lagunen – aloha ...“

„Aloha – Kia manuia.“